文博诉讼案例解析

李袁婕　主编

文物出版社

图书在版编目（CIP）数据

文博诉讼案例解析／李袁婕主编．—北京：文物出版社，2017.7

ISBN 978 - 7 - 5010 - 5118 - 2

Ⅰ.①文…　Ⅱ.①李…　Ⅲ.①文物工作—诉讼—案例—中国
②博物馆—工作—诉讼—案例—中国　Ⅳ.①D925.05

中国版本图书馆 CIP 数据核字（2017）第 133715 号

文博诉讼案例解析

主　　编：李袁婕

责任编辑：许海意
封面设计：程星涛　张　帆
责任印制：张道奇

出版发行：文物出版社
社　　址：北京市东直门内北小街 2 号楼
邮　　编：100007
网　　址：http：//www.wenwu.com
邮　　箱：web@ wenwu.com
经　　销：新华书店
印　　刷：北京京都六环印刷厂印刷
开　　本：700mm×1000mm　1/16
印　　张：19
版　　次：2017 年 7 月第 1 版
印　　次：2017 年 7 月第 1 次印刷
书　　号：ISBN 978 - 7 - 5010 - 5118 - 2
定　　价：65.00 元

《文博诉讼案例解析》序言

1982 年《中华人民共和国文物保护法》实施以来，国务院相继颁布了《水下文物保护管理条例》《文物保护法实施条例》《长城保护条例》《历史文化名城名镇名村保护条例》《博物馆条例》5 部行政法规。此外，我国已批准加入《保护世界文化和自然遗产公约》等有关国际公约，以文物保护法为核心的中国特色文物保护法律制度已经形成。

法律的生命在于实施。三十余年的实践证明，目前我国文博系统面临着各类潜在的法律风险。例如，文物和藏品的研究、修复和提用环节潜藏着文物及藏品损坏的法律风险，对外开放和管理潜藏着文物及藏品安全，观众参观潜藏着人身财产安全的法律风险，文博系统多样化岗位设置和多元化劳动人员潜藏着管理方面的法律风险，文博系统文化创意产业还存在大量有关知识产权方面的法律风险等等。因此，及时发现法律风险环境信息，开展法律风险识别分析与评估，健全法律风险预警应对机制，促进法律风险防范的监督与检查，是文博系统学法用法的重要内容。

令人欣慰的是，《文博诉讼案例解析》一书，是《中华人民共和国文物保护法》实施以来第一本以文博系统发生的民事、刑事、行政诉讼典型案例为研究对象的专门书籍，其编撰出版对于文博系统防范各类法律风险具有特殊的意义。

《文博诉讼案例解析》在案例的搜集、筛选方面，运用大数据方法，从人民法院近年来终审的案例中精选出具有典型意义的文博诉讼案例，因而具有很强的针对性和指导性；在整理、解析方面，通过对基本案情的简要记录、通俗化解读和深入辨法析理，佐以焦点提示，可以使读者一目了然，能够迅速找到需要的案例，具有一定的便利性和实用性。

当前，我国正在实施第七个五年普法规划。习近平总书记指出："各级文物部门要不辱使命，守土尽责，提高素质能力和依法管理水平"，"中国各类博物馆不仅是中国历史的保存者和记录者，也是当代中国人民为实现中华民族伟大复兴的中国梦而奋斗的见证者和参与者。"因此，在文博系统开展普法工作始终是一项长期艰巨的任务，通过以案示法的方式普及法律知识，开展普法宣传，将充分发挥典型个案的法治引领功能，促进法治进步。衷心希望《文博诉讼案例解析》一书的出版裨益于文博系统广大同仁、文博院校师生和社会各界文博爱好者学习研究法律，助推法治中国建设。

故宫博物院院长　单霁翔

2016 年 12 月 8 日

目　录

民事诉讼篇

刑事诉讼篇

行政诉讼篇

民事诉讼篇

汇编作品著作权

——某考古学会与金报公司等侵犯著作权纠纷案

【要点提示】

汇编作品著作权侵权行为的认定；赔偿数额的裁量。

【基本案情】

某考古学会（本案原告）于1984～2004年间汇编《考古学年鉴》，字数共计为10297千字。金报公司（本案被告）未经某考古学会许可，将上述年鉴电子版收录入金报公司数字图书馆。善智公司（本案被告）系金报公司数字图书馆之销售者。

某考古学会在发现上述事实后，向法院起诉，称：1984～2004年《考古学年鉴》均系由我学会汇编而成，且上述年鉴中的2063.4千字内容系由我学会工作人员原创的职务作品，故我学会对上述年鉴中的2063.4千字内容享有原创作品著作权，并对上述年鉴中的8233.6千字内容享有汇编作品著作权。金报公司未经我学会许可，即擅自将上述年鉴电子版收录入金报公司数字图书馆，侵犯了我学会对上述年鉴所享有的著作权。善智公司系金报公司数字图书馆之销售者，其未尽合理审查义务，与金报公司构成共同侵权。故请求法院判令：金报公司、善智公司立即停止侵权，赔偿我学会经济损失36万元以及诉讼合理支出2万元。

被告金报公司辩称：我公司确未经某考古学会许可即擅自将1984～2004年《考古学年鉴》电子版收录入金报公司数字图书馆，但我公司均向高校免费提供，并未因将1984～2004年《考古学年鉴》电子版收录入金报公司数字图书馆之行为获得经济利益。

被告善智公司辩称：我公司确未经某考古学会许可即擅自销售收录有

1984～2004 年《考古学年鉴》电子版的金报公司数字图书馆。但金报公司数字图书馆用户所使用的部分数字图书馆内容系由我公司免费提供，我公司并未因销售收录有 1984～2004 年《考古学年鉴》电子版的金报公司数字图书馆之行为获得经济利益。

一审法院经审理查明：金报公司系金报公司数字图书馆之开发者，善智公司系金报公司数字图书馆之销售者。金报公司、善智公司制作的金报公司数字图书馆系列全文资源数据库清单注明该数字图书馆之"发行单位"系善智公司；该清单所列年鉴资源数据库内容中包括《考古学年鉴》，年度为 1984～2005 年，定价为 1380 元。另，金报公司制作的宣传材料中称，金报公司数字图书馆中所有资源均采用全文建库技术，全文覆盖率接近 100%；该材料列举该数字图书馆用户若干，包括高校图书馆、党校图书馆等。

另查明：2004 年 12 月 22 日，某市高校数字化图书馆建设管理中心（甲方）与善智公司（乙方）签订合同，约定甲方向乙方订购金报公司数字图书馆系列全文资源数据库，协议总费用为 75 万元。金报公司、善智公司当庭认可其向某市高校数字化图书馆建设管理中心提供的 1984～2004 年《考古学年鉴》均系全文。金报公司、善智公司当庭认可其向某大学图书馆提供的 1984～2004 年《考古学年鉴》均系全文。

一审法院认为：某考古学会对 1984～2004 年《考古学年鉴》享有汇编作品著作权；金报公司未经某考古学会许可，将 1984～2004 年《考古学年鉴》电子版收录入其开发的金报公司数字图书馆，并对上述年鉴电子版进行信息网络传播，其行为已侵犯了某考古学会对上述年鉴电子版所享有的汇编作品著作权。善智公司明知金报公司并无将 1984～2004 年《考古学年鉴》电子版进行复制、汇编、信息网络传播等权利，但仍对金报公司数字图书馆中的 1984～2004 年《考古学年鉴》予以销售，其行为显存过错。善智公司与金报公司构成共同侵权，应承担连带责任。依据《中华人民共和国著作权法》之规定，判决如下：一、被告金报公司立即停止在金报公司数字图书馆中使用 1984～2004 年《考古学年鉴》电子版。二、被告善智公司立即停止销售金报公司数字图书馆中的 1984～2004 年《考古学年鉴》电子版。三、本判决生效之日起 10 日内，被告金报公司、被告善智公司赔偿原告某考古学会经济损失 123564 元。四、驳回某考古学会其他诉讼请求。

一审判决后，原被告双方均未在法定上诉期限内提起上诉，一审判决生效。

【裁判解析】

本案的争议焦点是被告侵权行为的认定。

一、某考古学会享有的著作权

《中华人民共和国著作权法》第十四条规定："汇编若干作品、作品的片段或者不构成作品的数据或者其他材料，对其内容的选择或者编排体现独创性的作品，为汇编作品，其著作权由汇编人享有，但行使著作权时，不得侵犯原作品的著作权。"据此，汇编者对汇编作品的创造性劳动体现为：对汇编素材的取舍、选定素材的整理、全新汇编作品的结构安排以及表达方式等。本案中，某出版社出版的1984~2004年《考古学年鉴》系将若干作品、作品片断或者不构成作品的数据或者其他材料汇编而成，其内容的选择或者编排能够体现独创性，故1984~2004年《考古学年鉴》系著作权法所保护的汇编作品。

《中华人民共和国著作权法》第十一条规定："著作权属于作者，本法另有规定的除外。创作作品的公民是作者。由法人或者其他组织主持，代表法人或者其他组织意志创作，并由法人或者其他组织承担责任的作品，法人或者其他组织视为作者。如无相反证明，在作品上署名的公民、法人或者其他组织为作者。"本案中，1984~2004年《考古学年鉴》版权页均注明某考古学会编，且部分年鉴版权页注明《考古学年鉴》编辑委员会成员名单。因此，根据上述《考古学年鉴》之署名情况，并考虑年鉴编写单位组织和成立编辑委员会、编写组等无法人资格的下属部门从事年鉴编写工作的惯常做法，在无相反证明情况下，可以确认某考古学会系1984~2004年《考古学年鉴》之作者，某考古学会对1984~2004年《考古学年鉴》享有汇编作品著作权。

某考古学会称1984~2004年《考古学年鉴》中署名为黄某的《旧石器时代考古》、署名为任某的《新石器时代考古》、署名为杨某的《夏商周时期考古》等共计为2063.4千字的多篇文章均系由其工作人员原创的职务作品，故其对上述年鉴中的2063.4千字内容享有原创作品著作权，但其对于这一主张未提供证据予以证明，可以认定其不享有这2063.4千字的原创作品著作权。

二、二被告侵权行为的认定

根据《中华人民共和国著作权法》第十条第一款的规定，著作权包括下列人身权和财产权：发表权、署名权、修改权、保护作品完整权、复制权、发行权、出租权、展览权、表演权、放映权、广播权、信息网络传播权、摄制权、改编权、翻译权、汇编权等。在理论上，复制权是指以印刷、复印、拓印、录音、录像、翻录、翻拍等方式将作品制作一份或者多份的权利。汇编权是指将作品或者作品的片段通过选择或者编排，汇集成新作品的权利。信息网络传播权是指以有线或者无线方式向公众提供作品，使公众可以在其个人选定的时间和地点获得作品的权利。

本案中，金报公司将1984～2004年《考古学年鉴》电子版收录入其开发的金报公司数字图书馆，系对上述年鉴电子版的复制和汇编。金报公司为某市高校数字化图书馆建设管理中心、某大学图书馆等金报公司数字图书馆用户安装限局域网使用的专用网络版平台系统，使局域网内的公众可以在其个人选定的时间和地点获得1984～2004年《考古学年鉴》内容，故金报公司亦已对上述年鉴电子版进行信息网络传播。金报公司对上述年鉴电子版进行复制、汇编、信息网络传播等著作权意义上的使用和传播，并未经某考古学会许可，其行为已侵犯了某考古学会对上述年鉴电子版所享有的汇编作品著作权。

善智公司明知金报公司并无将1984～2004年《考古学年鉴》电子版进行复制、汇编、信息网络传播等权利，但仍对金报公司数字图书馆中的1984～2004年《考古学年鉴》予以销售，其行为显存过错。善智公司与金报公司构成共同侵权，应承担连带责任。

《中华人民共和国著作权法》（2001年）第四十七条第一款第（一）项规定："有下列侵权行为的，应当根据情况，承担停止侵害、消除影响、赔礼道歉、赔偿损失等民事责任；同时损害公共利益的，可以由著作权行政管理部门责令停止侵权行为，没收违法所得，没收、销毁侵权复制品，并可处以罚款；情节严重的，著作权行政管理部门还可以没收主要用于制作侵权复制品的材料、工具、设备等；构成犯罪的，依法追究刑事责任：（一）未经著作权人许可，复制、发行、表演、放映、广播、汇编、通过信息网络向公众传播其作品的，本法另有规定的除外。"（现已改为第四十八条）本案中，金报公司与善智公司共同侵犯了某考古学会对于1984～2004年《考古学年鉴》汇编作品的著作权，应当承担停止侵害、消除影响、赔礼道歉、赔偿损失等民事责任。

综上，本案中人民法院判决认定事实清楚，适用法律正确。

【特别提示】

《中华人民共和国民法总则》已于2017年3月15日经第十二届全国人民代表大会第五次会议通过，自2017年10月1日起施行。该法通过后暂不废止《中华人民共和国民法通则》，两部法律规定不一致的，根据新法优于旧法的原则，适用《中华人民共和国民法总则》的规定。

美术作品原件所有权转移时著作权的归属

——张某、董甲、董乙、董丙与广元公司、工美公司、某博物馆侵犯著作权纠纷案

【要点提示】

美术作品原件所有权转移；著作权归属。

【基本案情】

1999年7月19日，广元公司（本案被告）与某博物馆（本案被告）签订合作协议书，约定：某博物馆作为监制发行单位负责提供作品《开国大典》原作底版，并授权广元公司制作纯金画；广元公司负责纯金工艺画的设计、策划和投资制作；金箔画发行的数量和规格为：（大）1000幅、（中）5000幅、（小）5000幅、极品版500幅、珍藏版1000幅、纪念版1000幅。广元公司制作的《开国大典》金箔画中每一幅都附有"收藏证书"，"收藏证书"上印有落款为某博物馆的监制证书，并印有"某博物馆和广元公司联合发行《开国大典》缩版纯金箔画；发行、监制：某博物馆；设计、制作：广元公司"等内容。

张某、董甲、董乙、董丙（本案四原告）在发现《开国大典》金箔画后，向法院起诉称：董某是油画《开国大典》的著作权人，董某于1973年1月8日去世，四原告作为其合法继承人，依法享有油画《开国大典》著作权中的使用权及获得报酬权。被告广元公司未经四原告许可，复制发行油画《开国大典》金箔画，某博物馆与广元公司共同实施侵权行为；被告工美公司以营利为目的，销售该侵权产品。三被告的行为侵害了四原告享有的著作权中的使用权及获得报酬权。故请求法院判令：一、广元公司与某博物馆停止复制、发行油画《开国大典》金箔画的著作权侵权行为，将尚未售出的侵权

制品交由法院依法处理；二、某博物馆停止侵犯著作权人有关权益的行为；三、广元公司与某博物馆公开赔礼道歉、消除影响；四、广元公司与某博物馆赔偿四原告经济损失 275000 元；五、工美公司停止销售侵权制品，并将尚未售出的侵权制品交由法院处理。

广元公司答辩称：董某虽是油画《开国大典》的作者，但该画原作现存于某博物馆，著作权属于某博物馆；广元公司与某博物馆合作制作了《开国大典》金箔画，在 1999 年 10 月 1 日前已经制作完毕，现已发售完，没有再行制作，实际的销售数量仅 67 幅；广元公司与工美公司之间没有业务往来，原告在工美公司购买的金箔画并非广元公司生产。

被告工美公司答辩称：原告购买的《开国大典》金箔画的包装盒内有某博物馆与广元公司联合发行该金箔画的监制证书，工美公司作为销售者已经尽到了必要的注意义务。在本案发生后，工美公司对商场进行了审查，已经不再销售该金箔画，亦无库存，保证今后不再发生类似的侵权行为。

被告某博物馆答辩称：某博物馆作为监制单位，仅负责提供底片，广元公司负责设计、策划、出版、发行，是主要侵权人。某博物馆没有侵犯四原告著作权的主观故意，没有直接实施侵权行为。

一审法院经审理查明：1953 年 9 月 27 日的《人民日报》上刊登了油画《开国大典》，署名为董某，该画原作现保存于某博物馆。董某于 1973 年 1 月 8 日去世，张某是董某之妻，董甲、董乙、董丙是董某之子女。

一审法院经审理认为：三被告的行为侵犯了四原告对于涉案作品的著作权，依据《中华人民共和国著作权法》的规定，判决如下：一、广元公司、某博物馆立即停止制作、发行《开国大典》金箔画的侵权行为。二、广元公司、某博物馆未经著作权人许可，不得以任何形式使用《开国大典》金箔画。三、广元公司、某博物馆于本判决生效后 30 日内在《法制日报》上发表向四原告致歉的声明。四、广元公司、某博物馆于本判决生效后 10 日内赔偿四原告经济损失人民币 26 万元。五、工美公司未经著作权人许可，不得再销售《开国大典》金箔画。

广元公司、某博物馆不服一审判决，提起上诉，请求撤销一审判决。

二审法院经审理认为：一审法院认定事实清楚，适用法律正确，且在程序上亦无违法之处，故一审判决应予维持。广元公司、某博物馆的上诉理由不能成立，对其诉讼请求，不予支持。依照《中华人民共和国民事诉讼法》

第一百五十三条第一款第（一）项之规定，判决如下：驳回上诉，维持原判。

【裁判解析】

本案的争议焦点是涉案美术作品著作权的归属。

一、著作权的继承

《中华人民共和国著作权法》第十一条规定："著作权属于作者，本法另有规定的除外。创作作品的公民是作者。由法人或者其他组织主持，代表法人或者其他组织意志创作，并由法人或者其他组织承担责任的作品，法人或者其他组织视为作者。如无相反证明，在作品上署名的公民、法人或者其他组织为作者。"本案中，1953年9月27日《人民日报》上刊登的油画《开国大典》，署名为董某，因此，董某为《开国大典》油画作品的作者，依法对该作品享有著作权。

《中华人民共和国著作权法》第十九条规定："著作权属于公民的，公民死亡后，其本法第十条第一款第（五）项至第（十七）项规定的权利在本法规定的保护期内，依照继承法的规定转移。"该法第十条第一款第（五）项至第（十七）项规定的是著作权中的财产权。依据上述规定，作者去世后，其所享有的著作权中的财产权由其继承人继承。因此，本案中的四原告作为董某的合法继承人，有权继承董某对该作品所享有的使用权和获得报酬权。

二、美术作品原件所有权转移时著作权的归属

《中华人民共和国著作权法》第十八条规定："美术等作品原件所有权的转移，不视为作品著作权的转移，但美术作品原件的展览权由原件所有人享有。"据此，在美术作品原件所有权转移的情况下：（一）美术作品的著作权由作者享有；（二）美术作品原件的展览权由原件的所有权人享有；（三）作者依然享有除原件展览权以外的其他著作权。

本案中，某博物馆收藏油画《开国大典》原作，其作为作品原件的所有者，依照法律规定仅享有原作的展览权，著作权的其他权利归著作权人享有。

三、三被告侵权行为的认定

某博物馆作为涉案作品的原件所有权人，未经著作权人的许可，无权以著作权人的身份授权他人使用其收藏的作品。某博物馆在明知法律规定的情况下，以营利为目的，擅自许可广元公司将油画《开国大典》制作成金箔画并参与发行，该行为侵害了四原告所享有的著作权中的使用权及获得报酬权，应承担停止侵害、消除影响、公开赔礼道歉及赔偿损失的责任。

广元公司作为《开国大典》金箔画的制作及发行者，有义务审查作品著作权人的授权情况。在未取得著作权人许可的情况下，广元公司将油画《开国大典》制作成金箔画并发行，且未向著作权人支付报酬，其行为亦侵害了四原告所享有的著作权，应承担停止侵权、消除影响、公开赔礼道歉及赔偿损失的责任。在庭审中，广元公司对四原告提交的《开国大典》金箔画是否为其生产提出质疑，由于四原告提交的金箔画与某博物馆提交的金箔画完全一致，且广元公司没有相反证据支持其主张，可以认定四原告提交的金箔画为广元公司制作。

广元公司在与某博物馆就制作发行《开国大典》金箔画一事签订的合作协议中，明确约定了双方承担的责任、制作产品的数量及规格、利益分配等具体事宜；在公开销售的金箔画所附"收藏证书"中亦标明是广元公司与某博物馆联合发行。上述事实表明，广元公司与某博物馆是基于共同的商业目的，实施了制作、发行《开国大典》金箔画的行为，二被告应对其共同侵权行为产生的侵权后果承担连带责任。某博物馆虽提出广元公司是先制作出金箔画、后与其签订合作协议，有蒙蔽某博物馆的行为，但这并不能否定某博物馆与广元公司共同侵害权利人合法权益的事实及侵权行为的性质。二被告在合作协议中约定的责任分担及利益分配原则仅对合同签订者具有约束力，不能对抗合同以外的第三人。

广元公司与某博物馆在合作协议中对制作金箔画的数量进行了约定，但在公开销售的《开国大典》金箔画所附"收藏证书"中标明该金箔画的制作数量总计为 15000 幅，由于广元公司承认生产了该金箔画，某博物馆认可收到了该金箔画，且对"收藏证书"的内容并未提出异议，此种情况只能视为双方在履行合同的过程中对制作数量达成了新的协议，即实际生产数量为 15000 幅。广元公司否认制作了 15000 幅金箔画，提出这仅是宣传的需要，实际生产数量仅为 67 幅，但其对该主张并未提供相应证据予以佐证，故应承担举证不能的不利后果。

综上所述，法院依据侵权行为的性质及影响范围酌情确定赔礼道歉的方式，依据侵权行为产生后果的轻重程度酌情确定赔偿数额为 26 万元，判决适当，合乎法理与情理。

剪纸的著作权

——徐某与某民俗博物馆著作权侵权纠纷案

【要点提示】

著作权侵权；经济损失的赔偿标准。

【基本案情】

徐某（本案原告）是二级民间工艺大师，其创作的剪纸作品《舞龙》、《踩高跷》、《赛龙舟》、《舞狮·秧歌·腰鼓》发表在 2001 年出版的《美术书法摄影民间艺术精品展览作品集》中。为活跃市民春节文化生活，展示全国文明城区的风采，某区人民政府于 2003 年 1 月 31 日至 2 月 7 日主办"第二届民俗文化节暨第五届春节文化庙会"（以下简称"文化节暨庙会"），由某民俗博物馆出资具体承办。该活动主要以公益性为主，开辟露天演出舞台形成庙会，为保证文物古建和游客安全，庙会以赠票为主，适当出售门票。为配合该活动的开展，落实区政府关于门前及两侧装点出喜庆节日气氛的要求，1月 28 日，某民俗博物馆（本案被告）在其外墙上、大门两侧树立了灯箱。其中 25 个灯箱分别以徐某的上述 4 幅剪纸作品为图案，但《舞狮·秧歌·腰鼓》一幅有被截取使用的情形。经徐某与某民俗博物馆交涉，2 月 14 日，某民俗博物馆将有争议的灯箱拆除，但拒绝向徐某支付报酬。

因此，徐某向法院起诉称：某民俗博物馆未经许可使用其创作的剪纸作品制作临街灯箱广告，侵犯了其享有的著作权，请求法院判令：某民俗博物馆公开赔礼道歉、赔偿经济损失 10 万元及合理费用支出 3000 元。

某民俗博物馆答辩称：该博物馆为丰富市民春节文化生活，依照区人民政府的要求对其两侧的环境进行布置、装饰。该博物馆委托舞台美术设计师俞某义务进行设计，制作了使用剪纸图案的装饰灯箱，并将其树立在外墙上、大门两侧，在得知装饰灯箱使用的剪纸图案可能发生侵权纠纷后，已于 2003 年 2 月 14 日将灯箱拆除。该博物馆认为，其并无侵犯他人著作权的主观故意，对道路两侧进行布置是一种公益性活动，且装饰灯箱上没有任何广告用语，与文化节暨庙会的少量售票参观无关，故请求法院驳回徐某的诉讼请求。

一审法院经审理认为：徐某是《舞龙》《踩高跷》《赛龙舟》《舞狮·秧歌·腰鼓》四幅剪纸作品的作者，依法享有著作权。某民俗博物馆未经许可将徐某的剪纸作品用作灯箱图案，且未支付任何报酬，侵犯了徐某对其作品的使用权及获得报酬权；某民俗博物馆在使用上述剪纸作品时没有以合理的方式表明徐某的作者身份，侵犯了徐某对其剪纸作品所享有的署名权；某民俗博物馆未经许可截取《舞狮·秧歌·腰鼓》的一部分并将之独立使用在灯箱上，侵犯了徐某享有的作品修改权，但鉴于这种截取使用并未达到对作品内容、观点、形式等进行歪曲、篡改的程度，因此未侵犯徐某享有的保护作品完整权。综上，法院综合考虑某民俗博物馆承办的文化节暨庙会以公益性为主，剪纸作品使用地点为庙外免费活动区域，其装饰街道的目的较为突出，某民俗博物馆的主观过错程度及其使用作品的数量、时间以及徐某为诉讼支出的合理费用等因素，判决如下：一、某民俗博物馆于本判决生效之日起 30 日内向徐某书面赔礼道歉。二、某民俗博物馆于本判决生效之日起 10 日内赔偿徐某 6500 元。三、驳回徐某的其他诉讼请求。

徐某不服一审判决，提起上诉。理由是一审法院认定事实有误，判决没有体现出公正性，请求二审法院撤销原审判决，判决某民俗博物馆在报纸上向徐某公开赔礼道歉、赔偿经济损失及律师费总计 10.3 万元。

二审法院经审理认为：某民俗博物馆基于侵权行为，应承担向著作权人赔礼道歉、赔偿经济损失的法律责任。一审法院酌情确定书面赔礼道歉的方式及赔偿经济损失的数额，并不违反相关法律的规定，该院对此予以维持。依照《中华人民共和国民事诉讼法》第一百五十三条第一款第（一）项之规定，判决：驳回上诉，维持原判。

【裁判解析】

本案的争议焦点有以下二点：一是被告侵犯了原告何种权利；二是法院确定的赔偿数额是否适当。

一、被告侵犯了原告何种权利

著作权是指特定形式的文学、艺术和自然科学、社会科学、工程技术等作品的作者依法对其创作完成的作品所享有的专有人身权和财产权的总称。《中华人民共和国著作权法》第三条规定:"本法所称的作品,包括以下列形式创作的文学、艺术和自然科学、社会科学、工程技术等作品:(一)文字作品;(二)口述作品;(三)音乐、戏剧、曲艺、舞蹈、杂技艺术作品;(四)美术、建筑作品;(五)摄影作品;(六)电影作品和以类似摄制电影的方法创作的作品;(七)工程设计图、产品设计图、地图、示意图等图形作品和模型作品;(八)计算机软件;(九)法律、行政法规规定的其他作品。"剪纸作为美术作品中的一种类型,属于我国著作权法保护的客体。徐某是《舞龙》《踩高跷》《赛龙舟》《舞狮·秧歌·腰鼓》四幅剪纸作品的作者,依法享有著作权。

某民俗博物馆未经许可将徐某的剪纸作品用作灯箱图案,且未支付任何报酬,侵犯了徐某对其作品的署名权、复制权、展览权及获得报酬权,其还侵犯了徐某对《舞狮·秧歌·腰鼓》作品的修改权。

署名权是表明作者身份的权利。任何人在使用他人作品时都应当以适当的方式表明作者身份。某民俗博物馆在使用上述剪纸作品时没有以合理的方式表明徐某的作者身份,侵犯了徐某对其剪纸作品所享有的署名权。

修改权是指作者对其创作的作品进行修改或授权他人进行修改的权利。保护作品完整权是指作者保护其作品的内容、观点、形式等不受歪曲、篡改的权利,作者有权保护其作品不被他人作违背其思想的删除、增添或其他损害性的改动。两项权利相互关联,前者强调维护作者的意志,后者从维护作者的尊严和人格出发,防止他人对作品进行歪曲性处理以维护作者的荣誉。

本案中,某民俗博物馆在使用徐某创作的剪纸作品《舞狮·秧歌·腰鼓》制作灯箱时,截取图案中的一部分单独使用,此种未取得著作权人许可而改变作品构图的使用方式侵害了徐某享有的修改权。鉴于这种截取使用并没有破坏该作品所要表达的欢乐喜庆主题,也未产生任何有损作者声誉或名声的后果,未达到对作品内容、观点、形式等进行歪曲、篡改的程度,因此未侵犯徐某所享有的保护作品完整权。

二、法院确定的赔偿数额是否适当

《中华人民共和国著作权法》(2001年)第四十六条第(七)项规定:

"有下列侵权行为的，应当根据情况，承担停止侵害、消除影响、赔礼道歉、赔偿损失等民事责任：（七）使用他人作品，应当支付报酬而未支付的。"（现为第四十七条）某民俗博物馆基于上述侵权行为，应承担向著作权人停止侵害、赔礼道歉、赔偿经济损失的法律责任，鉴于某民俗博物馆已经通过将涉案灯箱拆除的方式来停止对徐某著作权的侵害，本案中法院在审理时仅需判决被告向原告承担赔礼道歉和赔偿经济损失的法律责任。

游客的数量与活动的形式、内容、宣传程度、往届情况等有着密切的关系，涉案的文化节暨庙会均非首届，且分为庙内、庙外两部分，又汇集免费表演、古建文物展览等多项内容，徐某并没有举证证明网络报道的游客数量与使用其剪纸作品之间存在必然联系。因此徐某以此估算某民俗博物馆的侵权获利，并作为确定赔偿数额的依据，无法获得法院支持。本案中，由于徐某因侵权所产生的实际损失及某民俗博物馆的侵权违法所得均不能确定，故可综合考虑以下因素酌情确定本案的赔偿数额：（一）某民俗博物馆承办的文化节暨庙会是政府出于公益目的主办的，该活动庙外免费，庙内主要赠票，以公益性为主；（二）徐某的剪纸作品被用于庙外免费活动区域内，其装饰街道的目的较为突出；（三）某民俗博物馆的主观过错程度及其使用作品的数量、时间；（四）徐某为诉讼支出的律师费。

综上，本案中法院作出被告向原告赔偿经济损失 6500 元的判决适当，既考虑了被告的主观过错，又维护了原告的著作权，有利于保障公民合法权益。

侵犯著作权

——名城研究会与某电视台、某市广播电视艺术培训中心侵犯著作权纠纷案

【要点提示】

侵犯著作权行为的认定；保护作品完整权。

【基本案情】

原告名城研究会诉称：名城研究会系《江南巨富沈万三》编辑作品（汇编作品）的唯一著作权人，沈万三的人物形象是名城研究会塑造的，属于智力创作成果，应受著作权法保护。电视剧《沈万三传奇》虚构了有关"沈万三为乞求与洋人做生意将爱妾送洋人"之情节，侵犯了名城研究会的保护作品完整权。某电视台等拍摄的电视剧《沈万三传奇》，侵犯了名城研究会编辑作品的改编权。电视剧《沈万三传奇》的编剧吴某，受电视台等的委托创作剧本，利用了名城研究会提供的创意、智慧、素材与史料，该剧本抄袭了《江南巨富沈万三》编辑作品的内容，电视台等作为委托人应承担法律责任。原告请求判令被告某电视台、某市广播电视艺术培训中心停止继续侵权，赔礼道歉，并赔偿损失 20 万元。

被告某电视台、某市广播电视艺术培训中心请求驳回原告诉讼请求。

本案一、二审及再审均认为两被告不构成侵权，驳回原告名城研究会的诉讼请求。

本案最终由最高人民法院提审。最高人民法院认为，因名城研究会主张电视台等侵犯著作权缺乏事实及法律依据，原审法院判决驳回原告请求电视台等承担法律责任并无不当。本案申请再审的理由不符合法律规定的再审条件，根据《中华人民共和国民事诉讼法》第一百七十九条的规定，驳回再审申请。

【裁判解析】

本案的争议焦点是侵犯著作权行为的认定。

《中华人民共和国著作权法》第十条第（十四）项规定："改编权，即改变作品，创作出具有独创性的新作品的权利。"第二十四条规定："使用他人作品应当同著作权人订立许可使用合同。"第三十五条规定："出版改编已有作品而产生的作品，应当取得改编作品的著作权人和原作品的著作权人许可，并支付报酬。"本案虽是知识产权案件，但依然适用民事诉讼法关于举证责任原则的规定，即"谁主张，谁举证"。在本案原审诉讼过程中，名城研究会未提供相应的证据证明是《江南巨富沈万三》一书的唯一编者。关于电视台等是否侵犯了编辑作品的改编权问题，根据著作权法的上述规定，改编权属于著作权人享有的财产权利，改编他人作品必须经原作品的著作权人同意，将文字作品转化成影视作品属于作品的改编，《江南巨富沈万三》一书，涉及多个单篇作品的作者，但名城研究会未提供相应证据证明原作者已将改编权转让或许可其行使，因此名城研究会不享有被编辑作品的改编权，自然不存在请求判决被告侵犯名城研究会著作权的依据。

《中华人民共和国著作权法》第十二条规定："改编已有作品而产生的作品，其著作权由改编人享有，但行使著作权时不得侵犯原作品的著作权。"沈万三属于历史人物，民间对其有多种传说。本案诉争电视剧为表达剧中的沈万三形象特点而虚构的有关情节正是编剧等对沈万三人物形象不同的独创表达，产生的作品属于新作品，其著作权由改编人享有。对已经发表且已经进入公有领域的历史文献资料（如《明史》等）的抄录，由于这些文献资料任何人都可以使用而不构成侵权。

另本案在向最高人民法院申请提审时，提出了部分超出原审请求的新请求，司法机关虽享有裁判权，但该裁判权只限制在当事人请求范围内，即俗称"不告不理"，同时我国施行二审终审制度，即正常的诉讼程序只有一审和二审，不服一审有一次提出上诉二审的机会，在正常一、二审程序外，为限止错判，我国民事诉讼法规定了再审制度，检察院抗诉制定，还规定了提审制度，由上一级人民法院提级审理，以完善诉讼程序保障。本案即属于最高人民法院提审案件，按照正常程序不应由最高人民法院审理，但审理期间最高人民法院认为有必要就会提级审理，当然要求的标准会更高。提审中，最高人民法院针对电视剧《沈万三传奇》的编剧吴某是否抄袭了编辑作品《江南巨富沈万三》及电视台等与吴某的关系问题，认定电视剧《沈万三传奇》是在终审判决后才拍摄完成并播放的，名城研究会在本案诉讼过程中未曾看过该电视剧，且名城研究会在审查期间也认为播放的电视剧《沈万三传奇》与编辑作品《江南巨富沈万三》的表现形式、故事情节等均不相同，故名城研究会主张电视台等侵权没有事实依据。

通过本案，我们也可以分析看出，本案经过最高人民法院提审，属于将诉讼程序走到了最高级，但适用的法律原则是统一的，其中举证责任的分配自始至终都是裁判者适用的关键。

侵犯改编权的责任

——薛某与燕某、某拍卖公司 侵害著作权纠纷案

【要点提示】

改编权；侵权认定及责任。

【基本案情】

薛某为摄影家，系中国摄影家协会会员；燕某系油画专业创作者，所创作的油画曾多次入选全国性美术展览。1997 年 5 月，薛某个人摄影集《藏人》一书由中国摄影出版社出版，该书收录了其摄影作品《次仁卓玛》。2006 年 12 月，《中国油画》杂志刊登了燕某的油画《阿妈与达娃》。2007 年 5 月，燕某油画作品集《娅娅山上的故事》一书亦收录了油画《阿妈与达娃》（注明：160×130cm　2006）。燕某称该作品集是为配合其个人画展制作的画册，收录的作品系在画展上展出的作品。

将《次仁卓玛》与《阿妈与达娃》进行比对，两幅作品表现的画面主体均为一名坐在房间内哺乳孩子的藏族妇女，二者在整体构图、场景布局、人物细微的姿势、神态、服饰特征以及物品摆放、光线明暗的处理等方面均相同，只是油画的画面较为模糊。

燕某称上述油画是其前往西藏写生时创作，在其写生的同时，薛某在相同角度进行了拍照。就此，燕某提交了一幅日期标注为"1992"的草图，但该草图的内容仅为怀抱孩子的妇女形象，并未显示房间内的布局、物品摆放以及人物服装、配饰等特征。薛某对此不予认可，表示涉案摄影作品系其先行拍摄完成，燕某曾以欣赏为由向其索要照片。

2006 年 12 月 17 日，某拍卖公司受燕某丈夫的委托对外拍卖了油画《阿

妈与达娃》，成交价为 28.6 万元；后者在委托拍卖合同中保证拍卖标的不侵害任何第三方的合法权益。

薛某认为：燕某的油画《阿妈与达娃》系擅自对其摄影作品《次仁卓玛》进行的演绎，且燕某还对上述油画进行展览、出版和拍卖，故侵犯了其改编权，遂向法院起诉，要求燕某停止侵权、赔礼道歉，赔偿其经济损失 1.5 万元，并要求某拍卖公司收回已拍卖成交的侵权作品，予以销毁。（薛某明确本案仅主张改编权，不主张其他著作权权项。）

一审法院认为：薛某对《次仁卓玛》享有著作权。《次仁卓玛》和燕某的油画《阿妈与达娃》系以相同人物为创作对象的两种不同类型的作品，因此需要判断燕某绘制涉案油画时是否参照了薛某的摄影作品。通过对比，二者高度相似，除油画画面相对模糊外，二者在整体构图、场景布局、人物的姿势、神态、服饰特征以及物品摆放等方面均相同。油画的创作需要绘画者通过其眼睛观察创作对象后，再依靠其记忆和绘画技能将之在平面上表现，其创作过程耗时较长，不可能短时间完成。尽管油画作品与摄影作品在表现同一对象时，客观上存在作品主题、表现内容相似的可能性，但在各自独立创作的情况下，由于创作过程、手段完全不同，二者很难达到涉案油画与涉案摄影作品在构图、场景、光线乃至人物细微的姿势、神态、服饰特征等方面如此高度的相似。薛某的摄影作品在先发表，可以认定燕某在绘制涉案油画时参照了薛某的摄影作品。

关于是否超过诉讼时效问题，燕某并未举证证明薛某知道或应当知道涉案侵权油画的发表时间以及对外拍卖的时间，另在涉案侵权油画被拍卖后，燕某还在作品集中收录了该油画，表明燕某在持续地使用、发行涉案油画，其侵权行为处于持续状态，因此本案未超过诉讼时效。

关于赔偿损失的数额，结合薛某的知名度、涉案摄影作品的内容、独创性程度以及燕某的过错程度、侵权方式和侵权油画的拍卖价格等因素，人民法院应予支持。对于薛某要求燕某赔礼道歉，与某拍卖公司共同收回已拍卖成交的侵权作品并予以销毁的诉讼请求，因仅主张燕某侵犯了其改编权，该权利系财产性权利，因此不适用赔礼道歉的责任方式。而销毁侵权作品并非法律明确规定的责任承担方式。涉案侵权油画在拍卖结束后，其本身的所有权已经发生转移，故客观上不便于执行。

一审法院依照著作权法第十条第一款第（十四）项、第十二条、第四十七条第（六）项、第四十九条之规定，判决如下：燕某停止使用涉案侵权油画的行为，赔偿薛某经济损失1.5万元；驳回薛某的其他诉讼请求。

薛某和燕某均不服一审判决，提起上诉。二审过程中，经二审法院主持调解，薛某和燕某最终达成和解。

【裁判解析】

本案的争议焦点是改编权的侵权认定及责任。

改编权是指改变作品，创作出具有独创性的新作品的权利。所谓改编作品，一般是指在不改变作品内容的前提下，将作品由一种类型改变成另一种类型。改编权是著作权人享有的一项著作财产权利，改编他人作品应取得著作权人的许可，且改编者在行使新作品的著作权时不得侵犯原作品的著作权。《中华人民共和国著作权法》第十条第（十四）项规定："改编权，即改变作品，创作出具有独创性的新作品的权利。"第十二条规定："改编已有作品而产生的作品，其著作权由改编人享有，但行使著作权时不得侵犯原作品的著作权。"第二十四条规定："使用他人作品应当同著作权人订立许可使用合同。"第三十五条规定："出版改编已有作品而产生的作品，应当取得改编作品的著作权人和原作品的著作权人许可，并支付报酬。"

本案中燕某在绘制涉案油画时如使用了薛某摄影作品中具有独创性的画面形象，则侵害薛某改编权。法院对比发现，二者的基本内容相同，燕某属于在不改变作品基本内容的前提下，将摄影作品改变成油画作品，因而构成了对薛某摄影作品的改编。本次改编未取得薛某的许可，燕某将改编后的油画作品用于展览、出版并对外拍卖，未向薛某支付报酬，侵犯了薛某对涉案摄影作品享有的改编权，应当停止侵害、赔偿损失。本案的关键在于是否使用了涉案摄影作品中具有独创性的表达。薛某的涉案摄影作品独创性在于拍摄时对拍摄对象的选择、拍摄时机与角度的把握、拍摄技能的运用以及后期的编辑处理等，创作过程体现了薛某个人的判断和思考。作品画面呈现的构图、光线对比、人物细微的姿势、神态、服饰以及物品摆放的状态等属于作品表达的有机组成部分。通过对比，除作品类型不同外，二者所表现的人、物、场景的画面形象基本相同，表明燕某在绘制涉案油画时不仅参照了薛某作品的主题，还使用了薛某作品中具有独创性的表达。

有观点认为本案是合理借鉴，不构成侵权。因为涉案摄影作品和油画均是以特定人物为创作对象的写实类作品，摄影作品中人物的形象、姿态以及场景均是客观存在的形象，被告是以不同于摄影的艺术手法再现了相同的人物、场景，只是对摄影作品中客观形象的借鉴。笔者认为，需要厘清著作权保护与合理借鉴的关系。在文学、艺术领域，任何一部作品的创作都离不开对前人成果或已有素材的使用，法律并不禁止创作者对前人作品的合理借鉴。但是，这种借鉴不能与法律对著作权的保护相冲突。就本案而言，关键在于确定是否使用作品的独创性表达。作品中所表现的人物、场景仅为创作的题材，作品所呈现的画面形象才属于该作品具有的独创性表达，包括构图、光线对比、人物细微的姿势、神态、服饰以及物品摆放的状态等。正是因为人、物、场景的画面形象基本相同，所以认定被告使用了原告摄影作品中具有独创性的表达。根据《中华人民共和国著作权法》第二十二条规定，为个人学习、研究或欣赏，使用他人已经发表的作品，属于我国著作权法规定的合理使用，即侵权的例外。本案中被告将其绘制的涉案油画用于出版、展览和拍卖，进行了商业性使用，不属于上述合理使用的情形。

还有观点认为，被告将摄影作品绘制为油画的行为属于平面到平面的复制，侵犯了原告的复制权。根据《中华人民共和国著作权法》第十条第（五）项规定，复制权是指以印刷、复印、拓印、录音、录像、翻录、翻拍等方式将作品制作一份或者多份的权利。复制权是将作品制成有形复制件的权利，所控制的行为包括原封不动地使用行为和在原作表述基础上进行非实质性改动的使用行为两种情形。复制权和改编权区别的重点在于独创性。本案中被告将原告的摄影作品改变成油画的行为，其本身也是一种创作活动，所形成的油画具有独创性，故侵犯了原告的改编权。关于作品独创性，我国著作权法并未明确规定。就本案而言，从摄影到油画的转变绝不是一种简单的技艺性劳动。油画的绘画过程需要对画面从整体到局部进行构思和安排，从结果看，油画呈现了一种不同于摄影的艺术效果。被告将原告的摄影作品转变为油画的行为是再创作，故被告并非侵犯了原告的复制权。

认定侵犯原告改编权而非复制权，意义在于承认被告在改编过程中付出的创造性劳动，赋予其禁止他人擅自使用涉案油画的权利。由于涉案油画自身存在先天的缺陷，被告对油画的使用因会侵犯到原告的权利而被法律禁止，其自身利益事实上无法有效实现。因此，在绘画创作过程中，绘画者若确有必要使用他人摄影作品，最恰当的做法是事先征得摄影作品著作权人的许可，订立著作权许可使用合同。

另外，根据《中华人民共和国拍卖法》第四十一条和第四十二条的相关规定，拍卖人在接受委托拍卖物品时，其注意义务主要限于审核委托人的身份、拍卖物品的来源、瑕疵以及委托人有权处分拍卖物品的证明材料等。本案中，涉案侵权油画的委托拍卖人系燕某的丈夫，且其在委托拍卖合同中保证对拍卖标的拥有处分权以及拍卖标的不侵害第三方的合法权益，某拍卖公司已经尽到了合理的注意义务，故不应承担侵权的法律责任。

侵犯著作权而非姓名权

——吴某与上海某拍卖公司、香港某古玩公司出售假冒其署名的美术作品纠纷案

【要点提示】

民事诉讼管辖权；侵权行为性质的认定。

【基本案情】

上海某拍卖公司（以下简称上海公司）和香港某古玩公司（以下简称香港公司）于 1992 年 12 月签订《协议书》，双方约定于 1993 年 3 月和 9 月在香港联合主办近代中国书画拍卖会，并对拍卖品的选择、利润分成等事项达成协议。上海公司按照约定将其选定的拍卖品空运至香港，并派员对香港公司在海外征集的拍卖品主持开展鉴定、选择、商定底价的工作。

在港客户赵某与香港公司签订《出售委托书》，委托香港公司拍卖署名吴某的画《毛泽东肖像》。香港公司将其征集的拍卖品和上海公司提供的拍卖品总计 382 件编印成《图录》，《图录》中编号第 231 号图系一幅署名吴某的《毛泽东肖像》，右上角竖体草字为"炮打司令部，我的一张大字报，毛泽东"，左下角落款竖体草字为"吴某画于工艺美院一九六二年"。香港公司除将该《图录》向外界散发外，还给上海公司 50 册。拍卖会召开前夕，上海公司将此《图录》赠送给上海有关单位和个人。

吴某获悉上述情况后认为，自己从未画过《毛泽东肖像》。吴某委托他人向有关部门反映，设法制止对该画的拍卖。上海市文化管理部门通知上海公司：《毛泽东肖像》"如确系伪作，须迅速撤下，停止拍卖；如有其他伪作，也须照此办理，并请将核查情况上报我处"。对此，被告上海公司作出如下答复：该画系香港公司在香港接受委托作品；拍卖活动在香港举行并由香港法

人主持，决定权在香港公司；一定向香港公司转告上述意见及作者要求，尽力说服撤下该作品。之后，上海公司多次电告其在港观摩拍卖的考察组，向香港公司转达了有关部门的通知及吴某的意见，同时也对该画进行了鉴定。香港公司接到上海公司转告的通知意见后，当即请香港有关专家对此作品进行了鉴定，认为吴某称假的理由不能成立，确认此作品创作于1966年而非1962年；并向此作品的委托人了解了购买《毛泽东肖像》画的情况，还由委托人作了担保。香港公司出具证明称："有关上述作品的代理、宣传、竞拍等事项均由本公司照章办理，与上海公司无关……本公司根据香港法律以及公司的拍卖规程，可以决定拍卖。"此后，上海公司专家赴香港参加拍卖工作。由两被告联合主办的中国近代字画及古画拍卖会在香港九龙海城大酒店举行，《毛泽东肖像》以52.8万港元成交，其中4.8万港元为拍卖人所得佣金。

公安部根据吴某所在单位——工艺美术学院的要求，对《图录》中《毛泽东肖像》的署名是否吴某亲笔书写作出鉴定。结论为："送检的上海公司与香港公司联合拍卖字画目录中第231号署名吴某的《毛泽东肖像》画上书写'吴某画于工艺美院一九六六（重复字）年'字迹，不是吴某亲笔所写。"

吴某遂向法院起诉称：上海公司与香港公司两被告的行为侵犯了其著作权，使其声誉和真作的出售均受到了不应有的损害。为此，请求法院判令被告停止侵害、消除影响、公开赔礼道歉，赔偿经济损失港币52.8万元。

两被告没有答辩，亦未应诉。

一审法院认为：本案讼争的画作《毛泽东肖像》，落款非原告吴某署名，是一幅假冒吴某署名的美术作品。拍卖是一种特殊形式的买卖，拍卖书画是一种出售美术作品的行为。两被告在获知原告对该画提出异议，且无确凿证据证明该作品系原告所作、落款非原告本人署名的情况下，仍将该画投入竞拍出售，获取利益，属于出售假冒他人署名美术作品的侵犯著作权行为。两被告不听劝阻，执意联合拍卖假冒吴某署名的美术作品《毛泽东肖像》画的行为，共同严重侵犯吴某的著作权，造成其物质和精神损害，依照《中华人民共和国民法通则》第一百三十四条第（一）、（七）、（九）、（十）项的规定，应当承担停止侵害、消除影响、公开赔礼道歉、赔偿损失的连带民事责任，据此，该院于1995年9月28日，作出如下判决：一、被告上海公司和香港公司联合拍卖假冒吴某署名的《毛泽东肖像》画的行为，侵犯了原告吴某的著作权，应当停止侵害。二、两被告在《人民日报（海外版）》、《光明日报》上载文向原告公开赔礼道歉、消除影响，内容须经该院审核通过。三、两被告共同赔偿原告损失人民币7.3万元。一审诉讼费人民币2700元，由两被告公司共同承担。

一审判决宣判后，被告上海公司不服，提出上诉。

上海公司上诉称：一审判决对事实的认定存在着重大错误和严重失实；法律适用错误，本案不应适用某一被告所在地法律，而应适用"拍卖地法律"，即香港地区的法律；一审判决上海公司与香港公司承担相同的法律责任是不公正的。请求撤销一审判决。

香港公司没有在法定期限内提出书面答辩，但在庭审时辩称：上海公司曾数次向该公司转达有关方面及作者对拍卖《毛泽东肖像》的意见，该公司在征求作品委托人意见及邀请有关书画鉴定家对该画全面鉴定后，做出了继续拍卖的决定。此决定既是非常慎重的，又是具有法律效力的；本案争论的焦点不是署名的真伪而是作品的真伪；本公司之拍卖行为发生在香港，一切行为准则均应依香港法律。

二审法院经审理认为：一审判决对本案事实认定清楚，法律适用正确。但鉴于该画是由香港公司直接接受委托，上海公司曾数次转达了有关方面及作者的意见等事实，香港公司对本案的侵权行为负有主要责任，上海公司系拍卖联合主办单位之一，也应负一定责任，并相互承担连带责任。依照《中华人民共和国民事诉讼法》第一百五十三条第（一）项的规定，判决如下：一、维持一审法院判决的第一项：上诉人上海公司、香港公司联合拍卖假冒吴某署名的美术作品《毛泽东肖像》画的行为，共同严重侵犯了原告吴某的著作权，应停止侵害。二、维持一审法院判决的第二项：上诉人上海公司、香港公司在《人民日报（海外版）》、《光明日报》上载文向被上诉人吴某公开赔礼道歉，消除影响，内容须经法院审核通过。三、变更一审法院判决的第三项"两被告共同赔偿原告损失人民币7.3万元"为"上海公司、香港公司共同赔偿吴某损失人民币7.3万元"，其中上海公司赔偿吴某2.7万元，香港公司赔偿吴某4.6万元。

【裁判解析】

本案的争议集点包括管辖权、法律适用及侵权行为性质的认定问题。

一、管辖权问题

本案的被告提出管辖权异议，认为本案应由香港法院管辖，理由是本案的拍卖行为并非发生在上海，被告的拍卖活动所依据的是香港地区的商法、国际拍卖行规和对外公布的香港公司的拍卖规则。《中华人民共和国民事诉讼法》第二十九条规定："因侵权行为提起的诉讼，由侵权行为地或者被告住所地人民法院管辖。"因作为本案被告之一的上海公司的住所地在辖区范围内，故被告住所所在地的法院享有本案管辖权。

二、法律适用问题

法律适用的确定受法院地法中的法律适用规则制约，我国有关法律中仅规定了涉外民事关系的法律适用问题，遇有区际民事关系问题需要处理时，是可以参照解决法律冲突的方法、制度和理论来处理的。本案为侵权行为的损害赔偿案件，依冲突法规范，应适用侵权行为地法律。本案系争作品的拍卖《图录》部分流入上海，表明上海系本案的侵权行为地之一，据此确定本案适用中华人民共和国的有关法律，于法有据。

三、本案侵权行为的性质

有观点认为，本案的侵权行为是侵犯原告的姓名权，另有观点认为是侵犯原告的著作权。依照《中华人民共和国著作权法》第四十六条第（七）项的规定，制作、出售假冒他人署名的美术作品的行为，是侵犯姓名权在特定领域里的一种具体表现形式，即民法通则中关于公民姓名权的规定在特别法里的具体化。民法通则规定姓名权与著作权法规定署名权属于法学理论中所称的法条竞合现象，可按特别法优于普通法的原则处理。故应将两被告的行为认定为侵害著作权，而不应该依《民法通则》认定为侵害姓名权。

本案诉讼时，我国《拍卖法》还未通过（1996 年 7 月 5 日第八届全国人大常委会第二十次会议通过，1997 年 1 月 1 日起施行），但并不妨碍用拍卖行为的一些基本制度和理论来分析本案。拍卖具有买卖的性质，拍卖物品也可称为出售物品。拍卖人并不是拍卖物品的所有权人，拍卖人接受委托收取费用（成交的表现为佣金）。拍卖人有权要求委托人说明拍卖标的的来源和瑕疵，拍卖人有义务向竞买人说明拍卖标的的瑕疵；委托人有义务向拍卖人说明拍卖标的的来源和瑕疵，竞买人有权了解拍卖标的的瑕疵，有权查验拍卖标的和查阅有关拍卖资料，进而产生拍卖人、委托人在拍卖标的上的瑕疵担保责任。委托人如实说明了已知拍卖标的的瑕疵情况的，买受人即不得以拍卖标的存在委托人说明的瑕疵情况而要求委托人承担赔偿责任。因拍卖人主持拍卖，拍卖人对竞买人也产生此种瑕疵担保责任，拍卖人不得隐瞒委托人所说明的或其所知的拍卖标的的瑕疵情况。所以，在拍卖制度中，拍卖人、委托人在拍卖前已经声明了拍卖标的的瑕疵的，就无须再承担瑕疵担保责任。本案原告已提出拍卖标的的瑕疵，应产生中止拍卖进行的效力。另从公平、公正的要求上看，本案由作为被告的拍卖人自作鉴定是不合适的。有利害关系的第三人对拍卖标的提出瑕疵异议，目的是为了维护自己应享有的某种民事权利，只有异议得到澄清，才能确认其权利是否受到侵犯。在这种情况下，拍卖人有义务采取行动帮助澄清事实，拍卖人不履行这种义务而坚持拍卖的，在异议成立情况下，不但扩大了原侵权行为的损害后果，而且是对异议人又实施了新的侵权行为，拍卖人自应承担侵权损害的民事责任。拍卖人在这种情况下承担侵权民事责任，已经不是拍卖法律关系中的民事责任，而是对有利害关系的第三人未履行谨慎注意保护其权利的义务这种法律关系上的相应民事责任。

博物馆侵犯信息网络传播权

——华盖公司与某博物馆侵犯著作权纠纷案

【要点提示】

民事诉讼适格原告；信息网络传播权。

【基本案情】

某博物馆书院 2014 年 7 月 9 日发布的官方微博中，在 "《XX 回忆录》" 的一段文字下配发了一张主题为 "荡秋千的孩子" 的图片，图片的右下角标注有 "@ 某博物馆书院 weibo. com/cfmrc" 字样。

在美国 Getty 公司的网站上展示的编号为 200531651 – 001 的图片中标有 "gettyimages" 水印，图片右方标注有 "Credit：KeijiIwai，Creative：20053165 1 –001，Collection：Photographer'sChoice，Maxfilesize：5175 × 3450px（43. 82 × 29. 21cm）–300dpi –7. 16MB"，展示图片的网页下方登载有美国 Getty 公司的著作权保留声明。

通过与在美国 Getty 公司的网站上进行展示的编号为 200531651 – 001 的图片进行对比，"荡秋千的孩子" 配图在作品表现主要内容、构图设计、取景角度等要素方面完全吻合，从而可以认定某博物馆书院微博中使用的配图与该图片作品具有同一性。

华盖公司认为某博物馆侵犯了其著作权，向区人民法院起诉，其诉讼请求为：一、某博物馆立即停止对华盖公司图片著作权的侵权行为。二、某博物馆赔偿经济损失及维权合理开支 7000 元。三、某博物馆承担本案的诉讼费用。

华盖公司起诉后，某博物馆答辩称，美国 Getty 公司及华盖公司对涉诉图片不享有著作权，某博物馆微博发布图片与华盖公司提交图片在尺寸大小、名称、像素等方面存在差异。

一审法院经审理查明：在美国 Getty 公司的网站上展示的编号为 200531651 – 001 的图片中标有 "gettyimages" 水印，图片右方标注有 "Credit：KeijiIwai，Creative：200531651 – 001，Collection：Photographer's Choice，Maxfilesize：5175 × 3450px（43. 82 × 29. 21cm）– 300dpi – 7. 16MB"，展示图片的网页下方登载有美国 Getty 公司的著作权保留声明。

华盖公司取得了美国 Getty 公司享有著作权的附件 A 所列品牌相关的所有图像（图片）在中华人民共和国境内展示、销售和许可他人使用的权利，其中包括涉诉图片，这些图像（图片）展示在华盖公司的互联网站 www. gettyimages. cn 上。同时华盖公司取得了在中华人民共和国境内以其自己的名义就任何第三方未经授权使用或涉嫌未经授权使用附件 A 所列品牌相关图像（图片）的行为采取任何形式的法律行为的授权，且此授权涵盖 2005 年 8 月 1 日之前及之后可能已经在中华人民共和国境内出现的侵害美国 Getty 公司知识产权（版权、包括财产权和精神权利）的行为。相关授权有公证认证材料——美国 Getty 公司副总裁兼法律总顾问 JohnLapham 签署的授权文件加以证明。同时，我国驻外使馆认证的《宣誓书》中，华盛顿州执业公证人亦证明：2010 年 9 月 28 日，JohnLapham 作为 GettyImages，Inc. 的副总裁兼法律总顾问，系公司正式任命并有权执行公司文件内容、有权加盖公司印章，其行为应视为公司行为，JohnLapham 在公证人面前自由、自愿签署（授权）文件。

某博物馆书院为某金融博物馆网站下所设版块。经工业和信息化部 ICP/IP 地址/域名信息备案管理系统的查询，某博物馆网站系由某博物馆主办。该博物馆属于民办非企业单位，其业务范围包括：收集金融藏品，举办陈列展览，组织相关活动；编辑有关内部资料。其主办的某博物馆网站下设的某博物馆书院版块，为公益书友会团体，定期举办读书会、沙龙、书友见面会等公益性活动。在某博物馆书院的网页中，未见有利用涉案图片进行广告等商业活动的行为。

一审法院认为：华盖公司通过加盖可信时间戳固化网站内容的方式，证明了某博物馆书院在 2014 年 7 月 9 日发布的新浪微博中，使用了主题为"荡秋千的孩子"的图片。通过与涉案图片的对比，发现二者在作品表现主要内容、构图设计、取景角度等要素方面完全吻合，进而可以认定某博物馆书院在微博中使用的配图即为本案美国 Getty 公司享有著作权的涉诉图片。某博物馆未经华盖公司许可在网站上使用涉诉图片的行为侵犯了华盖公司的信息网络传播权。

综上，依据《中华人民共和国著作权法》第二条、第十条、第十一条、第四十七条、第四十九条，《最高人民法院关于审理著作权民事纠纷案件适用法律若干问题的解释》第七条，《最高人民法院关于民事诉讼证据的若干规定》第二条之规定，判决如下：一、某博物馆于判决生效之日起十日内赔偿华盖公司经济损失及合理支出共计人民币 2000 元整。二、驳回原告华盖公司其他诉讼请求。如果未按判决指定的期间履行给付金钱义务，应当按照《中华人民共和国民事诉讼法》第二百五十三条之规定，加倍支付迟延履行期间的债务利息。

一审判决后，某博物馆不服，提出上诉称：原判决认定基本事实不清，适用法律错误。被上诉人不具备民事诉讼资格。本案是涉外案件，一审应由有管辖权的中级人民法院审理，区人民法院是基层法院，无涉外案件的管辖权。原判决遗漏当事人，法院应该依职权追加美国 Getty 公司为本案共同原告。请求：撤销区人民法院一审民事判决，并移送至有管辖权的人民法院或依法改判驳回被上诉人的起诉或诉讼请求。

被上诉人华盖公司辩称：华盖公司已经提供充分证据证明对涉案图片享有相应的权利，对方在新浪认证的官方微博上，以官方信息发布的方式使用了华盖公司享有权利的图片，构成侵权，应当承担相应的侵权责任。一审判决认定事实清楚，适用法律正确，请求二审法院依法维持一审判决，驳回上诉人的全部上诉请求。

二审法院认为：被上诉人对自己享有著作权授权的事实提供了基本的证据予以证明，上诉人虽不认可，但未提供相反证据证明涉案作品著作权另属他人。另外，对于上诉人是否构成侵权的问题，被上诉人亦提供了充分证据，证明了使用涉案作品的微博与上诉人的关联关系。而上诉人提交的证据的证明力明显小于被上诉人证据的证明力，故一审法院认定侵权事实成立并无不当。

关于管辖权问题，本案双方当事人均为我国境内注册的主体，案件法律事实也未发生在境外，因此本案不是涉外案件，区人民法院对本案有管辖权。

关于是否遗漏当事人的问题，被上诉人提交的授权文件明确记载，其有权以自己的名义对侵权人提起民事诉讼，故上诉人要求追加案外人为共同原告的主张，无事实及法律依据，该院不予支持。

综上，上诉人某博物馆的上诉理由无事实及法律依据，应予驳回。一审判决认定事实清楚，适用法律正确，判决结果并无不当。依照《中华人民共和国民事诉讼法》第一百七十条第一款第（一）项之规定，判决如下：驳回上诉，维持原判。

【裁判解析】

本案的争议焦点包括以下四点：一、民事诉讼适格原告问题；二、涉外民事诉讼管辖问题；三、某博物馆的行为是否构成著作权侵权行为；四、某博物馆应承担何种侵权责任。

一、民事诉讼适格原告问题

《中华人民共和国民事诉讼法》第四十八条规定："公民、法人和其他组织可以作为民事诉讼的当事人。法人由其法定代表人进行诉讼。其他组织由其主要负责人进行诉讼。"

所谓当事人适格，也称为正当当事人或者合格当事人，是指对于特定的诉讼可以自己的名义成为当事人的资格。适格当事人就具体的诉讼作为原告或者被告进行诉讼的权能，称为诉讼实施权。具有诉讼实施权的人即是适格的当事人。提起诉讼的当事人未必是适格的当事人，法院只有针对适格当事人作出的判决才有法律意义，也只有正当当事人才受法院判决的拘束。对于不适格的当事人，应裁定驳回起诉或者更换。因此，当事人是否适格是法院作出有效判决的前提。当事人是否适格需要根据争议的实体法律关系来判断。

本案中，华盖公司作为美国 Getty 公司在中国的授权代表，不仅有权在中国境内展示、销售和许可他人使用美国 Getty 公司拥有著作权的图片，而且有权在中国境内以华盖公司名义就侵权行为提起诉讼。因此，是本案的适格原告。

二、涉外民事诉讼管辖问题

《中华人民共和国民事诉讼法》第十七条规定："基层人民法院管辖第一审民事案件，但本法另有规定的除外。"第十八条规定："中级人民法院管辖下列第一审民事案件：（一）重大涉外案件；（二）在本辖区有重大影响的案件；（三）最高人民法院确定由中级人民法院管辖的案件。"本案中，法院已查明，双方当事人均为在我国境内注册的主体，案件法律事实也未发生在境外，因此本案不是涉外案件，区人民法院对本案有管辖权。

三、某博物馆的行为是否构成著作权侵权行为

《中华人民共和国著作权法》第二条规定："中国公民、法人或者其他组织的作品，不论是否发表，依照本法享有著作权。外国人、无国籍人的作品根据其作者所属国或者经常居住地国同中国签订的协议或者共同参加的国际条约享有的著作权，受本法保护。外国人、无国籍人的作品首先在中国境内出版的，依照本法享有著作权。未与中国签订协议或者共同参加国际条约的国家的作者以及无国籍人的作品首次在中国参加的国际条约的成员国出版的，或者在成员国和非成员国同时出版的，受本法保护。"《最高人民法院关于审理著作权民事纠纷案件适用法律若干问题的解释》第七条规定："当事人提供的涉及著作权的底稿、原件、合法出版物、著作权登记证书、认证机构出具的证明、取得权利的合同等，可以作为证据。"

本案中，美国 Getty 公司享有涉案照片的著作权，其在中国的授权代表华盖公司通过加盖可信时间戳固化网站内容的方式，证明了某博物馆书院在 2014 年 7 月 9 日发布的新浪微博中，使用了主题为"荡秋千的孩子"的图片。故法院据此认定某博物馆未经华盖公司许可在网站上使用涉诉图片的行为侵犯了华盖公司的信息网络传播权是正确的。

四、某博物馆应承担何种侵权责任

《中华人民共和国著作权法》第四十八条规定："有下列侵权行为的，应当根据情况，承担停止侵害、消除影响、赔礼道歉、赔偿损失等民事责任；同时损害公共利益的，可以由著作权行政管理部门责令停止侵权行为，没收违法所得，没收、销毁侵权复制品，并可处以罚款；情节严重的，著作权行政管理部门还可以没收主要用于制作侵权复制品的材料、工具、设备等；构成犯罪的，依法追究刑事责任：（一）未经著作权人许可，复制、发行、表演、放映、广播、汇编、通过信息网络向公众传播其作品的，本法另有规定的除外；（二）出版他人享有专有出版权的图书的；（三）未经表演者许可，复制、发行录有其表演的录音录像制品，或者通过信息网络向公众传播其表演的，本法另有规定的除外；（四）未经录音录像制作者许可，复制、发行、通过信息网络向公众传播其制作的录音录像制品的，本法另有规定的除外；（五）未经许可，播放或者复制广播、电视的，本法另有规定的除外；（六）

未经著作权人或者与著作权有关的权利人许可，故意避开或者破坏权利人为其作品、录音录像制品等采取的保护著作权或者与著作权有关的权利的技术措施的，法律、行政法规另有规定的除外；（七）未经著作权人或者与著作权有关的权利人许可，故意删除或者改变作品、录音录像制品等的权利管理电子信息的，法律、行政法规另有规定的除外；（八）制作、出售假冒他人署名的作品的。"第四十九条规定："侵犯著作权或者与著作权有关的权利的，侵权人应当按照权利人的实际损失给予赔偿；实际损失难以计算的，可以按照侵权人的违法所得给予赔偿。赔偿数额还应当包括权利人为制止侵权行为所支付的合理开支。权利人的实际损失或者侵权人的违法所得不能确定的，由人民法院根据侵权行为的情节，判决给予五十万元以下的赔偿。"

《中华人民共和国著作权法实施条例》第三十六条规定："有著作权法第四十八条所列侵权行为，同时损害社会公共利益，非法经营额 5 万元以上的，著作权行政管理部门可处非法经营额 1 倍以上 5 倍以下的罚款；没有非法经营额或者非法经营额 5 万元以下的，著作权行政管理部门根据情节轻重，可处 25 万元以下的罚款。"第三十七条规定："有著作权法第四十八条所列侵权行为，同时损害社会公共利益的，由地方人民政府著作权行政管理部门负责查处。"

本案中，某博物馆属于民办非企业单位，其主办的某博物馆网站下设的某博物馆书院版块，为公益书友会团体，定期举办读书会、沙龙、书友见面会等公益性活动，而且法院已查明在某博物馆书院的网页中，未见有利用涉案图片做广告等商业活动的行为。因此，法院综合考虑上述情节后判决某博物馆赔偿华盖公司 2000 元是适当的。

公司股东知情权

——某博物馆与某文化公司股东知情权纠纷案

【要点提示】

股东知情权；范围。

【基本案情】

1998 年 10 月，某博物馆（本案原告）与某经贸发展有限公司共同设立了某文化公司。公司性质为有限责任公司。2000 年 8 月，某文化公司进行了增资，并吸收了其他三位股东，公司性质也变更为股份有限公司。后某博物馆多次要求查阅公司会计账簿等，未果。

2008 年 8 月 19 日，某博物馆向法院起诉称：自某文化公司成立以来，因某文化公司受某经贸发展有限公司控制，某博物馆作为股东无法了解公司经营状况，无法有效行使股东权利。某博物馆向某文化公司要求行使股东知情权，遭到某文化公司拒绝。请求判令：某文化公司向某博物馆提供查阅、复制 1998 年公司设立以来的章程、历次股东会会议记录和决议、历次董事会会议记录和决议、历次监事会会议记录和决议、历年财务会计报告及历年会计账簿（含会计凭证及重大业务合同和交易凭证）。

被告某文化公司辩称：一、1998 年公司成立时有五个投资主体，而不仅只有某博物馆和某经贸发展有限公司两家。二、某博物馆主张其不能有效行使股东权利，与事实不符，实际上公司的董事长一职一直是由某博物馆的副馆长担任，公司的审计报告每年都送交某博物馆。三、某文化公司性质系股份有限公司，股份有限公司股东知情权的行使，应依照《中华人民共和国公司法》第九十八条的规定而非第三十四条规定，第三十四条系针对有限责任公司而作出的规定。四、某文化公司对某博物馆无权查阅会计账簿的情况进行了解释，并没有拒绝或不予理睬。

一审法院认为：由于某文化股份公司系由某文化有限公司于 2000 年 8 月改制发展而来，原某文化公司的相关材料应由其继受和掌管，故某博物馆请求判令某文化公司向其提供查阅、复制 1998 年至股份有限公司成立前（2000 年 8 月前）的公司章程、股东会会议决议、董事会会议决议、财务会计报告及查阅历年会计账簿的诉讼请求，于法有据，予以支持。会议记录与会议决议概念并不相同，对于某博物馆要求查阅董事会会议记录与监事会会议记录的请求，缺乏法律依据，不予支持。对于某博物馆要求查阅、复制会计凭证及重大业务合同和交易凭证及复制 1998～2000 年 8 月前的会计账簿的诉讼请求，缺乏法律依据，不予支持。2000 年 8 月 30 日，某文化公司改制为股份有限公司后，某博物馆作为股东，只能依照法定的股份有限公司股东知情权的范围行使权利，因此，某博物馆要求查阅 2000 年 8 月某文化公司成立以来公司章程、股东会会议记录、董事会会议决议、监事会会议决议、财务会计报告的诉讼请求，符合法律规定，予以支持。某博物馆要求复制前述材料以及查阅并复制 2000 年 8 月某文化公司成立以来历年会计账簿（含会计凭证及重大业务合同和交易凭证）的诉讼请求，缺乏法律依据，不予支持。综上，该院依照《中华人民共和国公司法》第三十四条、第九十八条之规定，作出如下判决：一、某文化公司于本判决生效后 10 日内将 1998～2000 年 8 月 30 日前的公司章程、股东会会议记录、董事会会议决议、监事会会议决议、财务会计报告备置于办公场所，供某博物馆查阅、复制，并将同期会计账簿备置于办公场所，供某博物馆查阅。二、某文化中心股份有限公司于本判决生效后 10 日内将 2000 年 8 月 30 日后的公司章程、股东会会议记录、董事会会议决议、监事会会议决议、财务会计报告备置于办公场所，供某博物馆查阅。三、驳回某博物馆的其他诉讼请求。

某博物馆、某文化公司均不服一审法院上述民事判决，向中级人民法院提起上诉，请求二审法院撤销一审判决第一项，维持第二、第三项。

二审法院经审理认为：上诉人某博物馆、上诉人某文化公司的上诉理由均不能成立，该院不予支持。但一审法院认定事实过于简单，且所作判决结果存在一定的问题，该院依法予以纠正。其判决第一项虽然结果正确，但语言表述不准确，该院予以相应变更；其判决第二项出现了笔误，将 2000 年 8 月 30 日写成了"2008 年 8 月 30 日"（判决理由中出现了同样错误），且关于某文化公司将股东会会议决议、董事会会议记录供某博物馆查阅的判决主文与《中华人民共和国公司法》第九十八条关于股东有权查阅公司股东会会议记录、董事会会议决议的规定明显不符，而会议记录与会议决议概念并不相同，故对该项判决，该院予以撤销。依照《中华人民共和国民事诉讼法》第一百五十三条第一款第（一）项、《最高人民法院关于适用〈中华人民共和国民事诉讼法〉若干问题的意见》第一百八十条之规定，判决如下：一、撤销一审法院判决第二项、第三项。二、变更一审法院判决第一项为：某文化公司于本判决生效后十日内将 1998 年至 2000 年 8 月 30 日前的公司章程、股东会会议记录、董事会会议决议、监事会会议决议、财务会计报告备置于办公场所，供某博物馆查阅、复制，并将同期会计账簿备置于办公场所，供某博物馆查阅。三、某文化公司于本判决生效后十日内将 2000 年 8 月 30 日后的公司章程、股东会会议记录、董事会会议决议、监事会会议决议、财务会计报告备置于办公场所，供某博物馆查阅。四、驳回某博物馆其他诉讼请求。

【裁判解析】

本案的争议焦点在于股东行使股东知情权的范围。

一、某博物馆能否对某文化公司变更组织形式为股份有限公司以前的运营情况行使股东知情权

公司组织形式的变更并不影响其主体人格的存续，变更前后的公司主体人格保持连续性和同一性。某文化公司虽然由某文化中心有限公司变更组织形式和名称而来，但其与某文化中心有限公司为同一主体，故作为股东，某博物馆有权对某文化公司 2000 年 8 月 30 日以前的运营情况行使知情权。并且，只要股东身份存在，股东就有权行使股东知情权，并不受股东是否委派了董事参与公司经营情况的影响。故某文化公司关于某博物馆只能作为股份有限公司的股东行使知情权，以及因某博物馆至 2005 年一直派员担任某文化公司董事长从而在客观上不存在无法行使知情权情况的上诉理由不能成立。

二、某博物馆行使股东知情权的具体范围

《中华人民共和国公司法》根据公司组织形式的不同对于股东的知情权作出了区别规定。《中华人民共和国公司法》（2006 年）第三十四条规定："股东有权查阅、复制公司章程、股东会会议记录、董事会会议决议、监事会会议决议和财务会计报告。股东可以要求查阅公司会计账簿。股东要求查阅公

司会计账簿的，应当向公司提出书面请求，说明目的。公司有合理根据认为股东查阅会计账簿有不正当目的，可能损害公司合法利益的，可以拒绝提供查阅，并应当自股东提出书面请求之日起十五日内书面答复股东并说明理由。公司拒绝提供查阅的，股东可以请求人民法院要求公司提供查阅。"（现行公司法对于该内容规定在第三十三条）该条规定的是有限责任公司股东行使知情权的范围。《中华人民共和国公司法》（2006 年）第九十八条规定："股东有权查阅公司章程、股东名册、公司债券存根、股东大会会议记录、董事会会议决议、监事会会议决议、财务会计报告，对公司的经营提出建议或者质询。"（现行公司法对于该内容规定在第九十七条）该条规定的是股份有限公司股东行使知情权的范围。

根据上述两个法条，笔者编制下表，以便读者理解：

	公司章程、股东会会议记录、董事会会议决议、监事会会议决议和财务会计报告	会计账簿
有限责任公司股东	可查阅，可复制	可查阅
股份有限公司股东	仅查阅	不可查阅，不可复制

本案中，某文化公司于 2000 年 8 月 30 日将组织形式变更为股份有限公司，因此，某博物馆有权查阅、复制 2000 年 8 月 30 日前某文化有限公司的公司章程、股东会会议记录、董事会会议决议、监事会会议决议和财务会计报告；可以查阅公司会计账簿。针对 2000 年 8 月 30 日后的某文化股份公司，某博物馆有权查阅其公司章程、股东名册、公司债券存根、股东大会会议记录、董事会会议决议、监事会会议决议、财务会计报告，无权查阅会计账簿。

三、股东可以查阅的会计账簿是否包括会计凭证及重大业务合同

《中华人民共和国会计法》第九条规定："各单位必须根据实际发生的经济业务事项进行会计核算，填制会计凭证，登记会计账簿，编制财务会计报告。"第十五条规定："会计账簿登记，必须以经过审核的会计凭证为依据。"可见，在会计法上，会计凭证、会计账簿、财务会计报告是三个完全不同的概念，其中会计账簿登记要以会计凭证为依据，而财务会计报告又是以会计账簿为依据编制的。故某博物馆无权查阅某文化公司的会计凭证及重大业务合同。

综上，法院对本案的判决正确无误。

解散公司的法定条件

——某博物馆与某文化公司解散公司纠纷案

【要点提示】

公司法定解散的条件；公司僵局的判断。

【基本案情】

1998 年 5 月 26 日，某博物馆（本案原告）与某经贸发展有限公司约定共同建设开发某博物馆北部和西部未使用土地，使之形成综合开发经营景点，即"某文化中心项目"。1998 年 10 月 23 日，某博物馆与某经贸发展有限公司为此设立某文化公司（本案被告）作为项目开发的主体。某文化公司设立后，进行了多次工商登记事项的变更。至起诉时止，某文化公司注册资本为 5000 万元，其中某博物馆以国有土地使用权入股持有 20.96% 的股份；某实业公司（本案第三人）持有 44.66% 的股份；耐雀尔公司（本案第三人）持有 18.88% 的股份；省文化艺术公司（本案第三人）持有 13.5% 的股份；企业形象研究会（本案第三人）持有 2% 的股份。

2009 年 12 月 1 日，某博物馆向原审法院起诉称：某文化公司成立后，因控制股东利用关联交易等方式转移、抽逃资金、擅自盲目投资，公司经营管理长期存在严重困难，连年亏损。其中，2007 年度亏损额高达 430 余万元，2008 年度亏损 303 余万元。同时，股东之间、股东与某文化公司之间存在严重矛盾，诉讼频发。此外，某文化公司与耐雀尔公司也发生了诉讼。某文化公司与股东之间存在严重不和，股东之间的矛盾激化，无法共同经营管理公司。应某博物馆多次强烈要求，2008 年 6 月 14 日召开了最后一次股东大会，专门商议某博物馆退出某文化公司的问题。但该次会议不仅没能做出决议，反而加剧了矛盾。因此，各股东已经失去共同经营管理某文化公司的基础，公司已陷入僵局，如继续存续，将使股东利益受到重大损失，且通过各种途径均不能解决。某博物馆持有某文化公司 20.96% 的股份，有权提起公司解散诉讼。据此，请求判决解散某文化公司。

某文化公司原审答辩称：某文化公司不存在公司僵局。一、某文化公司不存在经营管理的其他严重困难，其继续存续符合多数股东的意志，不会使股东利益遭受重大损失。近三年来，某文化公司的平均年营业额超亿元，足以证明某文化公司经营管理正常。某文化中心项目虽为某文化公司经营项目的组成部分，但不是经营管理的全部。即使该项目目前尚不能开工，也不构成法律上的"经营管理其他严重困难"。二、某博物馆与某文化公司或某博物馆与某实业公司之间未就其他途径解决争议进行过协商，司法解散缺少前置条件。三、某文化公司依法应当存续且存续将给股东带来重大利益。如某博物馆认为其股东权益将因公司存续受重大损失，可以以回购股份或其他股东协商受让股份的方式解决本案争议。故请求驳回某博物馆的诉讼请求。

原审法院审理查明：一、2008 年 8 月 19 日，某博物馆以某文化公司为被告向区人民法院起诉要求行使股东知情权，该院支持了其部分诉讼请求。二、2009 年 8 月 12 日，大湖风景名胜区建设项目立项审查联席办公会议以某文化中心项目缺乏建设依据为由，不同意建设该项目。目前，该项目仍处在申报审批过程中。三、某文化公司自成立以来未分配红利，公司连年处于亏损状态。

原审法院经审理认为：某文化公司经营管理发生严重困难，继续存续会使股东利益受到重大损失，且通过其他途径不能解决，作为持有公司全部股东表决权百分之十以上的股东——某博物馆请求法院判决解散公司，有相关事实和法律依据，予以支持。该院依据《中华人民共和国公司法》第一百八十三条、《最高人民法院关于适用〈中华人民共和国公司法〉若干问题的规定（二）》之规定，判决：解散某文化公司。

某文化公司不服上述民事判决，向高级人民法院提起上诉，请求依法撤销原判，改判驳回某博物馆的诉讼请求。

二审法院经审理认为：原审法院判令解散某文化公司并无不当，可予维持。依照《中华人民共和国民事诉讼法》第一百五十三条第一款第（一）项之规定，判决如下：驳回上诉，维持原判。

【裁判解析】

本案的争议焦点是某文化公司是否存在公司僵局，是否具备《中华人民共和国公司法》规定的可以判决解散的情形。

《中华人民共和国公司法》（2006 年）第一百八十三条规定："公司经营管理发生严重困难，继续存续会使股东利益受到重大损失，通过其他途径不能解决的，持有公司全部股东表决权百分之十以上的股东，可以请求人民法院解散公司。"（现行公司法对于该内容规定在第一百八十二条）根据此法条，判断某公司是否可以被判决解散，需要具有三个条件：第一，请求法院解散公司的股东持有公司全部股东表决权百分之十以上；第二，公司经营管理发生严重困难，陷入公司僵局；第三，通过其他途径无法解决。

《最高人民法院关于适用〈中华人民共和国公司法〉若干问题的规定（二）》（2008 年）第一条规定："单独或者合计持有公司全部股东表决权百分之十以上的股东，以下列事由之一提起解散公司诉讼，并符合公司法第一百八十三条规定的，人民法院应予受理：（一）公司持续两年以上无法召开股东会或者股东大会，公司经营管理发生严重困难的；（二）股东表决时无法达到法定或者公司章程规定的比例，持续两年以上不能做出有效的股东会或者股东大会决议，公司经营管理发生严重困难的；（三）公司董事长期冲突，且无法通过股东会或者股东大会解决，公司经营管理发生严重困难的；（四）经营管理发生其他严重困难，公司继续存续会使股东利益受到重大损失的情形。"（现行公司法司法解释对于该内容规定在第一条）这一法条对于"公司僵局"作出了具体细化的规定，对于公司僵局的判断，以上述四种情形为标准。

根据上述规定，本案中某文化公司可以被判决解散，原因如下：

一、某文化公司注册资本为 5000 万元，某博物馆以国有土地使用权入股持有 20.96% 的股份，很显然，其符合"持有公司全部股东表决权百分之十以上的股东"这一条件。

二、根据本案查明的事实，建设某文化中心项目虽是某博物馆与原某实业公司发起设立某文化公司时的初衷，但此后某博物馆以国有土地使用权折价出资，正是为了在该土地上建设某文化中心项目，多年来某文化公司也认为此项目是公司的立足之本和发展的主攻项目，应该说建设某文化中心项目是某文化公司设立的根本目的和发展目标，但该项目历经多年申报，仍未能通过审批，公司设立的根本目的已无法实现，该项目作为公司的核心事务，十多年来没有任何进展，也体现了公司经营管理上存在着障碍和困难。此外，某文化公司自成立以来从未分配过红利，公司连年处于亏损状态，公司的土地使用权也因负债不能清偿被法院查封，可见公司经营管理已发生严重困难，公司继续存续将会使股东利益继续受损。再者，公司存续应以股东间良好的信用和合作关系为纽带，作为公司的股东应当本着最大限度的忠诚，相互通力合作，共同推进公司目的的实现。现公司两名发起人股东某博物馆与某实业公司之间矛盾甚深、无法调节，某博物馆曾因无法行使股东知情权提起诉讼，股东之间已完全不可能建立合理的信赖关系，失去了合作的基础，使公司失去存续的经营基础，进而损害股东利益，引发公司的经营管理发生重大困难，因此某文化公司的存续将会使股东权利遭受损失。据此，某文化公司符合《最高人民法院关于适用〈中华人民共和国公司法〉若干问题的规定（二）》第一条之"经营管理发生其他严重困难，公司继续存续会使股东利益受到重大损失的情形"之规定，存在公司僵局。

三、多年来，某博物馆与某文化公司之间通过股东大会、行政协调等方式曾就公司解散及某博物馆退出方案的问题进行协商，但均未果，而某博物馆的股份涉及国有土地使用权的保值增值，某博物馆亦不同意转让股份，使股权回购、股权转让等内部救济途径失去了协商基础，股东会的召开也已没有实质意义。在此情况下，股东的自力救济已属不能，由于各股东之间设立某文化中心项目的合作目的已不能实现，其继续存续，不但不会有利于解决已形成的公司僵局，反而更易加深股东之间的矛盾。

综上所述，应认定某文化公司的实际情况已符合法定解散条件，一、二审法院判令解散某文化公司并无不当。

行为保全

——杨某与某公司、李某诉前禁令案

【要点提示】

著作人格权；行为保全。

【基本案情】

本案争议系因已故著名学者钱某书信手稿拍卖引发的纠纷。

申请人杨某称：钱某（已故）与杨某系夫妻，二人育有一女钱某女（已故）。钱某、杨某及钱某女与李某系朋友关系，三人曾先后致李某私人书信百余封，该信件本由李某收存，但是 2013 年 5 月间，某公司发布公告表示其将于 2013 年 6 月 21 日举行"也是集——钱某书信手稿"公开拍卖活动，公开拍卖上述私人信件。为进行该拍卖活动，某公司还将于 2013 年 6 月 8 日举行相关研讨会，2013 年 6 月 18 日至 20 日举行预展活动。

杨某认为，钱某、杨某、钱某女分别对各自创作的书信作品享有著作权。钱某女、钱某先后于 1997 年 3 月 4 日、1998 年 12 月 19 日病故。钱某去世后，其著作权中的财产权由杨某继承，其著作权中的署名权、修改权和保护作品完整权由杨某保护，发表权由杨某行使。钱某女去世后，其著作权中的财产权由杨某与其配偶杨某男共同继承，其著作权中的署名权、修改权和保护作品完整权由杨某与杨某男保护，发表权由杨某与杨某男共同行使；鉴于杨某男明确表示在本案中不主张权利，故杨某依法有权主张相关权利。杨某主张，某公司及李某即将实施的私人信件公开拍卖活动，以及其正在实施的公开展览、宣传等活动，将侵害杨某所享有和继承的著作权，如不及时制止上述行为，将会使杨某的合法权益受到难以弥补的损害，故向法院提出申请，请求法院责令某公司及李某立即停止公开拍卖、公开展览、公开宣传杨某享有著作权的私人信件。

　　某市某中级人民法院依据修改后的民事诉讼法关于行为保全的规定作出了禁令裁决：某公司在拍卖、预展及宣传等活动中不得以公开发表、展览、复制、发行、信息网络传播等方式实施侵害钱某、杨某、钱某女写给李某的涉案书信手稿著作权的行为。

　　裁定送达后，被申请人某公司随即发表声明，"决定停止 2013 年 6 月 21 日'也是集——钱某书信手稿'的公开拍卖。"

【裁判解析】

　　本案的争议焦点是行为保全。

　　2012 年新修订的《中华人民共和国民事诉讼法》第九章对保全作出了新的规定，第一百条规定："人民法院对于可能因当事人一方的行为或者其他原因，使判决难以执行或者造成当事人其他损害的案件，根据对方当事人的申请，可以裁定对其财产进行保全、责令其作出一定行为或者禁止其作出一定行为；当事人没有提出申请的，人民法院在必要时也可以裁定采取保全措施。人民法院采取保全措施，可以责令申请人提供担保，申请人不提供担保的，裁定驳回申请。人民法院接受申请后，对情况紧急的，必须在四十八小时内作出裁定；裁定采取保全措施的，应当立即开始执行。"第一百零一条规定："利害关系人因情况紧急，不立即申请保全将会使其合法权益受到难以弥补的损害的，可以在提起诉讼或者申请仲裁前向被保全财产所在地、被申请人住所地或者对案件有管辖权的人民法院申请采取保全措施。申请人应当提供担保，不提供担保的，裁定驳回申请。人民法院接受申请后，必须在四十八小时内作出裁定；裁定采取保全措施的，应当立即开始执行。申请人在人民法院采取保全措施后三十日内不依法提起诉讼或者申请仲裁的，人民法院应当解除保全。"第一百零八条规定："当事人对保全或者先予执行的裁定不服的，可以申请复议一次。复议期间不停止裁定的执行。"上述内容是我国法律首次对行为保全所作的详细规定，即人民法院对于可能因当事人一方的行为或者其他原因，使判决难以执行或者造成当事人其他损害的案件，根据对方当事人的申请，可以裁定责令其作出一定行为或者禁止其作出一定行为。当然当事人没有提出申请的，人民法院在必要时也可以裁定采取行为保全措施。本案即是一起行为保全的典型案例。

　　本案是人民法院作出的我国首例涉及著作人格权的行为保全（临时禁令）裁定。同时，由于案件涉及名人，案件处理必将受到社会的广泛关注。审理法院充分考虑了该案对于社会公共利益可能造成的影响，作出司法禁令，既有效保护了著作权人的权利，又避免了对某公司及相关公众造成影响。该禁令有助于收信人对于发信人著作权及隐私权的保护，彰显了司法权威，发挥了司法的社会引导功能。

　　需要注意的是，申请人在人民法院采取保全措施后三十日内不依法提起诉讼或者申请仲裁的，人民法院应当解除保全。当事人对保全的裁定不服的，可以申请复议一次，复议期间不停止裁定的执行。

　　2012 年新修订的民事诉讼法规定可以责令作出一定行为或者禁止其作出一定行为是一大亮点，我国 1991 年正式施行的民事诉讼法和 2007 年进行第一次修正时均未在民事诉讼法上确立这一制度。法律一般是事后保护权利，诉讼程序需要时间，一些侵权行为如果在诉前不能得到及时禁止或一些行为不及时作出将侵害他人利益时，如果没有法律措施予以保护，就不能真正实现对权利人实体权利的保护，因而不符合法律自身的公平正义要求，如赡养纠纷，可以请求赡养人作出抚养行为，如本案可以请求禁止被申请人进行公开拍卖。民事行为保全制度弥补了诉讼前或者诉讼中时间长的弊端。我国的海事诉讼与知识产权诉讼中，设立了海事强制令制度和诉前禁令制度，都是关于行为保全的法律规定，此次新修订的民事诉讼法中增设行为保全制度弥补了民事诉讼法立法上的漏洞。通过本案也可以反映出行为保全的必要性和可行性。如果必须等到诉讼才能采取措施，很有可能造成执行不能或增加未来执行的难度。为避免将来执行困难，行为保全更有利于维护当事人的利益。对于产生纠纷的双方当事人而言，有理有据的利用好保全措施是进行诉讼的必要手段，某种程度上有利于纠纷的解决。

　　本案也是一个很好的例子。如果不采取临时禁令，著作权一旦被实际侵犯，再好的判决也是亡羊补牢。本案还告知我们，杨某是名人，也是我们学习的楷模，采用法律的方式维护自己的权利给我们上了生动的一课。我们正在建设法治社会，在生活中，当我们遇到纠纷时应该想到首先用法律思维思考解决问题的办法，了解一些基本的法律知识也应该成为生活的必需。本案的意义还在于给古玩爱好者提供了很好的借鉴作用，当遇到自己的权利很有可能被侵害的时候，可以采取诉前保全的方式防止损害发生或减少损失。

民事诉讼中的举证责任分配

——梁某与某拍卖公司拍卖合同纠纷案

【要点提示】

拍卖合同；举证责任分配。

【基本案情】

2012 年 10 月 19 日，梁某与某拍卖公司签订了编号为 E29 的委托拍卖合同书一份，约定梁某依照约定的保留价，将附件中的藏品委托某拍卖公司拍卖；梁某同意向某拍卖公司支付相应费用，如成交则支付成交价之 2%，图录费 1500 元/件为佣金，如未成交则只支付图录费 1500 元/件。合同附件编号为 E29，注明委托拍卖标的年代为清乾隆，名称为茶叶末釉葫芦瓶，尺寸为高 23cm、口 3cm、底 7cm，保留价为 150 万元。当日，梁某、某拍卖公司填写库房收货手续表，梁某向某拍卖公司交付了上述拍卖标的，并向某拍卖公司交纳了图录费 1500 元，制盒费 150 元。但截止至 2013 年 3 月，梁某到某拍卖公司处了解拍卖会信息时，才得知该拍卖公司因内部纠纷造成梁某委托拍卖的物品丢失。

因某拍卖公司无法履行合同义务给梁某造成经济损失及精神损害，故梁某诉至法院，要求某拍卖公司赔偿拍卖标的损失 150 万元，赔偿收益损失 10 万元，双倍返还预定图录费及包装盒费共计 3300 元，给付精神损害赔偿 1 万元，赔偿交通费及住宿费 2650 元。

庭审中，梁某对某拍卖公司所称交接取回的拍卖标的存在异议，不同意接受，并称某拍卖公司处的拍卖标的除外表、尺寸与梁某交付的拍卖标的相似外，色釉颜色偏新，瓶口露胎不明显、底足偏新泛白、底款不规整、且"大清"的"清"字少笔画。

　　某拍卖公司为支持其主张向法院提交的涉案拍卖标的照片上显示，在拍卖物品上有公司单方标注"E29 独"的标签，物品外包装盒上亦有该标签。庭审中，某拍卖公司表示通过标签辨别该物品就是梁某委托拍卖的物品。对于保留价，某拍卖公司在庭审中表示，本案的 150 万元价格是某拍卖公司之前的人商议的，现在的人不太清楚，但拍卖的保留价的确通常会由公司在接受委托前先进行估价。

　　审理本案的一审法院判决认定：梁某、某拍卖公司签订的委托拍卖合同书，系各方真实意思表示，且不违反法律、行政法规强制性规定，各方均应依约履行相应的权利义务。

　　本案中，梁某向某拍卖公司交付了拍卖标的，但某拍卖公司始终未依约制作拍卖图录、组织拍卖，对此某拍卖公司应承担相应的违约责任。现梁某对某拍卖公司处保管的拍卖标的不予认可，而某拍卖公司亦认可因股东纠纷，诉争拍卖标的曾脱离其保管，现亦未能提供证据证明其交接取回的拍卖标的系梁某给付的拍卖标的，故某拍卖公司作为专业的拍卖人，对此应承担举证不能的不利后果，赔偿梁某拍卖标的的损失。对于拍卖标的的损失，因双方在委托拍卖合同中明确约定了保留价为 150 万元，故梁某主张某拍卖公司赔偿损失 150 万元，并无不妥，该院予以支持。对于某拍卖公司称保留价系梁某所定，诉争拍卖标的的价值远低于保留价的答辩意见，某拍卖公司作为拍卖公司，对于拍卖风险等应当具有专业性判断，如认为保留价格明显不合理，可以不予接受，故对其上述答辩，该院不予采信。

　　对于梁某要求双倍返还图录费、制盒费 3300 元的诉讼请求，因双方并未约定图录费及制盒费为定金，且梁某主张的 150 万元损失系比照保留价计算，保留价即为某拍卖公司拍卖成交后梁某的可得利益，故梁某要求双倍返还上述费用，该院不予支持。

　　对于梁某要求精神损害赔偿 1 万元，因该案为合同纠纷之诉，故梁某该项主张该院不予支持。对于梁某主张的交通费及住宿费损失，因双方对此费用承担并无约定，且梁某提供的证据亦不足以证明系为诉争之事所支出，故对梁某此项主张，该院不予采信。

　　综上所述，依照《中华人民共和国合同法》第八条，第六十条第一款，第一百零七条；《中华人民共和国拍卖法》第十九条的规定，判决：一、某拍卖公司于判决生效后十日内赔偿梁某损失一百五十万元。二、驳回梁某其他诉讼请求。如果未按判决指定的期间履行给付金钱义务，应当依照《中华人民共和国民事诉讼法》第二百五十三条之规定，加倍支付迟延履行期间的债务利息。

某拍卖公司不服一审判决，上诉至二审法院。主要上诉理由是：一审判决认定事实不清，举证责任分配错误，适用法律错误，请求二审法院撤销一审判决，依法驳回梁某的诉讼请求或发回重审，并判令梁某承担本案的一、二审诉讼费。

梁某服从一审法院判决，针对某拍卖公司的上诉理由答辩称：一审法院审理程序正确，认定事实清楚，适用法律正确，据此请求二审法院依法驳回某拍卖公司的上诉请求，维持原判。

二审法院经审查认为：一审法院判决认定事实清楚，处理结果正确，应予维持。某拍卖公司上诉理由不成立，对其上诉请求，该院不予支持。依照《中华人民共和国民事诉讼法》第一百七十条第一款第（一）项之规定，判决如下：驳回上诉，维持原判。

【裁判解析】

本案的争议焦点是民事诉讼中"举证责任"如何分配。

民事纠纷进入民事诉讼时，就意味着客观事实已经发生，法官裁判案件需要"以事实为依据，以法律为准绳"，但该处的"事实"应该是法律事实，法官的任务是让法律事实无限接近客观事实。所谓客观事实，是指不依赖人们的认识的事实真相，而法律事实是依照法律程序、被合法证据证明的案件事实。有时法律事实与客观事实基本一致，有时法律事实难以还原客观事实。

《中华人民共和国民事诉讼法》第六十四条规定："当事人对自己提出的主张，有责任提供证据"，《最高人民法院关于民事诉讼证据的若干规定》第二条进一步明确："当事人对自己提出的诉讼请求所依据的事实或者反驳对方诉讼请求所依据的事实有责任提供证据加以证明。没有证据或者证据不足以证明当事人的事实主张的，由负有举证责任的当事人承担不利后果。"具体到本案，梁某依约向某拍卖公司交付了拍卖标的物，现双方就某拍卖公司提供的物品是否为梁某交付的拍卖标的产生了争议，涉及举证责任的分配，根据已查明的事实，拍卖标的物由梁某交至某拍卖公司处，某拍卖公司负有保管的附随义务，应确定由某拍卖公司承担举证责任。某拍卖公司提供的照片仅有公司单方标注"E29 独"的标签，物品外包装盒上亦有该标签，作为专业拍卖人，某拍卖公司在验收及封存拍卖标的物品环节存在着较大瑕疵，某拍卖公司不能提供充足证据证明其交接取回的拍卖标的物品系梁某给付的拍卖标的物，需承担举证不能的不利后果，应赔偿梁某的损失。关于损失数额的确定，双方明确约定了保留价为 150 万元，就损失数额某拍卖公司亦负有证明不适用该保留价的责任。

本案涉及合同类纠纷，《最高人民法院关于民事诉讼证据的若干规定》第五条第二款规定："对合同是否履行发生争议的，由负有履行义务的当事人承担举证责任。"本案中，梁某依委托拍卖合同向某拍卖公司实际交付了拍卖标的物，某拍卖公司未能依约履行拍卖义务，根据上述规定，某拍卖公司应负未履行合同的违约责任，包括返还特定拍卖标的物和在不能返还特定标的物时承担赔偿责任，对于赔偿数额的确定，某拍卖公司亦承担着举证责任。在双方明确约定保留价的情况下，梁某主张按保留价进行赔偿，有理有据，某拍卖公司应承担该数额的赔偿责任。保留价作为拍卖的重要环节，不是随意定价，拍卖人在定价时就应科学合理地确定保留价。此外，确定该保留价也不违反法律强制性规定，作为专业拍卖人应该在确定保留价时就意识到该保留价具有法律效力，出现纠纷时会成为赔偿依据。

本案中，梁某向某拍卖公司交付了拍卖标的，但某拍卖公司始终未依约制作拍卖图录、组织拍卖。现梁某对某拍卖公司处保管的拍卖标的不予认可，而某拍卖公司认可因股东纠纷，诉争拍卖标的曾脱离其保管，但未能提供证据证明其交接取回的拍卖标的系梁某给付的拍卖标的，故某拍卖公司作为专业的拍卖人，应承担举证不能的不利后果，赔偿梁某拍卖标的的损失。对于拍卖标的的损失，因双方在委托拍卖合同中明确约定了保留价为 150 万元，法院予以支持，对于梁某要求双倍返还图录费、制盒费 3300 元法院不予支持。因此，本案一、二审判决正确适用了举证责任的分配，让某拍卖公司承担不利的法律后果，对当事人在拍卖活动中规范行为、积极履约具有指导意义。

民事诉讼中的"证明责任"

——某拍卖有限公司诉曹某、周某拍卖合同纠纷案

【要点提示】

拍卖民事诉讼；证明责任。

【基本案情】

2005 年 7 月 8 日，曹某参加由某拍卖有限公司（以下简称公司）组织的 2005 年春季艺术品拍卖会，领取 260 号竞投牌。曹某在公司印制的竞投人承诺书上签名，该承诺书记载："……二、本人同意在竞投前支付贵公司规定之保证金；承认买价为成交落槌价加规定的手续费（即佣金）。三、……若拍得作品并签字确认，本人将对此竞投行为承担全部责任，并不以任何理由提出退货或拒付货款。四、本人保证按照《业务规定》和《竞买须知》的规定付款领货，如有违约也愿意承担相应的经济责任以及法律责任。"但曹某经公司同意未支付保证金。当日，曹某拍得 2 件拍品，落槌价分别为 38000 元（图录号 446）、450000 元（图录号 358），并在成交确认书上签名。7 月 10 日，周某将曹某拍得的上述 2 件拍品提走，周某在内容为"本人在 2005 春季艺术品拍卖会上购得作品 13 件，计人民币 1272700 元。现经公司同意，全部作品已先提取，应付上述款项，在公司《业务规定》所规定之期限前全部付清"的承诺书上具名。上述 13 件拍品中包括了系争的 2 件拍品，该承诺书中的作品件数和钱款金额非周某填写。嗣后曹某、周某均未付款，曹某未收到系争拍品。

2007 年 5 月 17 日，公司代理人函至周某，主要内容为："受某拍卖有限公司委托，本律师现就您欠付公司货款一事致函。经查：一、2005 年 7 月 10 日，您以及您委托的代理人一起参加了 2005 春季艺术品拍卖会，在拍卖会

上，您及您的代理人共拍得13件艺术品，拍卖总价为人民币1272700元。二、考虑到您是公司的老客户，且一直有着良好的信誉，故公司破例，在您尚未付清拍卖款的情况下，让您提走了全部13件艺术品。三、您在提取13件艺术品的同时，书面承诺会在公司《业务规定》所规定之期限前将全部货款付清。四、公司《业务规定》第六条第1款规定：拍卖品一经售出，买家应当场付款并领取拍卖品，或从拍卖日起计的七天之内一次付清货款，领取拍卖品。"2007年5月24日，周某的委托代理人回函，主要内容为："一、2005年7月10日，周某亲自参加了2005春季艺术品拍卖会，在周某本人参加的情况下，没有必要和可能再委托任何代理人。……二、该拍卖会上，周某拍得的艺术品，同样应该以真实、客观的登记和现场资料为准，不存在周某拍得总价为人民币1272700元艺术品的事实。……五、按照法律规定和拍卖事实，经贵公司同意，受托人周某代为提取曹某、江某分别竞买成交的艺术品的行为，不产生需要由周某本人承担付清曹某、江某货款的法律责任。六、来函既然提到破例，贵公司《业务规定》也就不再适用。"

2008年1月18日，公司致函律师并周某，内容为："兹由我公司刘一、刘二两同志前往贵律师事务所办理收回周某在2005年7月10日从我公司提取江某、曹某购买的五件拍品的交接手续……"经交接，周某在交接书上签名，交接书主要内容为"乙方（公司）收到甲方（周某）于2008年1月18日下午交付的下列拍品无误：2005年春季艺术品拍卖会曹某（竞投牌号为260）成交图录号为446、358的拍品以及发票联"。同日，曹某以公司的拍品系伪作，且在两年前已将系争拍品擅自卖给周某的行为构成根本性违约等为由，向公司发送解除拍卖合同的通知。1月25日，公司回函要求曹某继续履行付款义务。另查明，公司与周某曾有拍卖合同纠纷一案，经判决由周某按"拍卖法"规定最高5%支付佣金，周某不服，提起上诉，上诉法院作出了维持原判的判决，该判决业已生效。

一审法院认为：公司与曹某之间拍卖合同关系成立，判决：一、驳回公司要求曹某支付货款人民币536,800元的诉讼请求。二、驳回公司要求曹某支付上述价款的逾期付款利息的诉讼请求。三、驳回公司要求周某对曹某的债务承担连带清偿责任的诉讼请求。

公司不服一审判决，上诉至二审法院。二审法院经审查认为，一审法院判决并无不当，判决：驳回上诉，维持原判。

【裁判解析】

本案的争议焦点是民事法律中因"证明责任"产生的不利法律后果。

证明责任制度最早产生于古罗马法时代，古罗马法上关于证明责任制度的规定可以概括为五句话："原告对于其诉，以及其诉请求之权利，须举证证明之"，"原告不举证证明，被告即获胜诉"，"若提出抗辩，则就其抗辩有举证之必要"，"为主张之人负有证明义务，为否定之人则无之"，"事物之性质上，否定之人无须证明"。上述内容表明，当时的证明责任制度已经比较健全，奠定了"谁主张，谁举证"的证明规则，对后世产生了巨大的影响。

在我国民事诉讼中，证明责任是指民事案件当事人，对自己提出的主张有收集或提供证据的义务，《中华人民共和国民事诉讼法》第六十四条第一款规定："当事人对自己提出的主张，有责任提供证据。"第六十四条第二款规定；"当事人及其诉讼代理人因客观原因不能自行收集的证据，或者人民法院认为审理案件需要的证据，人民法院应当调查收集"。

本案显然适用《中华人民共和国民事诉讼法》第六十四条第一款。属于当事人自己证明的责任，在不能提供证据证明自己主张时应承担不利的法律后果。公司与曹某之间成立拍卖合同关系，曹某从公司拍得图录号分别为358、446号的两件拍品，公司应负有就特定拍品向曹某交付的义务。公司认为周某系曹某的委托代理人，但除本人陈述外，未提交其他证据佐证，故法院不予采信。曹某认为公司擅自将标的物交付他人是合同未按期履行的原因，具备事实依据，法院予以采信。鉴于曹某与公司未就周某返还物是否为原合同标的物达成一致意见，且现距拍卖时隔两年有余、系争合同标的物又属市场价格波动及鉴别难度较大的艺术品，故曹某以合同目的不能实现为由通知解除系争拍卖合同，符合法律规定，依法发生解除的效力。公司要求曹某继续履行合同义务，缺乏依据，法院不予支持。鉴于周某签署的相关承诺书并不包含其同意对曹某应付拍品的价款承担担保责任的文意在内，且周某已向公司返还了拍品，故公司要求周某承担该拍品价款清偿责任的诉讼请求，法院不予支持。

据此，本案一、二审判决正确适用举证责任的分配，让公司承担不利的法律后果，对当事人在拍卖活动中规范行为具有指导意义。

拍卖合同中的瑕疵担保责任

——符某与某拍卖有限公司拍卖合同纠纷案

【要点提示】

拍卖合同；瑕疵担保责任。

【基本案情】

某拍卖有限公司为举办 2008 春季艺术品拍卖会古代书画专场，向公众发出拍卖图录。其中 377 号拍品为张宏《溪山高隐》设色纸本镜片。同时在拍卖图录的业务规定第一部分三（5）中载明：本公司对拍卖品的真伪及品质不承担瑕疵担保责任；审看原作是竞买人的权力，竞买人最好在拍卖日前行使这一权力，以鉴定或其他方式（包括聘请专家）弄清自己想了解的情况；一旦参加应价竞争，即视为已行使本权力并认可该拍卖品之现状（包括缺陷），愿对自己投拍某一艺术品的行为承担法律责任，并决不以任何理由退货或拒付货款。之后，符某参加了该次拍卖品预展。2008 年 7 月 5 日，符某在此次拍卖竞买登记表上签名，竞投牌号为 62 号，在该登记表上竞投人承诺：本人已仔细阅读贵公司刊载于拍卖图录中的《业务规定》和《竞买须知》，在拍卖交易中，保证遵守上述规定；本人同意所有在本次拍卖会中成交之拍卖品均无须附带"真确保证"，竞投前，本人已自行审看拍卖品的原作（原件），承认该拍卖品之现状包括缺陷，经过慎重考虑，才做出竞投决定。同日，符某在该次拍卖会上以 33600 元拍得前述 377 号拍品。符某付清全部款项后领取该拍品。其后，符某认为该拍品为明显的赝品，遂于 2008 年 7 月诉至法院，要求判令某拍卖有限公司返还购画款 33600 元。另查明，某拍卖有限公司举办的此次拍卖会，事先经某市文物管理委员会审核同意。

审理本案的一审法院认为：由于艺术品真伪确认具有主观性和不确定性，

决定了艺术品拍卖具有风险性，符某作为竞买人更应对艺术品品质进行认真鉴别。依照《中华人民共和国拍卖法》第六十一条第一款之规定，判决对符某要求某拍卖有限公司退还购画款人民币 33600 元的诉讼请求不予支持。

符某不服一审判决，上诉至二审法院，二审法院经审查认为，一审法院判决认定事实无误，适用法律正确。判决：驳回上诉，维持原判。

【裁判解析】

本案的争议焦点是拍卖标的瑕疵担保责任及格式条款在拍卖合同中的认定。

拍卖标的是依法可以处分的物品或财产权利，凡依法或按国务院规定需经审批的应当依法办理审批手续，根据《中华人民共和国拍卖法》第六十一条第二款的规定，拍卖人未说明拍卖标的的瑕疵，给买受人造成损害的，买受人有权向拍卖人要求赔偿，拍卖人在拍卖前声明不能保证拍卖标的的真伪或者品质的，不承担瑕疵担保责任。本案中，某拍卖有限公司举办的此次拍卖会，事先经某市文物管理委员会审核同意，在拍卖会前不仅以明示的方式作了免责声明，还进行了相关拍品的预展，竞投人可以审看原件，符某是否阅读相关《业务规定》《竞买须知》和竞买登记表上印制的《竞投人承诺》之内容，在拍品预展时是否对有拍买意向的拍品之原件进行审看，均属符某对自己权利的处分，因此，不利的法律后果应由符某自行承担。

根据竞拍流程，符某可通过参加对拍品进行的预展，查验拍品，对拍品的品质和真伪自行判断，或聘请专家进行鉴定。拍卖法已规定，拍卖人、委托人在拍卖前声明不能保证拍卖标的的真伪或品质的，不承担瑕疵担保责任。本案在拍卖图录中的《业务规定》及签字确认的竞买登记表中均言明对拍卖会拍品不附带"真确保证"及对其真伪、品质承担瑕疵担保责任。据此可以认定在拍卖前已明确声明不能保证拍卖标的的真伪或品质，由此对拍品也就不承担瑕疵担保责任。符某诉称，竞买登记表中竞投人承诺系格式条款，应由被告承担不利后果，但该承诺意思表示并不会产生歧义。符某另诉称，该拍品以玻璃装帧，使符某在预展时无法辨别真伪，但被告在拍卖图录中即明确该拍品为镜片形式，同时该形式亦符合拍品展示常规，并无不当之处。综上，被告举办的拍卖会符合法律规定，且拍卖前已明确声明不能保证拍卖标的的真伪或品质，对拍品不承担瑕疵担保责任，符某以拍品系赝品为由要求退还购画款，没有法律依据。

　　需要注意的是对格式条款的理解。《中华人民共和国合同法》第三十九条规定："采用格式条款订立合同的，提供格式条款的一方应当遵循公平原则确定当事人之间的权利和义务，并采取合理的方式提请对方注意免除或者限制其责任的条款，按照对方的要求，对该条款予以说明。格式条款是当事人为了重复使用而预先拟定，并在订立合同时未与对方协商的条款。"上述规定表明，格式条款的合同法定义为"格式条款是当事人为了重复使用而预先拟定，并在订立合同时未与对方协商的条款"。合同法亦规定采用格式条款订立合同的，提供方采取合理的方式提请对方注意免除或者限制其责任的条款，按照对方的要求，对该条款予以说明。不是所有的格式条款都是无效的，现实生活中车票、保单、提单、出版合同等都是格式合同。《中华人民共和国合同法》第四十条规定："格式条款具有本法第五十二条和第五十三条规定情形的，或者提供格式条款一方免除其责任、加重对方责任、排除对方主要权利的，该条款无效。"具体到本案的拍卖合同，根据《中华人民共和国拍卖法》第六十一条规定，拍卖人、委托人在拍卖前声明不能保证拍卖标的的真伪或者品质的，不承担瑕疵担保责任。那么，拍卖人声明就不承担瑕疵担保责任与拍卖人免除其责任应该无效是否冲突或矛盾呢？笔者认为这涉及适用法律的问题，合同法是一般法，拍卖法是特殊法，应优先适用。此外，竞拍人应具有必要的拍卖常识，正像车票，绝大多数人不会去认真阅读车票背后的格式条款，但亦不能就此否定其效力。

　　本案一、二审判决站在拍卖合同的特殊性立场综合考虑合同效力是值得肯定的。

拍卖标的瑕疵担保责任

——顾某与某拍卖有限公司拍卖合同纠纷案

【要点提示】

拍卖合同；瑕疵担保责任。

【基本案情】

顾某从 2009 年开始参与竞买、委托活动。2012 年 12 月 3 日某拍卖有限公司在《新晚报》上刊登拍卖公告，定于同年 12 月 15 日至 19 日在某宾馆举办纸杂文献等专场拍卖，预展时间为同年 12 月 13 日至拍前一日。同年 12 月 7 日左右，顾某收到某拍卖有限公司寄送的有关本次拍卖会中"悟馨斋旧藏——'明清宫廷遗珍、古美术文献暨陈年故纸'专场"的拍卖品图录，其中图录序号 8072 号拍品为本案争议拍品《飞鸿堂印谱》，该拍品图录中包含某拍卖有限公司制作的《拍卖规则》。同年 12 月 13 日至 16 日，某拍卖有限公司对包括"悟馨斋旧藏"专场的拍品进行了预展，潜在竞买人可对拍品进行审看与甄别。同年 12 月 17 日，在拍卖开始之前，某拍卖有限公司宣读了竞买须知，其中第 5 条内容为"本公司对拍卖标的用任何方式所作的介绍及说明性文字，均为参考性意见，不构成对拍卖标的的任何瑕疵担保"。同日，顾某办理了竞买登记手续参与"悟馨斋旧藏"专场拍卖。在拍卖过程中，顾某以 105000 元拍得前述 8072 号拍品。顾某认为，某拍卖有限公司需要对每一件拍品分别做出不承担瑕疵担保的声明，但未向其说明争议拍品的瑕疵且虚假宣传该拍品为乾隆原版，导致其对拍品产生重大误解。顾某遂诉至法院，请求依据我国合同法第五十四条及相关规定判令：撤销其与某拍卖有限公司之间的拍卖合同，退回拍卖款 105000 元及佣金 14175 元并支付利息损失。另查明，此次拍卖会事先经某市文物局审核同意。

　　一审法院经审理后认为：由于艺术品真伪确认具有主观性和不确定性，决定了艺术品拍卖具有风险性，顾某作为竞买人更应对艺术品品质进行认真鉴别。某拍卖有限公司举办的专场拍卖会符合法律规定，且拍卖前已明确声明不能保证拍品的真伪及品质，对拍品不承担瑕疵担保责任，故顾某的诉讼请求没有法律依据，法院不予支持。据此，依照我国拍卖法第六十一条第一款之规定，判决如下：对顾某的诉讼请求不予支持。

　　顾某不服一审判决，上诉至二审法院称：本案的《拍卖规则》为格式合同，被上诉人未对该规则中对上诉人不利的条款或加重上诉人义务的条款作显著、有效的提醒。被上诉人在拍卖前宣读竞买须知，当时上诉人并不在场，被上诉人也未尽到上诉人到场后向其补充告知的义务。故所涉条款无效，拍卖人不能依此要求竞买人承担损失。又，本案拍卖人或疏于履行审核责任，或故意隐瞒了讼争拍品的瑕疵。被上诉人在拍品图录中并未注明系争拍品的描述（来源、年代等）系他人所述（即转述），故应认定此属被上诉人的自行描述，被上诉人理应就此承担瑕疵担保责任。系争拍品虽是旧书文献类，但并非是不能鉴定的艺术品，且纸张显见故意作旧，拍卖人对此类的鉴定能力要远胜于普通竞买人，也应明显看出该拍品的瑕疵，故拍卖人未尽审核职责、不能说明瑕疵，应承担法律责任。被上诉人不具备拍卖文物资质，上诉人是第一次作为竞买人参加拍卖会且对古籍文献也不熟悉，由于被上诉人的虚假宣传和明显误导，使上诉人对系争拍品产生重大误解，该合同关系依法可予撤销。现上诉请求撤销原判并改判支持其一审全部诉讼请求。

　　被上诉人答辩称，不同意上诉人的上诉请求。

　　二审法院经审查认为：一审法院判决认定事实清楚，判决并无不当。判决：驳回上诉，维持原判。

【裁判解析】

　　本案的争议焦点是拍卖标的瑕疵担保责任及重大误解在拍卖合同中的认定。

　　拍卖标的是依法可以处分的物品或财产权利，因此依法或按国务院规定需经审批的应当办理审批手续。根据《中华人民共和国拍卖法》第六十一条的规定，拍卖人未说明拍卖标的的瑕疵，给买受人造成损害的，买受人有权向拍卖人要求赔偿，拍卖人在拍卖前声明不能保证拍卖标的的真伪或者品质的，不承担瑕疵担保责任。本案中某拍卖有限公司举办的此次拍卖会，事先经某市文物局审核同意，在拍卖会前不仅进行了相关拍品的预展，拍卖开始前还宣读了竞买须知，顾某在拍品预展时不对有拍买意向的拍品之原件进行审看，不认真听取竞买须知之内容，均属顾某对自己权利的处分，故不利的法律后果应由顾某自行承担。

本案交易属艺术品交易，应当遵循"买者自慎"的行规，能否购得真品的风险由买家凭自身的知识和鉴赏能力等因素承担，而且作为一种蕴含高度不确定性和巨额差价的特殊商品，艺术品交易本身也就存在挑战和高风险性。这一古老的交易形式，风险与利益的分配体现着权利与义务的统一，考验着参与者的智慧和能力。具体到本案，应异于一般的普通商品买卖合同，如果竞买方就交易的特殊商品或相关信息没有证据证明拍卖方作出明示或保证的，就不符合重大误解的构成要件。

拍卖人、委托人在拍卖前声明不能保证拍卖标的的真伪或品质的，不承担瑕疵担保责任。本案中，某拍卖有限公司在拍品图录的《拍卖规则》及拍卖会前宣读的竞买须知中，均言明对拍卖品不作任何瑕疵担保，表明某拍卖有限公司已履行了瑕疵声明的义务，再进行司法鉴定已无必要。因此，顾某的诉讼请求没有法律依据。

本案一、二审判决并无不当。

拍卖合同撤销权的行使

——兰某与某拍卖公司买卖合同纠纷案

【要点提示】

合同重大误解；撤销权行使。

【基本案情】

2011 年 5 月 14 日，兰某从某拍卖公司处购得铜鎏金海兽葡萄镜一面。同日，某拍卖公司给兰某出具了收款结算账单，该收款结算账单载明：牌号 597，姓名兰某，图录号 5491，拍品名称铜鎏金海兽葡萄镜，落槌价 85000 元，酬金 10200 元，共计 95200 元。另查，某拍卖公司印制的 2011 年春季艺术品拍卖会瓷器、杂项图录显示：5491 号拍品为唐代铜鎏金海兽葡萄镜，价格为 95000 元至 150000 元。

2011 年 5 月 20 日，兰某与案外人程某订立了唐代铜鎏金海兽葡萄镜转让合同，约定兰某将从某拍卖公司处购得的唐代铜鎏金海兽葡萄镜以购进价 95200 元转让给程某，兰某保真，若经鉴定不是产自唐代，程某提出退货，兰某在一周内全额退款并赔偿利息损失。

2012 年 6 月 1 日，程某将铜镜送去某市硅酸盐研究所古陶瓷检测中心进行鉴定，鉴定结论为：成分与现代成分相符。程某以对其购进的唐代铜鎏金海兽葡萄镜的成分产生重大误解为由起诉，请求撤销转让合同，要求兰某退款并赔偿利息损失 25000 元及承担诉讼费和鉴定费 1500 元。兰某请求追加某拍卖公司为第三人，并承担撤销合同后的法律后果。

2012 年 7 月 2 日，某县人民法院判决程某与兰某签订的转让合同依法予以撤销；兰某返还程某 95200 元，程某返还兰某唐代铜鎏金海兽葡萄镜；兰某赔偿程某 95000 元的利息损失及鉴定费 1500 元。兰某与程某不服判决，均提起上诉。2012 年 12 月 11 日，某中级人民法院判决如下：驳回上诉，维持原判。

2013 年 10 月 11 日，兰某将某拍卖公司诉至一审法院。一审法院庭审中，某拍卖公司表示不清楚兰某所述的购买经过，亦不能披露铜镜的委托拍卖人。

一审法院判决认定：兰某对铜镜的质量存在重大误解，应自知道铜镜不是产自唐代之日起 1 年内要求撤销买卖合同。依照《中华人民共和国合同法》第五十四条第一款第（一）项、第二款，第五十五条第（一）项，第一百零七条的规定，判决：驳回兰某的诉讼请求。

兰某不服一审判决，上诉至二审法院，二审法院经审查认为：一审法院判决认定事实清楚，适用法律正确。判决：驳回上诉，维持原判。

【裁判解析】

本案的争议焦点是撤销权行使。

首先应确定本案纠纷合同的性质。在法律上合同分为有效合同、无效合同、可变更或撤销合同及效力待定合同。根据《中华人民共和国拍卖法》规定，拍卖是指以公开竞价的形式，将特定物品或者财产权利转让给最高应价者的买卖方式，故本案合同不具有拍卖合同的性质。兰某与某拍卖公司虽未签订正式的买卖合同，但兰某向某拍卖公司支付价款，某拍卖公司向兰某交付铜镜的行为已形成了买卖合同关系。因某拍卖公司不能披露铜镜的委托拍卖人，买卖合同直接约束兰某与某拍卖公司。根据《中华人民共和国合同法》第十四条规定，因重大误解订立的合同，当事人一方有权请求人民法院或者仲裁机构变更或者撤销。本案根据兰某主张，应属于可变更或撤销合同，因兰某对所购铜鎏金海兽葡萄镜是否属唐代产生了重大误解，而对于重大误解的合同，则适用可变更或撤销合同的法律规定。根据《中华人民共和国合同法》第五十五条规定，具有撤销权的当事人自知道或者应当知道撤销事由之日起一年内没有行使，撤销权消灭。撤销权属除斥期间，是指法律规定某种民事实体权利存在的期间内如不行使相应的民事权利，则在该法定期间届满时该民事权利消灭。该法定期间一般是不变期间，不因任何事由而中止、中断或延长，这是与诉讼时效规定的区别所在。本案中如果兰某以重大误解主张权利，必然涉及合同的可变更或撤销，当然适用上述除斥期间的规定。

　　本案的争议在于当事人自知道或者应当知道撤销事由之日如何认定？兰某上诉认为：判决错误计算撤销权的起算时间。司法实践中，债权人知道或应当知道撤销事由的时间起算日，是分不同情况确定的，如债权转让就以告知之日为"知道或者应当知道"之日；再如对有争议的质量鉴定等，则应以法院作出终审判决之日为"知道或者应当知道"之日。本案的"撤销事由"为该铜镜是现代产品，债权人知道或者应当知道撤销事由有两个时点，一是另案原告起诉兰某的起诉日；二是既然在诉讼，就不能以当事人的说法为准，只能以法院生效的判决为准，兰某的"知道或者应当知道"之日，应确定为某中级人民法院终审判决之日，兰某签收该二审判决后才知道撤销事由——法院判决确认该铜镜是现代产品，因此，兰某在领取判决书一年内起诉某拍卖公司并无不当，即兰某假设是行使撤销权，其诉讼也不存在时效问题。如果兰某在另案起诉铜镜是现代产品时，就向某拍卖公司行使撤销权，则会出现两种情况，一是兰某必须相信另案原告主张，铜镜是现代产品，对第三人退款并赔偿损失，但由于该案未经诉讼并无生效判决，某拍卖公司和法院必然不会采信；二是第三人起诉后法院判决铜镜系唐代，则兰某不需向某拍卖公司行使撤销权，故兰某"知道或者应当知道撤销事由"的起算时点，只能是某中级人民法院作出终审判决的时间。如何认定"知道或者应当知道"成为该案焦点中的焦点，最终法院认定收款结算账单载明的拍品名称为铜鎏金海兽葡萄镜，并未载明为唐代，兰某就应该"知道或应当知道"，如果认为存在重大误解亦应从收款结算账单时间起算撤销权行使期间，因此兰某败诉。笔者认为收款结算账单是重要的证据，结合古玩交易特殊商品的特殊交易规则，奉行"买者自慎"，兰某对是否标明"唐代"应该特别谨慎，不能以一般普通人标准要求兰某，而应以更严格标准要求兰某，如果兰某果真没有注意，也应该承担相应不利的法律后果。

　　本案中兰某自称铜镜系在拍品预展时从某拍卖公司处购买，对此某拍卖公司表示并不清楚，但某拍卖公司亦未提供兰某系在拍卖会上以最高价拍得铜镜的相关证据，确认铜镜系在拍品预展时从某拍卖公司处购买。兰某与某拍卖公司虽未签订正式的买卖合同，但兰某向某拍卖公司支付价款，某拍卖公司向兰某交付铜镜的行为可以认定兰某与某拍卖公司已形成了买卖合同关系。该合同不具有拍卖合同的性质。因某拍卖公司不能披露铜镜的委托拍卖人，故一审法院确认该买卖合同直接约束兰某与某拍卖公司，某拍卖公司给兰某出具收款结算账单时，兰某向某拍卖公司已支付了价款，某拍卖公司亦向兰某交付铜镜，双方的权利义务关系终止。某拍卖公司印制的 2011 年春季艺术品拍卖会瓷器、杂项图录虽显示 5491 号拍品为唐代铜鎏金海兽葡萄镜，但收款结算账单载明的拍品名称为铜鎏金海兽葡萄镜，并未载明为唐代，兰某对铜镜的质量存在重大误解，应自知道铜镜不是产自唐代之日起 1 年内要求撤销买卖合同。现兰某以某拍卖公司的过失和违约，将现代的铜镜标为唐代为由，起诉要求退还该铜镜给拍卖公司，要求拍卖公司赔偿经济损失及利息，缺乏法律依据。

拍卖合同纠纷的管辖

——潘某与某拍卖有限公司拍卖合同纠纷案

【要点提示】

合同纠纷；法院管辖权。

【基本案情】

潘某与某拍卖有限公司签订《委托拍卖合同书》，明确了拍品的品种、数量、保留价，还明确约定，因履行该拍卖合同产生的纠纷由某拍卖有限公司所在地人民法院管辖。

其后，某拍卖有限公司以拍卖合同纠纷为由提起诉讼，要求潘某返还拍卖押金并提供了押金汇款凭证作为证据。某拍卖有限公司称：基于《委托拍卖合同书》的约定向潘某交付 3000 万元，是为履行《委托拍卖合同书》的款项。潘某辩称：与某拍卖有限公司之间在《委托拍卖合同书》之前之后都有大量的款项往来，这些往来都不属于本次双方签订的《委托拍卖合同书》的范畴。潘某所提供的款项往来只是全部款项往来中的一部分，这些款项都是与本案合同无关的其他往来款，不受《委托拍卖合同书》调整，因此，某拍卖有限公司诉称 3000 万元的争议不适用《委托拍卖合同书》的约定。潘某认为应适用"原告就被告"的规定，潘某与某拍卖有限公司之间的返还财物纠纷应移送至 S 省 Q 市某区人民法院审理。

一审法院认为：根据双方约定管辖，一审法院享有管辖权，裁定驳回潘某的移送管辖请求。

潘某不服，上诉于二审法院，二审法院经审理认为：双方当事人在订立的《委托拍卖合同书》中明确约定因履行该拍卖合同产生的纠纷由某拍卖有限公司所在地人民法院管辖，该协议管辖约定合法有效。某拍卖有限公司以拍卖合同纠纷为由提起诉讼，要求潘某返还拍卖押金并提供了押金汇款凭证作为证据，属于因履行拍卖合同产生的纠纷，适用协议管辖条款的约定。至于该押金是否确系某拍卖有限公司为履行《委托拍卖合同书》而支付，属于实体审理范围。综上，某拍卖有限公司有权按协议管辖条款的约定向原审法院提起诉讼，原审法院对本案有管辖权。潘某的上诉请求依据不足，该院不予支持。依照《中华人民共和国民事诉讼法》第一百七十条第一款第（一）项的规定，裁定：驳回上诉，维持原裁定。

【裁判解析】

本案的争议焦点是民事诉讼中的约定管辖权．

《中华人民共和国民事诉讼法》第三十四条规定："合同或者其他财产权益纠纷的当事人可以书面协议选择被告住所地、合同履行地、合同签订地、原告住所地、标的物所在地等与争议有实际联系的地点的人民法院管辖，但不得违反本法对级别管辖和专属管辖的规定。"本案中，潘某与某拍卖有限公司在订立的《委托拍卖合同书》中明确约定因履行该拍卖合同产生的纠纷由某拍卖有限公司所在地人民法院管辖，该协议管辖约定合法有效。某拍卖有限公司以拍卖合同纠纷为由提起诉讼，要求潘某返还拍卖押金并提供了押金汇款凭证作为证据，也属于因履行拍卖合同产生的纠纷，故适用协议管辖条款的约定。至于该押金是否确系某拍卖有限公司为履行《委托拍卖合同书》而支付，属于实体审理范围。综上，某拍卖有限公司有权按协议管辖条款的约定向法院提起诉讼，约定的法院对本案有管辖权。

对于分属不同地域的双方而言，一旦发生纠纷，都希望选择对自己有利的管辖法院审理，所以签订合同时选择发生纠纷后的管辖法院也是非常重要的一个条款。约定管辖条款需要注意的是：首先，应该是与争议有实际联系的地点的人民法院管辖，不能选择与争议没有任何关联的法院进行管辖；其次，要注意级别管辖和专属管辖的规定，级别管辖主要涉案金额和影响度，专属管辖主要涉及不动产纠纷、港口作业中发生的纠纷和继承遗产纠纷。

拍卖合同无效

——吴某与某拍卖公司等委托合同纠纷案

【要点提示】

无效民事法律行为；认定。

【基本案情】

王其某是王某与盛某所生之子，王某与吴某于 1939 年在延安结婚，1973 年 5 月王某去世，其遗产至今未分割。1997 年 3 月 11 日，吴某委托某拍卖公司拍卖王某的油画《静物》、素描《德国老人》，并签有委托拍卖书。

1997 年 6 月，王其某以自己的父亲去世以后，吴某在未征得其他继承人同意的情况下，将自己父亲的两幅画委托某拍卖公司拍卖为由，向一审法院起诉，要求确认吴某与某拍卖公司之间的委托拍卖合同无效。

一审法院认定，王其某所述的两幅画为王某的遗产，吴某个人处分该画的行为无效。判决：一、被告吴某与被告某拍卖公司之间的委托拍卖合同无效；被告某拍卖公司将所保管的二幅画返还给被告吴某处保管；二、被告吴某赔偿王其某因诉讼支出的律师费一万元。以上两项均自本判决生效后七日内履行。

一审判决后，吴某不服，以该画系自己个人所有为由，提起上诉，要求确认委托合同有效。

二审法院另查明某拍卖公司在举行该拍卖会之前，已按规定向有关部门请示并获批准，审理过程中王其某主动放弃确认吴某赔偿其一万元的权利。二审法院认为：双方争议之作品系王某之遗产，故吴某在未争得其他权利人同意的情况下，拍卖该画，侵犯了他人权益。王其某作为权利人之一，要求确认该委托拍卖协议无效，应予支持。王其某在诉讼中放弃要求赔偿的请求，不持异议。综上所述，判决如下：一、维持一审法院民事判决第一项。二、撤销一审法院民事判决第二项。

【裁判解析】

本案的争议焦点是无效民事法律行为。

民事法律行为存在有效、无效、效力待定、可变更或可撤销之分。我国合同法等相关法律对此也做出了详细的规定，本案即属于无效民事法律行为的认定。《中华人民共和国合同法》第五十二条规定："有下列情形之一的，合同无效：（一）一方以欺诈、胁迫的手段订立合同，损害国家利益；（二）恶意串通，损害国家、集体或者第三人利益；（三）以合法形式掩盖非法目的；（四）损害社会公共利益；（五）违反法律、行政法规的强制性规定。"第五十三条规定："合同中的下列免责条款无效：（一）造成对方人身伤害的；（二）因故意或者重大过失造成对方财产损失的。"日常生活中提到民事法律行为，还应该包括民事主体适格、具有相应的民事行为能力并符合民事主体的意思表示。《中华人民共和国合同法》第五十一条规定："无处分权的人处分他人财产，经权利人追认或者无处分权的人订立合同后取得处分权的，该合同有效。"反之，未取得权利人或其他部分权利人追认，合同无效。

根据《中华人民共和国继承法》第十条的规定，第一顺序继承人是配偶、子女、父母，继承开始后，第一顺序继承人继承，子女包括婚生子女、非婚生子女、养子女和有扶养关系的继子女，父母包括生父母、养父母和有扶养关系的继父母，第一顺序继承人有一个存在的，第二顺序继承人不继承，第二顺序继承人包括兄弟姐妹、祖父母、外祖父母。该法第十三条规定，同一顺序继承人继承遗产的份额，一般应当均等，当然还有特殊规定。因为当一个自然人死亡后，他（她）的法律主体地位也将随之丧失，其所有的财产将成为遗产，由合法继承人继承并享有相应的权利，承担对应的义务。遗产在合法继承人之间分配前属全体合法继承人共同共有，即对于遗产的处理需要经过全体合法继承人共同同意，除非有继承人放弃相关的继承权利。《最高人民法院关于适用〈中华人民共和国民事诉讼法〉的解释》第七十条规定："在继承遗产的诉讼中，部分继承人起诉的，人民法院应通知其他继承人作为共同原告参加诉讼；被通知的继承人不愿意参加诉讼又未明确表示放弃实体权利的，人民法院仍应将其列为共同原告。"

具体到本案，王其某是王某与盛某所生之子，王某与吴某于 1939 年在延安结婚，王某死亡后，继承人至少包括王其某和吴某，对于王某的油画《静物》、素描《德国老人》，分配遗产前应由全体合法继承人共同行使权利才能产生效力，所以本案中吴某委托某拍卖公司拍卖王某的油画《静物》、素描《德国老人》，并签有委托拍卖书，均是无效的民事法律行为，属于主体不适格。另一方面，无权处分人对财产进行处分的民事法律行为因欠缺其他权利人的认可而属于无效行为。当然如果征得其他权利人的同意，先前的行为因原先效力待定状态变为有效的民事法律行为，不同意则变为无效的民事法律行为。本案中王其某主张权利前吴某就已委托某拍卖公司拍卖王某的油画《静物》、素描《德国老人》，并签有委托拍卖书属效力待定状态。双方争议之作品系王某之遗产，吴某在未争得其他权利人，因此同意的情况下，拍卖该画，侵犯了他人权益。

《中华人民共和国拍卖法》第四十一条规定："委托人应当提供身份证明和拍卖人要求提供的拍卖标的的所有权证明或者依法可以处分拍卖标的的证明及其他资料。"第四十二条规定："拍卖人应当对委托人提供的有关文件、资料进行核实。"拍卖人在接受委托拍卖物品时，其注意义务主要是审核委托人的身份、拍卖物品的来源、瑕疵以及委托人有权处分拍卖物品的证明材料等。本案中吴某作为继承人委托拍卖相关拍品，拍卖人有义务对委托人的身份及是否有权处分拍卖物品进行核实，正是由于拍卖公司疏于对拍卖物品的权利处分审核，导致该纠纷，一旦该拍卖物品被实际拍卖，竞拍人因善意将取得所有权，除委托人承担侵权责任外，拍卖人也应该承担因自身过错产生的一定责任。法院查明某拍卖公司在举行该拍卖会之前，已按规定向有关部门请示并获批准，即便如此，拍卖人与委托人也不应该在侵犯其他权利人的情况下免除自己的责任。同时，这种无效的民事法律行为一旦因之后的善意第三人取得所有权而无法行使物上追回权，将产生损害赔偿权，在民事法律行为中存在过错的当事人均应承担相应的民事赔偿责任。本案中拍卖公司作为专业公司还是应完善审核程序，在委托人存在瑕疵的前提下，履行自己的告知义务，待完善手续后再接受委托，避免之后的纠纷。

民事执行和解协议诉讼

——潘某与某拍卖有限公司拍卖合同纠纷案

【要点提示】

执行和解协议；履行不能。

【基本案情】

潘某与某拍卖有限公司因履行 2011 年编号 0011316、0011317 二份委托拍卖合同书产生的退还押金纠纷，经二审法院终审审结。该案执行过程中，双方达成和解协议，约定了关于判决标的的履行时间为 2015 年 8 月 25 日前，并约定了 12 件犀牛角制品的保养及抵偿问题等。双方确定保养方式为两种：其一为协议签订后至 2015 年 8 月 25 日前，潘某可以从某拍卖有限公司取回犀牛角制品进行保养，每次限一件，时间 15 日；其二为协议签订后至 2015 年 8 月 25 日前，12 件犀牛角制品由某拍卖有限公司保管，在此期间潘某可以至某拍卖有限公司住所地对犀牛角制品进行保养，在拟保养的 3 个工作日前以书面形式通知某拍卖有限公司拟保养的时间和具体的犀牛角制品，保养时间由双方商议后最终确定，保养时，潘某本人必须亲临现场，保养次数不超过三次。双方并约定，如某拍卖有限公司拒绝潘某的保养要求，应支付违约金 220 万元。协议签订后，潘某已两次取回犀牛角制品进行保养。2015 年 7 月 28 日，潘某向某拍卖有限公司发函，提出近两周来，某拍卖有限公司未给予其对剩余犀牛角制品进行保养的时间，近一周多次电话联系保养事宜，要求公司配合进行剩余犀牛角制品的保养。公司主要负责人也未接电话，2015 年 7 月 31 日，潘某向某拍卖有限公司发送对犀牛角进行保养的申请，要求某拍卖有限公司安排保养时间。2015 年 8 月 4 日，某拍卖有限公司回函，要求潘某告知拟保养的具体时间。2015 年 8 月 5 日，潘某出具关于再次要求对犀牛角进行保养的申请，要求对清康熙·周文枢制犀角雕苏斋款后赤壁赋杯进行保养，在2015年8月5日至8月8日赴公司将此杯取回，要求某拍卖有限公司确定时间并配合。2015年8月11日，某拍卖有限公司复函，称潘某在7月31日的函件中并没有说明要保养的具体犀牛角杯名称，7月31日及8月5日发送的函件均不符合双方签订的和解协议书的约定。

之后，潘某诉至法院，要求某拍卖有限公司将清康熙周文枢制犀角雕苏斋款后赤壁赋杯交付其保养。

一审法院认为：根据涉案《和解协议书》约定，保养方式包括取回保养及至某拍卖有限公司住所地保养两种，但约定的保养期间均从协议书签订开始至2015年8月25日的付款期止。潘某通过诉讼的方式，并不能构成延长双方约定的保养期限的法律效果。现保养期间已届满，故对潘某要求某拍卖有限公司提供清康熙周文枢制犀角雕苏斋款后赤壁赋杯交其保养的诉请，不予支持。依照《中华人民共和国合同法》第八条，《中华人民共和国民事诉讼法》第六十四条第一款之规定，判决：驳回潘某的诉讼请求。

潘某不服一审判决，提起上诉。

二审中，双方均未向法院提供新的证据材料。二审法院经审查认为，潘某和某拍卖有限公司在2015年4月24日达成的和解协议中明确约定：潘某在2015年8月25日前可以将12件犀牛角制品取回保养或到某拍卖有限公司住所地进行保养，保养次数不超过三次。但潘某向原审法院起诉，要求对上述物品进行保养的时间已经是2015年9月14日，超过了上述和解协议约定的保养期限。因此，原审法院判决驳回潘某的该诉讼请求并无不当。潘某上诉中要求将保养的履行期限顺延，因缺乏依据，该院不予支持。综上所述，原审法院对本案的事实认定清楚，适用法律得当。依照《中华人民共和国民事诉讼法》第一百七十条第一款第一项之规定，判决：驳回上诉，维持原判。

【裁判解析】

本案的争议焦点是执行和解协议。

本案纠纷产生的前提在于涉案《和解协议书》的效力认定。简单说就是经过法院裁判生效的法律文书，判决履行义务的一方未按照判决主文履行自己的义务，而另一方向法院执行部门申请强制执行，执行过程中，双方在法院主持下达成的一种和解协议，一旦和解协议履行不能，是否针对和解协议

（当然包括协议的任何约定）另行诉讼？

司法实践中，对这一问题有不同观点。最高人民法院关于《适用〈中华人民共和国民事诉讼法〉的解释》第四百六十七条规定："一方当事人不履行或者不完全履行在执行中双方自愿达成的和解协议，对方当事人申请执行原生效法律文书的，人民法院应当恢复执行，但和解协议已履行的部分应当扣除，和解协议已经履行完毕的，人民法院不予恢复执行。"吉林省高级人民法院关于商事审判及合同解除制度若干问题的解答（2014年12月）认为："一方当事人不履行和解协议，对方当事人应申请执行原生效判决，由于和解协议不具有消灭生效判决既判力的效力，依据和解协议提起新的民事诉讼，构成重复诉讼，人民法院对该诉讼应裁定不予受理。"《人民司法》研究组认为，能够导致执行力中止的情形，按照现行法律规定只有两种，即：原执行依据处于再审状态；当事人在执行程序中达成和解协议。

本案一、二审裁判认为潘某和某拍卖有限公司达成的和解协议中明确约定：潘某在2015年8月25日前可以将12件犀牛角制品取回保养或到某拍卖有限公司住所地进行保养，保养次数不超过三次。但潘某向一审法院起诉，要求对上述物品进行保养超过了上述和解协议约定的保养期限。潘某要求将保养的履行期限顺延，缺乏依据，不予支持。

笔者认为，诉讼中的和解不具有执行的效力，并非就能够简单认为和解协议对当事人双方没有约束力，对于违反和解协议约定造成的违约责任还是应当允许其另行诉讼。只不过就本案而言，《中华人民共和国合同法》第八条规定："依法成立的合同，对当事人具有法律约束力，当事人应当按照约定履行自己的义务，不得擅自变更或者解除合同，依法成立的合同，受法律保护。"本案中，潘某要求按照和解协议由某拍卖有限公司将清康熙年间周文枢制犀角雕苏斋款后赤壁赋杯交付其保养，因和解协议约定期限届满而使得潘某的请求没有了合同依据，但不影响通过恢复原判决执行或追究违约责任主张自己的权利，本案潘某之所以败诉，笔者认为是潘某没有正确分析自己主张的途径，如果自己因在履行和解协议中受到了损失，可以要求某拍卖有限公司承担违约责任，而不是继续履行和解协议。不履行和解协议的法律后果是恢复原判决的执行，这也是和解协议区别于其他合同之所在。因和解协议有其特殊产生背景，学者对其也进行了必要研究，故还值得进一步探讨。

单位公章的法律效力

——王某与某拍卖有限公司拍卖合同纠纷案

【要点提示】

法人章；信赖利益保护

【基本案情】

2011 年 10 月 3 日，王某与某拍卖有限公司签订委托拍卖合同书，由王某将包括本案诉争油画在内的一批收藏品委托某拍卖有限公司进行拍卖，11 月 8 日，王某将本案诉争油画交由某拍卖有限公司经办人黄某。12 月 19 日，某拍卖有限公司在锦江国际大酒店举行了拍卖会，本案诉争油画未能成交，后由金某领取，现保存于案外人处。王某获悉以后与金某协商处理未果，致王某未能取回本案诉争油画。

王某遂向法院起诉，请求：一、判令解除与某拍卖有限公司于 2011 年 10 月 3 日签订的委托拍卖合同。二、判令某拍卖有限公司返还王某库号为 30、拍卖编号为 1300 的风俗油画一幅。三、在某拍卖有限公司不能返还的情况下，判令某拍卖有限公司赔偿经济损失人民币 25 万元。四、某拍卖有限公司承担本案诉讼费。

一审法院认为：王某于 2011 年 10 月 3 日与某拍卖有限公司签订的委托拍卖合同书，由双方分别签字、盖章予以确认，系双方真实意思表示，并不违反法律规定，系有效合同，理应得到遵守。依照《中华人民共和国合同法》第六十条、第一百零七条之规定，法院判决：某拍卖有限公司于判决生效之日起三十日内将库号为 30、拍卖编号为 1300、作者为毛某的风俗油画一幅返还王某，不能返还则赔偿王某经济损失人民币 250000 元。

某拍卖有限公司不服一审判决，上诉至二审法院，二审期间某拍卖有限公司又提供三份民事诉状复印件，用于证明就本案纠纷王某曾三次提起诉讼，三份诉状中王某陈述的事实均不一致；提供某拍卖有限公司与金某妻子（冯某）投资的某古玩商行签订的委托拍卖协议书原件和委托拍卖合同原件，用于证明某拍卖有限公司与某古玩商行之间存在委托拍卖合同关系。本案事实是，王某将本案诉争油画委托给金某或金某妻子投资的某古玩商行进行拍卖，再由某古玩商行委托某拍卖有限公司进行拍卖。二审法院经审查认为：一审法院判决认定事实清楚，适用法律正确。据此，依照《中华人民共和国民事诉讼法》第一百七十条第一款第（一）项之规定，判决：驳回上诉，维持原判。

【裁判解析】

本案的争议焦点是法人章的信赖利益保护。

单位主体在对外活动中是离不开印章的，印章在形式上代表单位意志，依据盖章认定效力进而确定权利义务已是一个常识，公章在对外签订合同时具有较高的法律效力，是单位意思表示外化的标识，《中华人民共和国企业法人登记管理条例》第十六条规定："法人凭据营业执照刻制公章"，具有代表法人行为的法律效力。理想状态下，公章应被法定代表人持有，但这是不现实的，《中华人民共和国合同法》第三十二条规定："当事人采用合同书形式订立合同的，自双方当事人签字或盖章时合同成立"；《最高人民法院关于适用〈中华人民共和国民事诉讼法〉若干问题的意见》第五十二条规定；"借用业务介绍信、合同专用章、盖章的空白合同书或银行账户的，出借单位和借用人为共同诉讼人。"可见公章可以单独代表公司，相反仅有公司法定代表人签字可能受到质疑。

具体到本案，王某与某拍卖有限公司于2011年10月3日签订的委托拍卖合同，由双方签字、盖章予以确认，应为合法有效，故王某与某拍卖有限公司存在委托拍卖合同关系。某拍卖有限公司提供的其与某古玩商行签订的委托拍卖协议书和委托拍卖合同，仅能证明某拍卖有限公司与某古玩商行之间存在委托拍卖合同关系，不能否认王某与某拍卖有限公司之间存在委托拍卖合同关系。在王某与某拍卖有限公司签订的委托拍卖合同上黄某作为某拍卖有限公司的承办人签字，王某将本案诉争油画交付给黄某就应视为交付给某拍卖有限公司。某拍卖有限公司理应将委托拍卖品即本案诉争油画返还给王某，如不能返还，应依法赔偿王某本案诉争油画相应价值的经济损失 25 万元。

某拍卖有限公司辩称，该合同由其盖章以后再由黄某签字，属黄某与王某签订的合同，与某拍卖有限公司无关。但王某、某拍卖有限公司在某拍卖有限公司的格式合同上分别签字、盖章，黄某作为某拍卖有限公司方承办人签字，该合同理应视为王某与某拍卖有限公司之间签订的委托拍卖合同，故法院对某拍卖有限公司的该辩解不予采信。根据委托拍卖合同，王某于 2011 年 11 月 8 日将包括本案诉争油画在内的委托拍卖品交由某拍卖有限公司的经办人黄某，由黄某在委托拍卖合同书附表上签字确认，故王某已依约履行了向某拍卖有限公司交付委托拍卖品的义务，作为某拍卖有限公司的经办人，黄某接收委托拍卖品的行为应当视为某拍卖有限公司的接收行为。后本案诉争油画在某拍卖有限公司举办的拍卖会上未能成交，根据双方合同约定，委托拍卖合同有效期自合同签订日至拍卖会结束后两个月止，现双方合同已终止，某拍卖有限公司理应将委托拍卖品即本案诉争油画返还王某，如果不能返还则应当依法承担损害赔偿责任。

2016 年 3 月 31 日，最高人民法院（2016）最高法民申 425 号判决中对于公章的说理，对本案具有参考作用，在该判决中最高人民法院认为个人私刻公司公章，多次使用该枚公章从事一系列经营活动，且该公章为相关政府职能部门确认的，推定该公司明知该个人使用公章，该公司应当对外承担相应的民事责任。最高人民法院案例对公司公章的效力说明，代表了我国最高司法机关对公司公章效力的态度，更加证明公司公章足以代表公司的效力，故本案一、二审判决正确。提醒单位主体应完善内部印章管理，否则将给单位造成不必要的麻烦，甚至造成巨大损失。

建设工程施工合同的相对性

——何某与某文物局建设工程施工合同纠纷案

【要点提示】

民事诉讼适格被告；相对性原则的突破。

【基本案情】

2011 年 5 月 30 日，某文物局（本案被告）将张飞庙抢险维修工程消防系统工程发包给某省第二安装工程公司，双方签订了《建设工程施工合同》。某省第二安装工程公司在安装消防设备中损坏了部分草坪和盆景。2011 年 9 月，某文物局负责人、消防安装项目负责人和何某（原张飞庙景区绿化养护工、本案原告）共同协商确定：一、草坪、花卉恢复作为消防工程增加工程量纳入竣工决算；二、由何某具体完成景区内所有因施工损坏的绿化恢复；三、草坪恢复单价按 70 元每平方米、其他盆景花卉材料按采购价进行决算。此价格包括应缴纳的各种税费、企业管理费及杂费在内，具体用工价格，由工程方与承包方具体协商确定。该项目工程由原告何某完成。2011 年 10 月 24 日，某文物局对工程进行了验收，验收结果：草坪为 1537.43 平方米，买盆及花苗价格为 2650 元，拆花盆、移栽铁树、南天竹等另用人工 7 个，人工价未确定。事后，原告多次向被告催收工程价款均无果，遂于 2014 年 4 月 28 日诉至某市法院，请求判令被告支付工程款 110970.10 元，并承担诉讼费、律师费和催收工程款的误工费。

一审法院查明：该绿化工程项目已纳入某省第二安装工程公司消防结算工程一起结算，并由某文物局全部支付了工程款。法院根据查明的事实，告知原告何某可以变更诉讼请求，追加某省第二安装工程公司和消防工程项目负责人缪某为本案被告，何某不同意追加，坚持主张某文物局给付工程款。

一审法院认为：原告何某作为自然人，没有资质承包工程，本案中，原告何某实际是挂靠在某省第二安装工程公司完成绿化工程，某文物局与该公司是合同相对方，与原告何某未建立合同关系，某文物局没有向原告何某履行合同的义务。某文物局不是本案民事关系的主体，不是适格的被告。因此，依照《中华人民共和国民事诉讼法》第一百一十九条、第一百五十四条第一款第（三）项和最高人民法院《关于适用〈中华人民共和国民事诉讼法〉的解释》第二百零八条之规定，裁定：驳回何某的起诉。

宣判后，原告不服原审裁定，向市中级人民法院提起上诉，请求撤销原裁定，依法判令某文物局向何某支付工程款。

二审法院经审理后认为：本案现有证据能够证明某文物局将张飞庙抢险维修工程消防系统工程发包给某省第二安装工程公司承建，后由上诉人何某对某省第二安装工程公司施工中损坏的部分草坪和盆景等进行施工恢复，何某是案涉绿化工程的具体施工人。据此，无论案涉工程系某文物局承包给何某，还是何某挂靠某省第二安装工程公司承包案涉工程，依照《中华人民共和国民事诉讼法》第一百一十九条以及《最高人民法院关于审理建设工程施工合同纠纷案件适用法律问题的解释》第二十六条之规定，变更后的某文物局均系本案适格被告，一审以其不是本案的适格被告为由裁定驳回原告的起诉不当，应予以纠正。

综上，依照最高人民法院《关于适用〈中华人民共和国民事诉讼法〉的解释》第三百三十二条之规定，裁定：一、撤销某市人民法院第×××号民事裁定；二、指令某市人民法院对本案进行审理。

【裁判解析】

本案的争议焦点是某文物局是否为适格被告。

《中华人民共和国合同法》第六十五条规定："当事人约定由第三人向债权人履行债务的，第三人不履行债务或者履行债务不符合约定，债务人应当向债权人承担违约责任。"合同的相对性是指合同仅在合同当事人之间发生拘束力，合同的效力仅及于合同当事人，由于第三人并不是合同的当事人，因此当第三人不履行债务时，应由债务人向债权人承担违约责任。

《中华人民共和国民事诉讼法》第一百一十九条规定："起诉必须符合下列条件：（一）原告是与本案有直接利害关系的公民、法人和其他组织；

（二）有明确的被告；（三）有具体的诉讼请求和事实、理由；（四）属于人民法院受理民事诉讼的范围和受诉人民法院管辖。"其中"有明确的被告"不仅需要明确被告的姓名、性别、工作单位、住所等信息，更重要的是被告需要"适格"。当事人适格的一般判断标准是看该主体是否是争议的民事法律关系的主体。对于被告不适格的情形，可以依照《中华人民共和国民事诉讼法》第二百零八条第三项"立案后发现不符合起诉条件或者属于民事诉讼法第一百二十四条规定情形的，裁定驳回起诉"之规定，裁定驳回原告的起诉。

本案涉及的是建设工程施工合同纠纷，建设工程施工合同虽是普通的民事合同，需要遵循合同的相对性原则，但为平衡公民之间的权利与义务，它在某些方面做出了突破合同相对性的规定。《最高人民法院关于审理建设工程施工合同纠纷案件适用法律问题的解释》第二十六条第二款规定："实际施工人以发包人为被告主张权利的，人民法院可以追加转包人或者违法分包人为本案当事人。发包人只在欠付工程价款范围内对实际施工人承担责任。"这也就是说，即使实际施工人与发包人之间不存在合同关系，但实际施工人仍可以发包人为被告来主张权利、要求其支付工程价款。此法条的立法本意是保护实际施工人的权益。实际生活中存在许多发包人拖欠实际施工人工程价款的情况，有了本法条作法律依据，实际施工人的合法诉求便更容易得到实现。

本案中，某文物局即是建设工程的发包方，某省第二安装工程公司是建设工程的承包方，而原告何某的性质无法确定，其要么是建设工程的承包方，要么是挂靠在某省第二安装公司名下由公司将建设工程部分工程分包给其施工。但无论原告何某的性质属于何者，其都是案涉绿化工程的实际施工人。根据《最高人民法院关于审理建设工程施工合同纠纷案件适用法律问题的解释》第二十六条第二款关于"实际施工人以发包人为被告主张权利的，人民法院可以追加转包人或者违法分包人为本案当事人"的规定，原告何某以某文物局为被告提起民事诉讼完全符合民事诉讼法的规定，此时，法院"可以"追加某省第二安装工程公司为被告，即法院可以追加分包人为当事人，也可以不追加。无论追加与否，发包人某文物局均是适格的被告，因此原告何某以某文物局为被告提起民事诉讼符合法律规定。

一审法院之所以裁定驳回原告的起诉，作出错误的判决，是因为其仅仅考虑到了合同的相对性问题，认定某文物局为不适格的被告，并没有考虑到建设工程施工合同的特殊性，即建设工程施工合同确实存在对合同相对性的突破。二审法院充分考虑到了建设工程施工合同的特殊性，从而正确认定了原告何某与某文物局之间的关系，认定某文物局为本案的适格被告。因此，二审法院依据《中华人民共和国民事诉讼法》第三百三十二条关于"第二审人民法院查明第一审人民法院作出的不予受理裁定有错误的，应当在撤销原裁定的同时，指令第一审人民法院立案受理；查明第一审人民法院作出的驳回起诉裁定有错误的，应当在撤销原裁定的同时，指令第一审人民法院审理"之规定，裁定撤销一审法院的裁定，并指令一审法院进行审理是正确的。

建设工程施工合同

——某公司与某文物所建设工程施工合同纠纷案

【要点提示】

建设工程施工合同；工程款计算。

【基本案情】

2001 年 12 月 25 日，某文物所（本案被告）与某公司（本案原告）签订《文昌宫等 11 处文物迁建供水工程消防施工合同》（以下简称水池工程），约定甲方将文昌宫等 11 处文物迁建供水工程中的消防池（以下简称水池）项目承包给乙方施工建设，工程造价为 114727 元，工程竣工后，由乙方组织质检部门验收，甲方积极配合并承担验收中产生的费用，如在工程中增减工程量以甲乙双方代表签字资料作决算。2002 年 10 月 10 日，双方又签订文昌宫等 11 处文物点围墙工程施工合同，约定按平湖建筑设计事务所设计的图纸施工，工程造价 320000 元。同时，该合同中也有"工程竣工后，由乙方组织质检部门验收，甲方积极配合并承担验收中产生的费用，如在工程中增减工程量以甲乙双方代表签字资料作决算"的条款。其后在实际施工中，因地质因素，对原施工图进行了变更。水池另外选址，围墙基础部分变成了围墙，工程设计图、工程量、工期等均发生了变化。水池和围墙工程分别于 2002 年 7 月底和 2002 年 12 月底完工，某公司施工负责人张一、技术负责人张二、某文物所工地负责人刘某在竣工图上签字。某公司将竣工资料、工程结算书交某文物所，该结算书确认水池和围墙工程造价分别为 255541 元、968920 元，某文物所认为该结算造价与合同价出入太大，且结算资料中有多处涂改的地方，不同意按某公司所报资料进行结算。

某公司于 2004 年 10 月 11 日向县法院起诉。一审庭审中，某公司申请对该工程造价进行司法鉴定，法院于 2004 年 12 月 27 日委托宏发造价咨询公司对该两项工程进行据实造价结算，宏发造价咨询公司结合某公司、某文物所双方无争议的施工合同、变更图等资料，对该工程进行了实地踏勘，工程量以实际完成量据实结算、价款以签订合同时的预算价为标准，于 2005 年 12 月 14 日作出"宏鉴造字［2005］013 司法鉴定书"，确定该两项工程总造价为 100.8263 万元。某文物所已支付某公司工程款 57 万元，该工程尚未进行验收但已投入使用。

一审法院认为：某公司与某文物所双方协商签订水池、围墙施工合同，是双方当事人的真实意思表示，且不违背相关法律规定，应属有效合同。该工程在施工中，由于设计施工图发生变化，且双方认可在合同的基础上增加了工程量，某公司所完成的工程亦经某文物所现场施工负责人等签字，属合同的组成部分，被告应当依照原告的实际工程量向原告支付工程款。据此，依照《中华人民共和国合同法》第四十四条第一款、第六十一条第一款、第一百零九条，《最高人民法院关于审理建设工程施工合同纠纷案件适用法律问题的解释》第十三条、第十六条、第十九条的规定，判决：一、由某文物所给付某公司下欠工程款 438263 元。二、本案鉴定费 50000 元由某文物所承担。以上一、二项限判决生效后十日内付清。

某文物所不服一审法院作出的上述民事判决，向中级人民法院提起上诉，请求二审法院依法撤销原判，进行改判或发回重审。

二审法院另查明：某文物所与某公司签订合同时的施工图没有采用，某公司是按某文物所重新提供的由平湖设计院设计的图纸施工的；有改动的 8 张《基础坑（槽）验坑（槽）检查记录》，鉴定人员在一审出庭时称没有采用，涉及该内容的工程量，大放脚以上是按设计图纸、大放脚以下是依据隐蔽记录算的；上诉人在二审中称原合同约定的工程与新增工程无法区分。某文物所在一审法院当庭表示不申请重新鉴定。其他事实与一审认定的事实一致。

二审法院认为：原审法院认定事实基本清楚，适用法律正确，裁判并无不当。据此，依照《中华人民共和国民事诉讼法》第一百五十三条第一款第（一）项之规定，于 2006 年 12 月 13 日判决：驳回上诉，维持原判。

【裁判解析】

本案的争议焦点是工程款的计算，包括工程量的确定和工程的计价标准两方面。

一、涉案工程工程量的确定

本案中，某公司与某文物所双方协商签订水池、围墙施工合同，是双方当事人的真实意思表示，且不违背相关法律规定，应属有效合同，合同双方应当依据诚实信用原则全面履行合同的约定，违反合同将依法承担违约责任。对于工程量的确定，原被告存在异议。《最高人民法院关于审理建设工程施工合同纠纷案件适用法律问题的解释》第十九条规定："当事人对工程量有争议的，按照施工过程中形成的签证等书面文件确认。承包人能够证明发包人同意其施工，但未能提供签证文件证明工程量发生的，可以按照当事人提供的其他证据确认实际发生的工程量。"本案两份涉案合同中都有"工程竣工后，由乙方组织质检部门验收，甲方积极配合并承担验收中产生的费用，如在工程中增减工程量以甲乙双方代表签字资料作决算"的约定，实际上，某公司施工负责人张一、技术负责人张二，某文物所工地负责人刘某、胡某、监理工程师姜某、吴某，设计单位负责人张一、薛某也在竣工图上签字。这一行为可以认定为双方认可在合同约定的基础上增加工程量。关于增加部分工程量的确定，由于某公司实际施工完成的工程量无法与原合同约定的工程量分开，只能将某公司所施工完成的所有工程委托进行司法鉴定，得出宏鉴造字（2005）013司法鉴定书，法院依照该鉴定书确定的总工程量作出裁判，于法有据，并无不当。

二、涉案工程计价标准的确定

《最高人民法院关于审理建设工程施工合同纠纷案件适用法律问题的解释》第十六条规定："当事人对建设工程的计价标准或者计价方法有约定的，按照约定结算工程价款。因设计变更导致建设工程的工程量或者质量标准发生变化，当事人对该部分工程价款不能协商一致的，可以参照签订建设工程施工合同时当地建设行政主管部门发布的计价方法或者计价标准结算工程价款。"据此，本案工程款的计价标准应以双方合同签订时的取费约定计算，鉴定机构宏发造价咨询公司根据现场开挖确定的工程量及在施工中的签字资料、图纸和双方签订合同的预算价作出"宏鉴造字（2005）013号"司法鉴定书，法院以该司法鉴定书的鉴定结论来确定本案两项工程总造价为100.8263万元符合我国法律的规定。最后，还需明确一点，虽然涉案工程均经某文物所验收，但其已实际使用，又以工程系包干价和未经过验收拒付余下工程款与事实不符，理由不能成立。《最高人民法院关于审理建设工程施工合同纠纷案件适用法律问题的解释》第十三条规定："建设工程未经竣工验收，发包人擅自使用后，又以使用部分质量不符合约定为由主张权利的，不予支持；但是承包人应当在建设工程的合理使用寿命内对地基基础工程和主体结构质量承担民事责任。"综上，本案中一、二审法院适用法律正确，判决于法有据，合乎情理。

建设工程分包合同

——某材料公司与某文物局建设工程分包合同纠纷案

【要点提示】

建设工程分包合同；保证合同的成立。

【基本案情】

2008 年 3 月 10 日，某文物局与某安装公司签订《某博物馆新馆中央空调系统设备及安装工程项目施工合同》一份，某文物局将某博物馆新馆中央空调系统设备及安装工程承包给了某安装公司。2008 年 7 月 1 日，某安装公司与某材料公司签订《建设工程中央空调施工分包合同》一份，某安装公司将其承包的 2008 年 3 月 10 日合同中的中央空调风管系统的制作安装分包给了某材料公司。合同第 4 条约定：质量标准《建筑安装工程施工及验收规范》；合同第 6 条约定：标准规范《通风空调工程施工及验收规范》G1350243 - 2002；合同第 24 条约定：全部工作完成，经甲方认可后，乙方向甲方递交完整的结算资料，发包方确认后，双方按合同约定的计划及付款方式，进行工程款的支付；合同第 17 条、第 18 条约定：风管制作、安装采用固定综合单价 55 元/㎡；工程款计算方式按甲方确认的工作量。托普科公司及某安装公司在合同甲方处加盖了印章，某材料公司在合同乙方处加盖了公章。

某材料公司在施工期间，除对合同约定的工程内容施工外，另根据某安装公司的要求，在博物馆主楼一、二层，辅楼一、二层工程变更施工中，共用工时三百六十九个、对博物馆总边长度近二万米的复合风管进行了加固施工。因其他原因，某材料公司除博物馆二次装修的房间风口没有施工外，其他工程已按合同约定进行了施工，并已施工完毕。合同履行过程中，某安装公司已给付某材料公司工程款 814221 元，后因双方对某材料公司所施工的某博物馆空调通风安装工程的工程造价意见不一，某安装公司认为风管加固不属于新增工程量，其无需支付此部分工程款，故某安装公司不再向某材料公司支付剩余工程款。

某材料公司遂以某安装公司、托普科公司、某文物局三者为共同被告，向法院提起民事诉讼，请求法院判令被告向原告支付剩余工程款共计 100 万元并承担诉讼费用。

一审法院在审理中，根据某材料公司申请，依法委托某资产评估司法鉴定所对某材料公司所施工的某博物馆中央空调系统空调通风安装的工程造价进行司法鉴定。2011 年 7 月 5 日，某资产评估司法鉴定所出具鉴定意见：一、按竣工图（现场勘验）计算的工程项目造价为 129.944854 万元。二、下沉广场风管重新制作，吊装费用不予计算。三、整个工程风管内、外加固费用为：31.253414 万元。

一审法院经审理认为：风管加固属风管制作本身工艺要求，不应另计费用；托普科公司在合同上加盖公章的行为，具有担保付款的性质，应承担补充付款责任；某文物局在本纠纷中无任何过错，不承担责任。根据《中华人民共和国合同法》第六十条、第一百零七条、第二百七十九条、《最高人民法院关于适用〈中华人民共和国担保法〉若干问题的解释》第二十六条之规定，经法院审判委员会研究决定，判决：一、判决生效后 10 日内，某安装公司支付某材料公司工程款 463277.54 元及利息（按中国人民银行同期贷款利率，从 2010 年 12 月 15 日起计算至付清之日止）。二、托普科公司对本判决第一条承担补充支付工程款责任。三、驳回某材料公司的其他诉讼请求。

一审法院判决后，某材料公司、某安装公司、托普科公司表示不服，向中级人民法院提起上诉。

二审法院经审理，对一审判决查明的事实予以确认，认为原判认定事实清楚，判决并无不当。2014 年 8 月 11 日，二审法院依据《中华人民共和国民事诉讼法》第一百七十条第一款第（一）项之规定，判决：驳回上诉，维持原判。

【裁判解析】

本案的争议焦点有以下两点：

一、针对风管的加固是否为新增工程量

本案所涉某安装公司与某材料公司签订的《建设工程中央空调施工分包合同》系双方当事人真实意思表示，内容不违反法律及行政法规的禁止性规定，系有效合同，双方当事人均应依约履行。该合同约定风管的制作、安装采用固定综合单价计算，并约定某材料公司完成的工程量经某安装公司认可后，需经发包方某文物局确认，才能按合同约定进行工程款的支付。对本案双方争议的风管加固，原告主张其为合同外新增工程量，请求被告支付风管加固费用，被告则主张其为合同内已约定的工程量，不应另外计算费用。

根据本案已查明的事实，某安装公司与某材料公司于 2008 年 7 月 1 日签订《建设工程中央空调施工分包合同》一份，某安装公司将其承包的中央空调风管系统的制作安装分包给了某材料公司。双方在合同第 4 条与第 6 条分别约定：质量标准《建筑安装工程施工及验收规范》；标准规范《通风空调工程施工及验收规范》G1350243 - 2002。该约定系双方当事人的真实意思表示，经合同双方签字、盖章确认，因此，双方应遵守该约定。法院经查阅双方合同约定的质量标准规范，即《建筑安装工程施工及验收规范》和《通风空调工程施工及验收规范》的相关内容，发现：质量标准《建筑安装工程施工及验收规范》一书的下册 956 页 4.2.10 与 4.2.11 明确规定制作含加固规范；标准规范《通风空调工程施工及验收规范》G1350243 - 2002 一书 17 页 - 27 页明确制作含加固 4.2.11。因此，根据某安装公司与某材料公司签订的《建设工程中央空调施工分包合同》，风管制作及安装包含风管加固。某材料公司虽主张风管的加固系合同外增加工程量，但其对此无法提供充分证据证明，理由不能成立。

二、托普科公司在分包合同上加盖公章行为的性质

本案中，托普科公司在某安装公司与某材料公司签订的《建设工程中央空调施工分包合同》的甲方处加盖公章，一审法院认定托普科公司这一行为具有担保付款的性质，因此依照《最高人民法院关于适用〈中华人民共和国担保法〉若干问题的解释》第二十六条之规定判决托普科公司对于某安装公司应当支付的工程款承担补充支付责任。但笔者认为，仅根据托普科公司在分包合同上甲方处加盖公章的行为，无法认定保证合同成立，不构成担保。《中华人民共和国担保法》第十三条规定："保证人与债权人应当以书面形式订立保证合同。"《最高人民法院关于适用〈中华人民共和国担保法〉若干问

题的解释》第二十二条规定："第三人单方以书面形式向债权人出具担保书，债权人接受且未提出异议的，保证合同成立。主合同中虽然没有保证条款，但是，保证人在主合同上以保证人的身份签字或者盖章的，保证合同成立。"《最高人民法院关于贯彻执行〈中华人民共和国民法通则〉若干问题的意见》第一百零八条规定："保证人向债权人保证债务人履行债务的，应当与债权人订立书面保证合同，确定保证人对主债务的保证范围和保证期限。虽未单独订立书面保证合同，但在主合同中写明保证人的保证范围和保证期限，并由保证人签名盖章的，视为书面保证合同成立。公民间的口头保证，有两个以上无利害关系人证明的，也视为保证合同成立，法律另有规定的除外。"根据上述规定可知，保证合同的成立方式有五类：一是订立书面保证合同；二是主合同有保证条款，保证人在主合同上签字或盖章；三是保证人在主合同上以保证人的身份签字或盖章；四是第三人单方以书面形式向债权人出具担保书，债权人接受且未提出异议；五是自然人之间的口头保证合同有两个以上无利害关系人证明。

　　本案中，托普科公司在分包合同上的甲方处加盖公章，分包合同中没有约定保证条款，托普科公司的行为又不符合保证合同成立的其他几种类型，因此，托普科公司的行为不应被认定为承担保证责任的行为，其并非保证人。由于其是在甲方处加盖公章，而甲方为承担支付工程款责任的一方，因此，托普科公司应与某安装公司共同承担本案工程款的付款责任。

合同纠纷的适格原告

——隆都公司与某世界文化遗产 园区管理委员会建设工程施工合同纠纷案

【要点提示】

文博单位合同主体；民事诉讼适格原告。

【基本案情】

1993 年 3 月，龙门公司与某市公安局八科签订龙门北入口仿古二层商业房建筑施工合同，工程竣工后，某市公安局八科支付部分工程款。1997 年 11 月 20 日，某市政府为治理龙门北门入口的脏乱差问题下发会议纪要，决定拆除某市公安局建造的商业房，某市公安局的投入由龙门研究所（某世界文化遗产园区管理委员会的前身，以下简称管委会）按实际造价给予补偿。2007 年 10 月 31 日，某市政府协调会决定，由施工单位拿出施工资料，由市公安局、市财政局进行审核，审核后确定的欠款由管委会支付。隆都公司的工商登记资料显示，隆都公司与龙门公司系两个独立的法人，龙门公司曾是隆都公司的股东之一，对于隆都公司向政府反映追要本案工程欠款及提起本案诉讼，龙门公司并未提出异议，也未主张涉案工程款。

隆都公司起诉管委会的诉求是：一、判令被告支付原告工程款 272094.79 元及逾期付款的利息 326513.75 元（自 1993 年 12 月 26 日至原告起诉之日）。二、判令被告支付原告看护工地人员的工资共计 43600 元。三、本案诉讼费由被告承担。

一审法院委托某会计师事务所对工程造价进行鉴定，移交的鉴定材料清单显示有图纸 188 张，管委会在建设单位送交项目资料清单上加盖有公章。

一审和二审法院均判决，管委会向隆都公司支付工程款及利息。

管委会向省高级人民法院申请再审称：一，一、二审法院在没有查清隆都公司主体资格的情况下，判令管委会承担付款义务，程序严重违法。涉案建筑是由龙门公司修建，隆都公司与龙门公司是两个独立的民事主体，隆都公司未能提供任何文件证明其起诉主体资格。二，一、二审法院认定事实错误，隆都公司以施工单位的名义向管委会主张工程款是错误的。本案为建设工程施工合同纠纷，管委会与隆都公司均不是建设工程施工合同的当事人。三，鉴定机构所依据的鉴定资料错误，鉴定结论不能客观反映实际工程量及造价，不能作为认定事实的依据。隆都公司提交意见称：双方主体资格适当，委托鉴定所依据的材料双方认可，原审判决事实清楚，应驳回管委会的再审申请。

省高级人民法院经审查认为，管委会的再审申请不符合《中华人民共和国民事诉讼法》第二百条规定的情形，依照《中华人民共和国民事诉讼法》第二百零四条第一款之规定，裁定：驳回管委会的再审申请。

【裁判解析】

本案的争议焦点是合同主体。

合同主体是指合同关系双方，一般包括债权人和债务人，两者地位是相对的，因此合同具有相对性。主体往往是特定的，合同债权在民事法律关系上又称为相对权，区别于绝对权的物权关系，即合同关系仅约束合同主体双方，而物权关系约束不特定的多数人，就像房产作为物权存在，不特定多数人均不得侵害物权人的产权。不过合同主体特定不代表不可以改变，依据法律相关规定，债权人可以将其债权全部或部分转让给第三人，债务人也可以将其债务全部或部分转让给第三人，债权人转让债权需要通知债务人，债务人转让债务需经过债权人同意，否则转让无效。第三人取代原债权人或债务人的地位或加入合同关系成为合同主体，并未改变合同相对性原理，改变后的合同主体仍然是特定的，不是原主体而已，因为合同相对性是相对于物权的绝对性而言的。

本案中，龙门公司与某市公安局八科签订龙门北入口仿古二层商业房建筑施工合同，合同主体是龙门公司与某市公安局，合同关系仅约束双方。某市政府为治理龙门北门入口的脏乱差问题下发会议纪要，决定拆除某市公安局建造的商业房，某市公安局的投入由龙门研究所（管委会前身）按实际造价给予补偿。后某市政府协调会决定，由施工单位拿出施工资料，由市公安局、市财政局进行审核，审核后确定的欠款由管委会支付。某市公安局一方面是涉案商业房建筑施工合同的工程款债务人，另一方面是国家机关法人，经市政府协调，确定所欠工程款由管委会支付，债权人向其主张权利，证明债权人认可本次债务转让，管委会成为涉案主体适格。

　　某市公安局虽是涉案建筑物的承建方，但某市政府在对该建筑拆除后已明确所欠工程款由管委会支付，故原审判决管委会承担支付工程款的责任并无不当。管委会虽对鉴定意见书提出异议，但移交的鉴定材料清单显示有图纸 188 张，管委会在建设单位送交项目资料清单上加盖有公章，现管委会没有足以反驳的相反证据，故原审判决依据该鉴定意见书确定工程价款并无不当。龙门公司曾是隆都公司的股东之一，对于隆都公司向政府反映追要本案工程欠款及提起本案诉讼，并未提出异议，也未主张涉案工程款，原审判决认定隆都公司是本案适格原告并无不当。

合同履行的证明责任

——王某与某市营造文物古建筑工程处
建筑工程施工合同纠纷案

【要点提示】

民事诉讼;"举证责任"分配。

【基本案情】

2008 年 6 月 28 日和 2008 年 9 月 10 日,王某与某市营造文物古建筑工程处(以下简称文物古建处)签订合同各一份,合同中约定了迎宾门至网通三分局城墙内护坡修复工程和迎宾门西侧护坡人防工事抢修工程。2008 年 6 月 28 日所签合同中约定:"工程名称迎宾门至网通三分局城墙内护坡修复工程;工程地点迎宾门内西侧城墙全长 325 米;承包方式包工不包料,不准转包工程;工程造价 780/m(包含黄土、护坡、海墁、基础放脚),变更按实际发生工作量进行增减,人防工事塌方按照塌方办法处理;工期 80 天,风雨日顺延,人力不可抗力按《通用条款》第 39 条执行(以合同签字盖章之时计算工期);付款方法为合同签订之日,文物古建处付王某 20% 工程款,王某完成工程量 30%,文物古建处付王某工程进度款 10%,王某完成工程量 30%,文物古建处付王某 30% 工程进度款,王某完成 100%,文物古建处付王某 20% 工程进度款,下余部分待监理、建设方、文物古建处验收合格后结清全部工程款,扣除王某质保金 3%,一年后无质量问题,结清工程款"。2008 年 9 月 10 日王某与文物古建处签订的协议书中约定:"工程名称:迎宾门西侧护坡人防工事抢修工程;地点:迎宾门西侧护坡处;承包方式:包工不包料(工费包括 130 米人防工事全部工程);工程造价 28000 元;工期 20 天(2008 年 9 月 10 日至 2008 年 10 月 1 日止);付款方式:工人进入施工付生活费 2000 元,下余工程款待全部验收合格后三个月内结清。付款时文物古建处扣除王某质保金5%，半年内无质量问题结清下余款项"。

2013年10月28日，王某起诉至法院。请求判令文物古建处支付其工资款138440元，并承担案件受理费。

一审法院查明：文物古建处于2011年11月14日出具了城墙维修工程王某标段工程款并载明："一、合同内承包价格253500元；二、图纸变更，底部加高追加53040元；三、人防工事维修（有合同）28000元；四、维修护坡面15000元。备注说明，以上合计349540元，为王某标段工程款，支出款数以财务账上王某签字为准"。

王某提交迎宾门城墙维修工程王某标段工程款收据一份，内容中显示："一、合同内承包价格253500元；二、图纸变更，底部加高追加53040元；三、人防工事维修（有合同）28000元；四、维修护坡面15000元；五、全段计时工款9325元。备注说明，以上合计358865元，为王某标段工程款"。

H会计师事务所（普通合伙）于2010年8月20日对文物古建处原经理王某某同志任职期间经济责任做出了H专审字〔2010〕第032号审计报告，其中在第12页显示：付王某2008年7月至12月迎宾门城墙工程款189425元。

另查明，王某自认工程全部结束后，文物古建处支付其工资款5000元。

还查明，2014年4月16日询问王某某（原系文物古建处的法定代表人）笔录一份，王某某在笔录中认可2008年12月10日借款单据中记载的计时工资9325元与迎宾门城墙维修工程王某标段工程款中显示的第5项全段计时工款9325元是相符的、一致的，且该款已入到文物古建处的财务账上，并有王某某本人的签名。王某某对王某标段工程款总造价358865元没有异议，同时王某某认可在王某标段工程期间，文物古建处买了白灰等材料，但由于购买时没有发票，都是一些手写白条，无法冲账，所以文物古建处造了王某标段的工资表，让王某在工资表上签名，该工资表用于文物古建处冲账使用，但王某实际上并没有领到该笔工人工资。

又查明，王某于2011年12月21日起诉文物古建处，要求文物古建处支付拖欠王某工程款164440元。后于2012年3月9日因王某与文物古建处已协商解决，故撤回对文物古建处的起诉。在该诉讼期间，文物古建处付给王某26000元。

一审法院认为：依法成立的合同，对当事人具有法律约束力。本案中，王某按合同约定履行了义务，文物古建处未按合同约定及时支付工资款，是导致该案纠纷的主要原因，且上述证据相互印证，能够证明王某标段工程款总造价358865元，期间文物古建处付给王某工程款及工资款220425元，尚欠王某工资款138440元的事实。故王某关于要求文物古建处支付工资款138440元的诉讼请求，该院予以支持。根据《中华人民共和国合同法》第八条、第四十四条、《中华人民共和国民法通则》第五条、第八十四条、第一百零八条、《中华人民共和国民事诉讼法》第六十四条之规定，判决：文物古建处于本判决生效后七日内支付王某工资款138440元。如果未按判决指定的期间履行给付金钱的义务，应当依照《中华人民共和国民事诉讼法》第二百五十三条之规定，加倍支付迟延履行期间的债务利息。

文物古建处不服，上诉至二审法院。二审法院经审理认为，一审认定事实清楚，适用法律正确，依照《中华人民共和国民事诉讼法》第一百七十条第一款第（一）项之规定，判决：驳回上诉，维持原判。

【裁判解析】

本案的争议焦点是"举证责任"的分配。

《中华人民共和国民事诉讼法》第六十四条第一款规定："当事人对自己提出的主张，有责任提供证据。"本案中王某与文物古建处签订协议之后，王某按合同约定履行了义务，文物古建处亦应当按合同约定及时支付工程款。一审期间，王某提供的证据能够证明王某标段工程款总造价358865元，关于文物古建处已经支付的工程款，王某认可文物古建处已经支付工程款及工资款220425元，尚欠138440元的事实。文物古建处称其已经将王某的工程款及工资款全部付清，并且多支付王某工程款5万多元。文物古建处提供的2008年4月至2008年10月工资表，共计工资款188479元，虽然其中一部分有王某签字，但是文物古建处原法定代表人王某某在2013年3月11日出庭作证的笔录及一审法院对王某某的询问中，均明确表示工资表中的钱，王某并没有领，该工资表是文物古建处为了冲账使用的。且H会计师事务所于2010年8月20日对文物古建处原经理王某某同志任职期间（2003年4月1日至2009年3月31日）经济责任做出的H专审字〔2010〕第032号审计报告第12页显示：付王某2008年7月至12月迎宾门城墙工程款189425元，并没有文物古建处所述的2008年4月至10月期间给付王某工资款188479元，王某某的证言及审计报告相互印证。《最高人民法院关于民事诉讼证据的若干规定》第七十二条规定："一方当事人提出的证据，另一方当事人认可或者提出的相反证据不足以反驳的，人民法院可以确认其证明力。"王某提供文物古建处原经理王某某的证言作为证据具有较强证明力，结合 H 专审字［2010］第 032 号审计报告，文物古建处对自己主张已经将王某的工程款及工资款全部付清负有举证责任，否则应认定王某证据的证明力，文物古建处仍应当向王某支付工资款 138440 元。《最高人民法院关于民事诉讼证据的若干规定》第七十三条规定："双方当事人对同一事实分别举出相反的证据，但都没有足够的依据否定对方证据的，应当结合案件情况，判断一方提供证据的证明力是否明显大于另一方提供证据的证明力，对证明力较大的证据予以确认。"本案中比较双方当事人的证据，王某的证据应当证明力较大，即便因证据的证明力无法判断导致争议事实难以认定，也应当依据举证责任分配的规则作出裁判。本案中，文物古建处对自己主张已经将王某的工程款及工资款全部付清，由于民事诉讼法第六十四条第一款规定："当事人对自己提出的主张，有责任提供证据"，故文物古建处应当承担举证不利的法律后果。

公民、法人的合法民事权益受法律保护，任何组织和个人不得侵犯。债权人有权要求债务人按照协议的约定或者法律的规定履行义务。本案中，王某按合同约定履行了义务，文物古建处未按合同约定及时支付工资款，是导致该案纠纷发生的主要原因，且上述证据相互印证，能够证明王某标段工程款总造价 358865 元，期间文物古建处付给王某工程款及工资款 220425 元，尚欠王某工资款 138440 元的事实。故王某关于要求文物古建处支付工资款138440 元的诉讼请求，法院予以支持是正确的。文物古建处关于其多支付王某工程款 5 万多元的辩称，因证据不足，法院不予采信于法有据。

缔约过失责任、违约责任及赔偿数额

——某观光公司与某博物馆旅游观光合同纠纷案

【要点提示】

缔约过失责任；违约责任及承担方式。

2013 年 11 月 26 日，某观光公司与某博物馆就开发神策门至太平门城墙旅游观光项目达成协议。2013 年 11 月 27 日，某观光公司交付了管理费、水电费并定制三轮车、相机、招聘人员等，但某博物馆叫停了某观光公司的经营行为，要求推迟到春节后。后某博物馆又要求某观光公司在中华门做三轮黄包车游览项目，某观光公司为此作规划书进行准备。2014 年 8 月 8 日，某观光公司发现第三方已在城墙上运营黄包车业务，而某观光公司前期安置的广告牌等被损毁，车辆不知去向。

某观光公司认为，由于某博物馆的毁约行为给其造成了损失，遂向法院起诉，请求判令：某博物馆赔偿某观光公司损失 196071 元、返还押金、管理费、水电费 7500 元、赔偿某观光公司法定代表人工资 50552 元，并承担本案诉讼费用。

某博物馆辩称：一、其与某观光公司确实签订了一份《协议书》，因为市政府要统一开发明城墙，要求双方合作的项目停止经营，协议书中亦明确了与政府政策相抵触的，协议自行终止，故某博物馆不存在违约行为。二、双方之间的协议系公益性质，某博物馆仅收取 5000 元管理费，并未从中获益，某观光公司的投入系正常经营风险，应当自行承担。某博物馆同意退还某观光公司押金、管理费、水电费 7500 元。

一审法院经审理查明：2013 年 11 月 26 日，某观光公司就某博物馆管理的神策门至太平门段城墙上开展旅游观光项目的相关事宜与某博物馆签订

《协议书》一份，该协议约定：某观光公司在某博物馆管理的神策门至太平门段城墙上开展自行车、人力三轮车租借和快照旅游观光项目；某博物馆收取年度管理费5000元、水电费500元、押金2000元；某博物馆为某观光公司提供服务用房一间以及水、电设施；某观光公司参与经营活动人员应统一着装、佩戴工作牌；经营场所的选定须经某博物馆同意，并根据某博物馆的工作情况进行临时性的调整或关停；在协议生效期间违反上述条款或遇与政府政策相抵触或遇不可抗拒的因素，协议将自行终止；期限一年，自2014年1月1日至2014年12月31日止等。

2013年11月27日，某观光公司向某博物馆交纳了管理费5000元、水电费500元、押金2000元，合计7500元。

2013年12月底，某观光公司进行试营业，某博物馆要求某观光公司停止经营活动。后某观光公司着手准备在中华门、东水关、集庆门等地开展旅游项目。2014年8月，某观光公司通过媒体报道，得知其他公司在中华门、东水关、集庆门等处经营黄包车旅游项目，遂与某博物馆交涉。后某观光公司发现放置在某博物馆地下展厅的自行车不知去向。

某观光公司认为，由于某博物馆的毁约行为给其造成了损失，损失包括两部分：一是某观光公司为履行与某博物馆签订的协议购买了相关器材、聘用了人员、支付了定金等，因成立了城墙保护管理中心统一管理城墙，故某博物馆不再履行协议，造成了某观光公司损失；二是某博物馆在告知某观光公司不履行协议后，某博物馆当时的负责人又承诺将中华门、东水关、集庆门等处交给某观光公司经营，某观光公司为此制订了计划书、支付了聘用人员工资，造成了相关损失，某博物馆应当承担缔约过失责任，遂向法院起诉。

一审法院认为：首先，某观光公司、某博物馆于2013年11月26日签订的《协议书》合法有效，双方均应按约履行。某观光公司向某博物馆交纳相关费用后，某博物馆应当提供经营场所给某观光公司经营，现某博物馆无法提供相应经营场所，系违反合同约定，应当承担相应违约责任。至于某博物馆提出合同中注明协议内容与政府政策相抵触自行终止的主张，因该条款未明确约定具体政策内容，故该条款系约定不明确，不产生相应的法律效力。

其次，某观光公司为履行该合同已经购置了相应设备、聘用了相关人员，该部分合理支出应当由某博物馆赔偿某观光公司。综上，某博物馆应当退还某观光公司水电费、管理费、押金合计 7500 元，赔偿某观光公司损失 36063 元。

再次，2013 年 11 月 26 日签订的《协议书》终止履行后，某观光公司为取得中华门、东水关、集庆门等处的旅游项目经营权，与某博物馆进行了磋商，但双方并未就此形成一致意见，某观光公司也无证据证明某博物馆存在恶意磋商的情形，故某观光公司为获得以上经营权而支付的制作计划书、订购黄包车、购买相机等开支系其做出商业决策后应当自行承担的商业风险，不应当由某博物馆承担赔偿责任。

最后，某观光公司要求某博物馆赔偿其法定代表人 7 个月的工资损失，无法律依据。

据此，一审法院依照《中华人民共和国合同法》第九十四条、第一百零七条，《中华人民共和国民事诉讼法》第六十四条、第一百四十二条之规定，判决：一、某博物馆于判决生效之日起十日内退还某观光公司水电费、管理费、押金合计 7500 元，赔偿某观光公司损失 36063 元，共计 43563 元。二、驳回某观光公司其他诉讼请求。如果未按判决指定的期间履行给付金钱义务，应当按照《中华人民共和国民事诉讼法》第二百五十三条的规定，加倍支付迟延履行期间的债务利息。

某观光公司不服一审法院判决，提起上诉，请求：撤销一审判决，改判支持其全部诉讼请求，并由某博物馆负担本案一、二审诉讼费用。主要理由为：一、一审法院认定事实错误，未对某观光公司着手准备在中华门、东水关、集庆门等地开展旅游项目的前因作出认定。某观光公司是应某博物馆的要求在这三处地方设营运点开展筹备工作的，某观光公司提供的聊天记录、录音材料均可证明。二、某博物馆应当承担缔约过失责任。某观光公司购买的山地车、自行车、篷布、地架、黄包车、相机等，均是按照协议的约定用于开发旅游观光项目所购。山地车和自行车存放于某博物馆提供的储物间，某博物馆有保管和移交义务；某观光公司购买的篷布、地架、锁、链条、打气筒、广告牌均被某博物馆全部毁损，故某博物馆应对上述全部损失承担赔偿责任。双方《协议书》内容被叫停后，某博物馆一再承诺没有问题，某观光公司才敢维持并持续投入，故某博物馆应对某观光公司的全部损失予以赔偿。三、因某博物馆一再承诺项目没有问题，某观光公司才敢于维持公司基本人员架构、持续投入资金，故某博物馆应当对员工工资予以全部赔偿。

某观光公司为支持其上诉主张，二审提交以下证据：一、公证书一份，公证内容为某观光公司法定代表人与某博物馆刘主任的 QQ 聊天记录，拟证明某博物馆一再向某观光公司许诺待城墙全面开发后可以全部交给某观光公司经营。二、四本某观光公司记账凭证，拟证明因某博物馆原因导致某观光公司的损失。三、移动公司充值话费发票，拟证明录音证据中的对话人是某博物馆刘主任，与 QQ 聊天记录上的聊天人是同一人。四、某博物馆副馆长的名片，拟证明电话录音中的对话人是某博物馆副馆长，根据录音内容，某博物馆应当承担缔约过失责任。

被上诉人某博物馆答辩称：一审判令其给付某观光公司一定款项，其虽感委屈，但一审法院在认定事实和适用法律上相对客观，给某观光公司的款项就算作是补偿。故请求驳回某观光公司的上诉请求，维持原判。

某博物馆二审未提交证据，对某观光公司提交证据的质证意见为：一、对公证书的真实性没有异议，但公证的内容在一审均已提交，不应作为新证据使用，对聊天记录的意见同一审意见。二、对记账凭证的真实性没有异议，但内容不认可，与本案无关联性。三、对话费充值发票的真实性予以认可，但与本案没有关联性。四、名片与本案没有关联性。

二审法院经审理查明：对一审判决查明的案件事实，双方当事人均无异议，但某观光公司认为一审法院遗漏了该公司着手准备中华门、东水关、集庆门等地旅游项目的前因事实。

二审法院经审理认为：某观光公司的部分上诉请求有事实及法律根据，该院予以支持，某博物馆应当退还某观光公司押金 2000 元、水电费 500 元、管理费 5000 元，并赔偿相应违约损失共计 70444 元（8138 元 + 17506 元 + 44800 元）。原审判决认定部分事实因某观光公司二审提交新证据而发生变化，故实体处理亦做相应变更。据此，依照《中华人民共和国合同法》第九十四条、第一百零七条、第一百一十九条，《中华人民共和国民事诉讼法》第六十四条、第一百七十条第一款第（一）、（二）项的规定，判决：一、维持一审民事判决第二项；二、变更一审民事判决第一项"某博物馆于判决生效之日起十日内退还某观光公司水电费、管理费、押金合计 7500 元，赔偿某观光公司损失 36063 元，共计 43563 元"为"某博物馆于判决生效之日起十日内退还某观光公司水电费、管理费、押金合计 7500 元，赔偿某观光公司损失 70444 元，共计 77944 元。"

【裁判解析】

本案的争议焦点包括以下二点：

一、本案《协议书》无法履行，导致某观光公司未获得中华门、东水关、集庆门的旅游项目经营权，某博物馆是否应承担违约责任和缔约过失责任

《中华人民共和国合同法》第一百零七条规定："当事人一方不履行合同义务或者履行合同义务不符合约定的，应当承担继续履行、采取补救措施或者赔偿损失等违约责任。"

本案中，某观光公司与某博物馆签订的《协议书》系双方当事人真实意思表示，不违反法律、行政法规的强制性规定，合法有效，双方均应按约全面履行各自的义务。某博物馆称系因政策原因导致协议中所涉旅游项目停止，但未举证予以证明，因此应当对《协议书》不能履行承担相应的违约责任。

《中华人民共和国合同法》第四十二条规定："当事人在订立合同过程中有下列情形之一，给对方造成损失的，应当承担损害赔偿责任：（一）假借订立合同，恶意进行磋商；（二）故意隐瞒与订立合同有关的重要事实或者提供虚假情况；（三）有其他违背诚实信用原则的行为。"

本案中，某观光公司未能举证证明某博物馆在与其磋商的过程中存在假借订立合同，恶意进行磋商，故意隐瞒与订立合同有关的重要事实或者提供虚假情况，或其他违背诚实信用原则等行为，故某博物馆不承担缔约过失责任。

二、某博物馆赔偿某观光公司的金额应如何确定

本案中，某观光公司在 2014 年 4 月份之前为履行案涉《协议书》支出的费用，包含：一、2013 年 11 月 8 日购买山地自行车 31920 元；二、2013 年 11 月 14 日购买普通自行车 1825 元；三、2013 年 11 月 27 日交纳押金 2000 元、水电费 500 元、管理费 5000 元；四、2013 年 12 月 6 日办公用品费 48 元；五、2013 年 12 月 11 日组装自行车人工费 1200 元；六、2013 年 12 月 25 日广告牌 600 元；七、2013 年 12 月 28 日购买自行车篷布 500 元；八、2014 年 1 月 5 日购买气筒 15 元；九、2014 年 1 月 22 日绳子费用 50 元；十、2014 年 1 月 23 日及 24 日自行车车锁、链条 884 元；十一、2014 年 2 月 19 日自行车修理工具 368 元；十二、2014 年 3 月 4 日定制三轮黄包车定金 5000 元；十三、存放车辆的房租 500 元；十四、2014 年 3 月 7 日办公费用 240 元；十五、聘用人员工资。

其中第三项费用，某博物馆已同意退还。

第四、五、六、七、九、十二、十三和十四项费用共计 8138 元，某观光公司已实际发生，且不具备重复利用及减损之可能，故该部分损失应由某博物馆承担。

第一、二、八、十和十一项费用共计 35012 元，某观光公司主张应由某博物馆承担自行车丢失之损失，但根据双方签订的《协议书》的约定，某博物馆仅需向其提供车辆存放之场所，并无保管车辆之义务。《中华人民共和国合同法》第一百一十九条规定："当事人一方违约后，对方应当采取适当措施防止损失的扩大；没有采取适当措施致使损失扩大的，不得就扩大的损失要求赔偿。"据此，二审法院综合考虑前述财产的使用价值、相应贬损及双方过错责任等综合因素，对第一、二、八、十和十一项费用，酌定某博物馆应对此承担 50% 责任，即赔偿 17506 元是正确的。

第十五项聘用人员工资，某博物馆承担的赔偿数额应从 2013 年 12 月计算至 2014 年 3 月为宜，即 44800 元（2800 元 × 4 人 × 4 个月）。

某观光公司主张的其他费用，因其无法证明与本案的关联性及为履行《协议书》而支出的必要性，故应承担举证不能的后果，二审法院不支持其主张并无不当。

违约金

——某文物管理所与某公司房屋租赁合同纠纷案

【要点提示】

房屋租赁合同；违约金责任。

【基本案情】

2013 年 6 月 10 日，某文物管理所（本案原告）与某公司（本案被告）签订了《关于使用张某故居部分用房的协议》一份，约定被告租赁、使用国家授权原告管理使用的张某故居西厢房二楼大间及小间房屋（面积共 173.5 平方米）；使用期限为一年，自 2013 年 6 月 10 日起至 2014 年 6 月 9 日止。协议还约定：一、被告租赁房屋仅作办公使用，并向原告分别缴纳房屋使用费每年合计 66000 元，该使用费用每半年支付一次，第一次于协议签订时交付，第二次于使用期开始的一个月内交付。二、被告需按实际使用量向原告交付水电费用；三、租赁期间双方必须信守合同，任何一方违反本合同，须向对方缴纳年租金总额的 50% 作为违约金。

协议签订后，原告如约交付了房屋，被告于 2013 年 6 月 10 日支付了 8000 元房租，于 2013 年 10 月 31 日支付了 6000 元水电费。之后，被告再未支付任何费用。

房屋租赁期限届满后，被告仍未搬出房屋，故原告向法院提起诉讼，请求判令：一、被告立即搬出张某故居西厢房二楼和西厢房小间，并不得拆除装修装潢，水表、电表等固定设施（腾空房屋，保持房屋文物保护及可使用状态）。二、被告支付房屋租金 58000 元。三、被告支付房屋使用期满后被告继续实际占用使用房屋的费用，按照协议约定的房屋使用费标准，自 2014 年 6 月 10 日计算到被告腾空房屋日止。四、被告支付截止到 2014 年 8 月 18 日原告起诉日止的水电费用计 5370.90 元，并按实计算支付到房屋搬迁日止的全部水电费用；（电费依据法院现场勘验拍照时电表读数计算）。五、被告支付违约金 33000 元。六、被告承担本案全部诉讼费用。

被告某公司答辩称：一、本案是房屋租赁合同纠纷，但原告仅能提供某文化广电新闻出版局的授权证明，不能提供房产证或土地证，原告与文化广电新闻出版局都未能证明其是该房屋的所有权人。二、被告因信任原告而向原告承租房屋，并斥资十余万元对房屋进行了修缮。但 2014 年初，国家严查文物单位出租给他人经营与文物保护无关的商业活动，原告遂口头告知被告停止经营活动并解除合同，致使被告失去使用权。因原告违约行为，被告产生停业损失、搬迁费用和临时安置费用，该费用已高于未付的租金和房屋占有使用费。三、原告违约后，被告已另行寻找办公地点并进行装修，但因被告经营檀香等贵重物品，如堆放在新装修的场所会对这些物品造成严重损害，被告不得已占有原告房屋堆放物品以弥补损失。综上，请求法院驳回原告的诉讼请求。

一审法院认为：原、被告双方签订的二份《关于使用张某故居部分用房的协议》是双方真实意思表示，双方均应依约履行。被告未按期支付房屋租金属于违约行为，应向原告承担违约责任。依照《中华人民共和国合同法》第一百一十四条、第二百一十六条、第二百二十六条，《中华人民共和国民事诉讼法》第六十四条第一款之规定，判决如下：一、被告某公司在本判决生效之日起十五日内腾退搬出张某故居西厢房二楼和西厢房小间，归还给原告某文物管理所，并不得拆除装修装潢，水表、电表等固定设施，保持房屋文物保护及可使用状态。二、被告某公司向原告某文物管理所支付房屋租金58000 元，支付违约金 33000 元。三、被告某公司向原告某文物管理所支付房屋租赁期满至 2015 年 3 月 27 日的房屋占有使用费 52616.67 元，并自 2015 年 3 月 28 日起按 5500 元每月计算到被告腾空搬走日止。四、驳回原告某文物管理所其他诉讼请求。

一审宣判后，某公司提起上诉，但未在规定期限内预交二审案件受理费，属不依法履行诉讼义务，二审法院依法裁定本案按某公司自动撤回上诉处理。一审民事判决自裁定送达之日起生效。

【裁判解析】

本案的争议焦点包括以下四点：

一、原告是否有权出租涉案房屋

本案涉案房屋张某故居系文物，原告提供了区文化广电新闻出版局提供的房屋出租证明，被告也依据原告提供的住所地证明材料办理了工商登记手续，证明原告有权出租该房屋，被告在租赁期内亦有权使用该租赁房屋。

二、被告对于涉案房屋的使用权是否受损

《中华人民共和国合同法》第二百一十六条规定："出租人应当按照约定将租赁物交付承租人，并在租赁期间保持租赁物符合约定的用途。"本案中出租人原告必须在租赁期间保持涉案房屋符合合同双方约定的经营办公用途，否则，原告构成违约。《中华人民共和国民事诉讼法》第六十四条第一款规定："当事人对自己提出的主张，有责任提供证据。"本案中被告主张2014年初因政策原因，原告口头告知被告停止经营活动并解除合同，致使被告失去使用权，且产生停业损失及其他费用。但被告对于这一主张自始至终并未提出任何证据予以证明，事实上被告一直在占用该房屋并从事经营活动，依据我国民事诉讼法的规定，被告应当承担举证不能的后果。因此，对于这一争议事项，法院作出的判决做到了以事实为依据，以法律为准绳。

三、违约金问题

《中华人民共和国合同法》第一百一十四条第一款规定："当事人可以约定一方违约时应当根据违约情况向对方支付一定数额的违约金，也可以约定因违约产生的损失赔偿额的计算方法。"违约金责任，是指在违约发生后，违约方作出的独立于履行行为以外的金钱给付。按照违约金适用的依据，违约金分为约定违约金和法定违约金。违约金责任的成立需要两个条件：一是合同有效存在且约定了违约金条款（或法规规定了法定违约金）；二是发生了违约行为。本案中，原告与被告在双方签订的房屋租赁合同中约定，违约的一方应向对方支付违约金，这属于约定违约金的情形。本案被告在房屋租赁合同成立生效后拒绝向原告支付房租，已经发生了违约行为，因此，导致其需要承担违约金责任。

对于违约金的数额，我国法律也作出了明确规定。《中华人民共和国合同法》第一百一十四条第二款规定："约定的违约金低于造成的损失的，当事人可以请求人民法院或者仲裁机构予以增加；约定的违约金过分高于造成的损失的，当事人可以请求人民法院或者仲裁机构予以适当减少。"也就是说，当事人在约定违约金后，诉讼中当事人认为其约定的违约金过高或过低，可以

请求法院予以增加或减少。《最高人民法院关于适用〈中华人民共和国合同法〉若干问题的解释（二）》第二十九条第二款规定："当事人约定的违约金超过造成损失的30%的，一般可以认定为合同法第114条第2款规定的'过分高于造成的损失'"。据此，当事人在诉讼中提出违约金过高或过低时，人民法院应当依照法律规定，以实际损失为基础，兼顾合同的履行情况、当事人的过错程度以及预期利益等综合因素，根据公平原则和诚实信用原则予以衡量，并作出裁决。本案中，由于原被告双方均未提出违约金的抗辩，因此法院直接以合同约定的违约金进行判决，于法有据。

四、水电费问题

房屋租赁纠纷中通常会涉及水电费的支付问题。在本案中，依原告申请，法院依法对涉案房屋进行了现场勘验，勘验情况显示：涉案房屋屋外三相电表总表读数为12870度，两个分表读数分别为11489度和1378度。原告认为该证据证明电费应当按照12870度来计算，且两个分表相加的电量是12867度，也基本相符，故应当按照12870度计算实际用电量。《中华人民共和国民事诉讼法》第六十四条第一款规定："当事人对自己提出的主张，有责任提供证据。"被告于2013年10月31日支付了6000元，但原告未能提供证据证明被告在2013年10月31日支付电费时支付到哪个电表刻度，且2013年10月31日被告支付的水电费6000元，从常理推断也应当是一个近期水电费的估算取整数值而不是确切数值，故不能参照原告单方提供的电费表格计算后续电费，原告应当承担举证不能的不利后果。原告虽主张双方口头约定水费每月支付30元，但也未能提供相应证据予以证明，因此法院针对原告关于水电费的诉讼请求不予支持，于法有据，并无不当。

合同内容约定不明确

——某文物中心与某交通厅文物钻探工程结算纠纷案

【要点提示】

法人的判定；合同履行方式的确定。

【基本案情】

2000 年 2 月 14 日，南过境指挥部（本案被告某交通厅设立的代办机构）与某文物中心（本案原告，以下简称文物中心）签订一份《钻探工程合同书》，该合同约定：工程数量暂定为 131.1322 万平方米，工程于 2000 年 2 月 14 日开工至 2001 年 3 月 10 日竣工，如因建设单位尚未具备开工条件或在施工中因地面障碍未清理等影响，应顺延竣工日期，双方合同约定面积为普探面积，工程完工后，普探和重点探分别按实际面积结算；开工前先预付 30 万元的预付款，2000 年 3 月 1 日付工程量 50% 的进度款，待工程结束时结算全部款项；其后，文物钻探工程收费标准，按省建设厅标（97）第 16 号文件规定的标准计算，行政管理费（间接费）按标（97）第 14 号文件，以工程结算总额的 42.3% 执行。其后，文物中心如期施工，实际普探面积为 103.03 万平方米，实际重点探面积为 14.3908 万平方米，且将结算报告交付该指挥部，双方因该工程结算发生争议。

2001 年 11 月 5 日，省建委受省政府办公厅的委托对文物中心所做的南过境高速公路文物钻探的预算进行审核，结果为 565.8835 万元。依据协议，按实际结算钻探工程共计费用为 514.9849 万元，文物中心未提异议。南过境指挥部从 2000 年 3 月至 2001 年 9 月，分 3 次给文物中心支付工程款 120 万元，文物中心出具税务发票，剩余款额至今未付。故文物中心于 2001 年 4 月 6 日向法院起诉。

　　一审法院查明：南过境指挥部系 1999 年 11 月 21 日由某交通厅为修建南过境高速公路而临时设立的机构。文物中心为具有文物钻探资格的独立企业法人。

　　一审法院经审理认为：南过境指挥部不具有独立的法人资格，其对外实施的民事法律行为应视为某交通厅的行为。原被告签订的《钻探工程合同书》，双方意思表示真实，内容合法，且已实际履行，应为有效合同。文物中心完成的工程量，双方均予认可，收费标准及结算依据，合同约定明确，照此结算钻探工程共计费用为 514.9849 万元，合法适当。综上，依照《中华人民共和国合同法》第四条、第六十条第一款之规定，判决：某交通厅在本判决生效后十日内，给付文物中心工程款 394.9849 万元及利息（从 2000 年 3 月 15 日起计算至履行之日止的同期银行流动资金贷款利息）。

　　一审宣判后，某交通厅表示不服，向省高级人民法院提起上诉称：一、被上诉人的诉讼请求没有合法依据，且纠纷的过错责任完全在被上诉人。二、人民法院判令行政机关和有关单位不执行行政规范性文件是错误的。三、原审判决认为上诉人所辖的南过境高速公路总指挥部不具有独立的法人资格没有法律依据。四、原审判决在认定事实部分，不适当的使用推理，没有任何依据，因而也是不能成立的。五、原审判决适用法律不当；故应依法撤销原审判决，驳回被上诉人的诉讼请求。

　　文物中心答辩称：上诉人陈述的观点均无事实支持，尤其强调双方之间履行的是行政合同而不是双方订立的协议，显然更无事实依据；我中心具有独立法人资格，具备文物钻探能力，有省工商局、文物局核发的各种有效证件，且按双方所订协议，按期履行完毕，并交付结算报告，经省政府委托省建委审核，可作为双方结算的依据，故应驳回上诉，维持原判。

　　二审法院经审理认为：本案双方签订的文物《钻探工程合同书》是双方当事人的真实意思表示，不违反法律规定，且已实际履行，应为合法有效。原审认定事实清楚，适用法律正确，应予维持。据此，依据《中华人民共和国民事诉讼法》第一百五十三条第一款第一项之规定，判决：驳回上诉，维持原判。

【裁判解析】

　　本案的争议焦点有以下两点：

一、南过境指挥部是否为独立法人

我国民法通则将法人分为企业法人与非企业法人，其中非企业法人又分为机关法人、事业单位法人和社会团体法人。本案中，被告主张南过境指挥部为机关法人。机关法人是指依法享有国家赋予的公权力，并因行使职权的需要而享有相应的民事权利能力和民事行为能力的国家机关。《中华人民共和国民法通则》第三十七条规定："法人应当具备下列条件：（一）依法成立；（二）有必要的财产或者经费；（三）有自己的名称、组织机构和场所；（四）能够独立承担民事责任。"由此可知，判定某一组织为法人，无论是何种类型的法人，其均需符合以上四个条件。本案中，要判断南过境指挥部是否为独立法人，则应当看其是否符合上述条件。从法院查明的事实来看，南过境指挥部是某交通厅为修建南过境高速公路而临时设立的代办机构，其并没有独立的财政经费，没有独立的经济核算权，也没有独立的资产负债表，无法自负盈亏。并且，它对外也不是独立自主地开展生产经营活动。因此，其不具有独立的法人资格，不应作为本案的被告。其对外实施的民事法律行为应视为某交通厅的行为。本案原告以某交通厅为被告向法院起诉，被告适格，符合民法通则以及民事诉讼法的规定。

二、合同的履行方式

《中华人民共和国合同法》第八条规定："依法成立的合同，对当事人具有法律约束力。当事人应当按照约定履行自己的义务，不得擅自变更或者解除合同。"本案钻探工程合同的签订系原被告双方真实的意思表示，原被告应当依照合同的约定履行各自的义务。对于合同没有约定的事情，可以依据双方实际履行的情形来确定。本案中，文物中心与指挥部之间工程结算用何种票据，合同中约定不明，这属于对于履行方式约定不明的情形。该指挥部三次付款120万元，文物中心均出具的是税票，应视为双方对这种付款方式的认可，且这种纳税的付款方式与省地税征（2000）30号文件精神一致，不损害国家利益，不违背市场经济的运行规则，故某交通厅以文物中心不提供财政部门规定的统一收费票据而拒付剩余工程款的理由不能成立。

《中华人民共和国合同法》第十二条规定："合同的内容由当事人约定，一般包括以下条款：（一）当事人的名称或者姓名和住所；（二）标的；（三）数量；（四）质量；（五）价款或者报酬；（六）履行期限、地点和方式；（七）违约责任；（八）解决争议的方法。"但在实践中，存在着许多对于合同内容约定不明的情形，对于合同存在漏洞的情况，人民法院在审判时应当依照合同法第六十一条的规定进行审理。《中华人民共和国合同法》第六十一条规定："合同生效后，当事人就质量、价款或者报酬、履行地点等内容没有约定或者约定不明确的，可以协议补充；不能达成补充协议的，按照合同有关条款或者交易习惯确定。"即法院应当首先考虑合同当事人是否签订了补充协议，若没有，则应按照交易习惯等来确定。经过这一步还是无法对合同漏洞进行补充时，则应按照合同法或其他法律关于该类合同或是与该无名合同最相类似之合同的规定处理。最后，依照上述方式仍然无法填补合同漏洞的，则应适用《中华人民共和国合同法》第六十二条，该条规定："当事人就有关合同内容约定不明确，依照本法第六十一条的规定仍不能确定的，适用下列规定：（一）质量要求不明确的，按照国家标准、行业标准履行；没有国家标准、行业标准的，按照通常标准或者符合合同目的的特定标准履行。（二）价款或者报酬不明确的，按照订立合同时履行地的市场价格履行；依法应当执行政府定价或者政府指导价的，按照规定履行。（三）履行地点不明确，给付货币的，在接受货币一方所在地履行；交付不动产的，在不动产所在地履行；其他标的，在履行义务一方所在地履行。（四）履行期限不明确的，债务人可以随时履行，债权人也可以随时要求履行，但应当给对方必要的准备时间。（五）履行方式不明确的，按照有利于实现合同目的的方式履行。（六）履行费用的负担不明确的，由履行义务一方负担。"

租赁合同中改善和增设他物的处理

——李某与某县文物旅游局租赁合同纠纷案

【要点提示】

租赁合同；改善和增设他物的处理。

【基本案情】

2003 年 7 月，原告李某与被告某县文物旅游局订立了大伾山景区快餐店租赁合同。合同约定：原告李某承包懋功食庵并对懋功食庵进行改造，建造配套住房，大伾山广场北侧建两间就餐的房屋，租赁费共 150000 元，租赁期限为 50 年。原告李某与被告某县文物旅游局均没有在合同上面签字。随后原告李某对懋功食庵进行改造，建造配套住房。后因其他原因未建大伾山广场北侧两间就餐的房屋，原告李某仅缴纳了 130000 元租金。2005 年 4 月，原被告双方解除了合同，且被告将原告缴纳的 130000 元租金退还给原告，还对原告改造懋功食庵及建造配套用房的费用作价 400000 元赔偿原告，并于 2006 年 4 月 7 日向原告出具了证明。原告遂起诉请求依法判令被告某县文物旅游局还应给付赔偿款 250000 元及利息。

一审法院认为：原、被告解除租赁合同后，被告同意赔偿原告对改造懋功食庵及建造配套用房的费用作价 400000 元，并向原告出具了证明，原告请求被告再支付 250000 元赔偿款的诉讼请求，该院予以支持。因双方对赔偿款没有约定利息，应从起诉之日起按中国人民银行同期银行贷款利率计息。判决被告某县文物旅游局于判决生效后十日内给付原告李某赔偿款 250000 元，并自 2008 年 3 月 20 日起计算至本判决确定的给付之日止按照中国人民银行同期银行贷款利率支付利息。

被告某县文物旅游局不服一审判决，上诉至二审法院，二审法院经审查认为：一审法院判决认定事实清楚，适用法律正确。判决：驳回上诉，维持原判。

【裁判解析】

本案的争议焦点是租赁合同中改善和增设他物的处理。

市场经济社会，租赁合同在交易形式中是常见的一类有名合同，但同时也是矛盾集中的合同，《中华人民共和国合同法》第二百二十三条规定："承租人经出租人同意，可以对租赁物进行改善或者增设他物。承租人未经出租人同意，对租赁物进行改善或者增设他物的，出租人可以要求承租人恢复原状或者赔偿损失。"本案中，原告李某与被告某县文物旅游局订立了大伾山景区快餐店租赁合同，约定原告李某承包懋功食庵并对懋功食庵进行改造，建造配套住房、大伾山广场北侧建两间就餐的房屋。合同反映原告李某对租赁懋功食庵进行改善和增设相应设施，是经被告某县文物旅游局同意的，被告某县文物旅游局在收回租赁物后，理应对增设物，向承租方李某支付建设费用。

被告某县文物旅游局出具的证明条能否作为证据使用是本案支付建设费用的主要依据，对于证据的审查，一般从"三性"，即真实性、合法性和关联性进行审查，符合三性的证据可以作为认定案件事实的依据。首先，从真实性而言，该证明条中记载了对懋功食庵的改造费用、新建配套用房费用、损失赔偿费用及餐具费用共计40万元的事实，该事实有证人证言和法院的调查笔录予以佐证。某县文物旅游局虽称该证明条与双方认可的情况说明在时间上存在瑕疵，但没有足以反驳该证据的相反证据予以证明，故其真实性应予以认定。其次，就合法性而言，被告某县文物旅游局辩称证明只有上诉人单位的公章，并没有基建部门负责人员和主管领导的签字，也就是说没有得到认可，虽对证明效力提出质疑，但对加盖该局公章真实性并无异议。单位主体在对外活动中离不开公章，公章在形式上代表单位意志，在对外签订合同时具有级高的法律效力，是意思表示外化的标识。《最高人民法院关于适用〈中华人民共和国民事诉讼法〉若干问题的意见》第52条规定："借用业务介绍信、合同专用章、盖章的空白合同书或银行账户的，出借单位和借用人为共同诉讼人"，可见公章可以单独代表单位，相反仅有单位法定代表人签字要受到质疑，故本案证明条的合法性应予以认定。最后，就关联性而言，证明条记载的事实与双方确认的租赁合同相吻合，该证据与本案事实存在客观联系。原告提交的加盖了被告单位公章的证明条，是被告对原告出具的，其内容属于债权凭证。

本案一、二审判决事实认定清楚，适用法律正确，符合公平原则和诚实信用原则。

重大误解

——路某与胡某特定物古董买卖合同纠纷案

【要点提示】

重大误解；构成要件。

【基本案情】

原告路某、被告胡某均是收藏爱好者，经朋友薛某介绍相识。后原告通过网络将西方三圣铜佛像的图片发给被告观看。2011 年 1 月 5 日，被告与薛某一同前往西安原告家中验看两件藏品（共四件佛像），并达成买卖协议，其中碧玉千手观音佛像定价 70 万元，西方三圣铜佛像定价 60 万元（20 万元/尊），合计 130 万元。被告现场付了 10 万元，余款 120 万元以欠条形式约定于 2011 年 7 月 5 日一次付清。约定的付款期限过后，原告多次索要未果，故诉至法院请求判令被告给付货款 120 万元并由被告承担诉讼费用。

被告胡某辩称并反诉称：双方达成买卖四尊佛像协议属实，对欠条的真实性也认可，但原告在交易时介绍西方三圣铜佛像是明代物件，碧玉千手观音佛像是唐代物件且材质为碧玉，现经鉴定该四件佛像均为现代仿品，且碧玉千手观音佛像的材质不是碧玉而是大理石，已构成重大误解，请求判令撤销双方达成的买卖合同、相互返还佛像和货款。

反诉被告路某辩称：自己从未介绍过四件佛像的年代分别是明代、唐代的物件及碧玉千手观音佛像材质为碧玉，且双方的交易是先验货后成交的。收藏界的惯例是藏品当面验货，售出概不退换，货款两清。因此，以重大误解为由要求撤销合同不能成立。

法院查明：被告欠条内容为："今从路某处购买佛像，其中碧玉千手观音一尊［定价柒拾万元（700000）整］、西方三圣铜佛像［商定价人民币陆拾

万元（600000）整]，议定总计壹佰叁拾万元整［已付订金人民币拾万元
（100，000）]，余款定于半年内付清（即截至 2011 年 7 月 5 日），由薛某作担
保。欠款人胡某、2011 年 1 月 5 日"。后被告将四尊佛像运回某市，但未按约
定给付余款。

另查明：在交易过程中，薛某曾向被告介绍三尊铜佛像是明代的物件，
碧玉千手观音佛像材质是碧玉且是唐代的物件。在薛某向被告作介绍时原告
并不在场，且原告从未向被告介绍或承诺四尊佛像的年代。诉讼中，原告也
自认千手观音佛像是碧玉材质。

再查明：诉讼中，被告申请对三尊铜佛像制作年代及碧玉千手观音佛像
的材质和制作年代进行鉴定。经北京某古玩字画鉴定中心鉴定，西方三圣铜
佛像质地均为黄铜，碧玉千手观音佛像质地为大理石，上述四尊佛像结论均
为现代。被告为此支付鉴定费用 8000 元。

法院依照《中华人民共和国合同法》第五十四条第一款第（一）项、第
五十五条第一款第（一）项、第五十六条、第五十八条，《中华人民共和国民
事诉讼法》第五十二条、第六十四条、第一百二十条之规定，于 2012 年 6 月
15 日作出判决如下：一、被告（反诉原告）胡某于本判决生效后十日内给付
原告（反诉被告）路某货款 50 万元并赔偿逾期付款期间的利息损失（利息计
算方式：自 2011 年 7 月 6 日起至本判决确定付款之日止，按中国人民银行同
期贷款基准利率计付）。二、驳回原告（反诉被告）路某的其他诉讼请求。
三、撤销原告（反诉被告）路某与被告（反诉原告）胡某订立的关于买卖碧
玉千手观音佛像部分合同。四、被告（反诉原告）胡某应于本判决生效后十
日内将碧玉千手观音佛像返还给原告（反诉被告）路某。五、驳回被告（反
诉原告）胡某的其他反诉请求。

一审宣判后，双方当事人在法定期限内均未提出上诉，一审判决发生法
律效力。

【裁判解析】

本案的争议焦点是民事法律中的"重大误解"问题。

《中华人民共和国合同法》第五十四条规定："下列合同，当事人一方有
权请求人民法院或者仲裁机构变更或者撤销：（一）因重大误解订立的；
（二）在订立合同时显失公平的。"对"重大误解"的概念，最高人民法院

《关于贯彻执行〈中华人民共和国民法通则〉若干问题的意见（试行）》第七十一条明确解释为："行为人因对行为的性质、对方当事人、标的物的品种、质量、规格和数量的错误认识，使行为的后果与自己的意思相悖，并造成较大损失的，可以认定为重大误解"。根据上述司法解释，一般情况下，重大误解由以下要件构成：一是表意人（即作出意思表示的当事人）因为误解作出了意思表示。首先，表意人要将其意思表示表达出来（体现在合同条款中），否则无从评价其是否存在误解问题。其次，表意人作出的意思表示必须是因为误解造成的，即表意人的错误认识与其作出意思表示之间具有因果关系。二是对合同的内容发生了重大误解。重大误解必须是对合同的内容发生了重大误解，并导致了合同的订立，从而使当事人能主张撤销合同。在法律上，一般的误解并不都能使合同撤销。我国司法实践认为，必须是对合同的主要内容发生误解才构成重大误解。因为在对合同的主要内容发生误解的情况下才可能影响当事人的权利和义务并可能使误解的一方的订约目的不能达到。如果对订立合同的动机发生错误认识或对某些不影响合同的性质和内容的用语发生错误认识，一般不能认为构成误解。三是误解是由误解方自己的过错造成的，而不是因为受到对方的欺骗或不正当影响造成的。在通常情况下，都是由表意人自己的过失行为造成的，即因其不注意、不谨慎造成的。如果表意人具有故意或重大过失，则不能按误解处理。任何人都应当对其故意行为负责，如果表意人在订约时故意保留其真实的意志，或者故意与对方订立看似与实际不符的合同，或者明知自己已对合同发生误解而仍然与对方订立合同，均表明表意人希望追求其意思表示所产生的效果，在此情况下并不存在意思表示不真实的问题，因此不能按重大误解处理。四是误解直接影响到当事人所应享受的权利和承担的义务，有可能对误解人造成较大损失。

实践中，买卖双方对文物、古董、字画、艺术品及宝石原石等物品的年代、材质及艺术品位、风格等产生一定程度的误判，不属于重大误解，但双方明确将上述内容作为合同内容，并对合同订立产生实质影响的除外。

本案中，原、被告均系民间收藏爱好者，交易的四尊佛像属艺术品范畴，其制作年代及品质等并未经相关权威机构或专家鉴定，即使鉴定，亦非绝对，故双方均应明知佛像的制作年代及内在品质等存在很大程度的不确定性。另外，该类物品并无国家或行业指导价，不能以交易价格推断出双方订立的合同是否构成重大误解。原告的出让行为及报价应是基于其本人对标的物品质的认识，并承担相应的风险，作为被告的买受者在交易时也应凭借自身积累的知识，通过对实物的鉴赏从而得出自己的评判结论，并承担相应的风险。为此，在该类商品交易中，双方均应持谨慎态度，对于买受者的被告而言，其应凭借自身的认知能力，或采取向他人咨询、请教等方式，通过对实物的鉴赏分析，判断标的物的内在品质并决定是否交易。

据此，本案争议的三尊铜佛像制作年代问题，因双方系实物交易，因此被告对其所买佛像的品质应有清楚的认知，原告并没有对佛像的制作年代做出介绍及承诺，故相应的交易风险应由被告自行承担。据此被告反诉主张其在订立合同时对西方三圣铜佛像制作年代产生了重大误解的诉讼请求不成立。双方关于西方三圣铜佛像达成的买卖合同，合法有效，原告路某请求判令被告胡某给付该部分货款 50 万元也得到了法院的支持。

碧玉千手观音佛像的材质争议同前述西方三圣铜佛像情形不同。双方在交易之初，对千手观音佛像的称呼即为碧玉千手观音佛像，欠条中千手观音佛像的名称也明确表述为碧玉千手观音一尊，可见在交易时原告已明确碧玉千手观音佛像是碧玉的，该表述应是指佛像的材质是碧玉。后经鉴定，千手观音佛像材质的主要部分是大理石岩基，且鉴定报告书明确表述，石佛像有现代做旧痕迹，为现代仿品。在交易中，被告虽验看了实物，但鉴定过程亦足以说明佛像的材质肉眼很难分辨，不论原告是否故意欺诈，其确实作为碧玉材质的工艺品售出且明示于被告，而此点与价格具有重大关联，直接关系当事人的订约目的及重大利益，因此应当认定被告在订立合同时对碧玉千手观音佛像材质的误解属于重大误解，被告胡某反诉请求撤销该部分合同因此得到了法院准许。

文物购销企业消费者权益保护

——范某与某省文物总店买卖合同纠纷案

【要点提示】

文物购销企业消费者权益保护；欺诈行为。

【基本案情】

2014 年 4 月 17 日，范某至某省文物总店处购买了一个手镯，购买价格为 17100 元。某省文物总店向范某开具了发票，载明为 "yqgda – 0765 玉镯"。范某在取得上述发票后又至某省文物总店处要求换开发票，某省文物总店遂重新开具了发票载明为 "yqgda – 0765 翡翠手镯"。范某将所购手镯送至某省地质科学研究所进行鉴定，该所的鉴定结果为 "水钙铝榴石手镯"。某省文物总店要求对手镯进行重新鉴定，双方一同至某省珠宝玉石及贵金属检测中心进行重新鉴定，该中心的鉴定结果为 "石榴石质玉手镯"。范某认为将普通的石榴石手镯冒充翡翠手镯出售，以假充真，对消费者构成欺诈。

范某遂向法院起诉，请求判令：一、某省文物总店退回货款 17100 元，并依法赔偿 51300 元；二、某省文物总店承担本案诉讼费用。

某省文物总店答辩称：对范某不存在消费欺诈行为，并认为其出售的手镯就是玉镯，与鉴定结果一致。对于将发票项目 "玉镯" 写成 "翡翠手镯"，是经不住范某的一再请求，才同意换开发票。

对此，范某提交了换开发票的录音，该段录音为范某与某省文物总店的商场男经理、商场女营业员的三人对话，证明范某所购为 "翡翠手镯"。对于录音证据，某省文物总店质证认为对内容的真实性没有异议，但该录音不完整、断章取义。

一审法院认为：本案争议的焦点为某省文物总店向范某销售手镯的行为

是否构成《中华人民共和国消费者权益保护法》第五十五条规定的欺诈情形。依照《中华人民共和国民法通则》第四条,《中华人民共和国消费者权益保护法》第五十五条第一款之规定,判决:某省文物总店应于判决发生法律效力之日起十日内退还货款 17100 元给范某;范某应于判决发生法律效力之日起十日内退还所购石榴石质玉手镯(单价 17100 元)1 个给某省文物总店;某省文物总店应于判决发生法律效力之日起十日内赔偿范某 51300 元。

某省文物总店不服一审判决,上诉至二审法院,二审期间某省文物总店提供营业执照、文物经营许可证、省税务局发出的《关于国有文物商店征收增值税问题的批复》、增值税纳税申报表以及缴费回单,拟证实其属于国有文物商店,销售商品均属于文物;提供《中国古汉语词典》以及百度百科网页打印件,拟证实中国历史上将绿色玉石称为翡翠;另提出文物鉴定和价格评估申请,拟证实涉案玉镯为文物,具较高收藏价值,其销售行为并不构成欺诈和对范某合法权益的损害。

二审法院经审查认为:一审判决认定事实清楚,适用法律正确,应予维持。某省文物总店的上诉请求,理由均不成立,不予支持。依照《中华人民共和国民事诉讼法》第一百七十条第一款第(一)项的规定,判决:驳回上诉,维持原判。

【裁判解析】

本案的争议焦点是消费者权益保护中欺诈行为的认定和赔偿。

《最高人民法院关于贯彻执行〈中华人民共和国民法通则〉若干问题的意见》第六十八条规定:"一方当事人故意告知对方虚假情况,或者故意隐瞒真实情况,诱使对方当事人作出错误意思表示的,可以认定为欺诈行为。"

作为消费者权益保护法中的欺诈行为的构成要件应按照上述法律概念予以认定。首先,主观方面存在欺诈的故意,即明知自己的陈述是虚伪的,并会导致对方陷入错误认识,而希望或放纵结果的发生。是否"明知",法律进一步表述应该包括两个方面:知道或应当知道。本案中某省文物总店就涉案手镯开具的发票以及范某提供的谈话录音,已充分证实某省文物总店向范某售卖的商品是"翡翠手镯",现该手镯经双方共同委托鉴定后被确定为"石榴石质玉手镯",与某省文物总店在销售过程中所声称的商品品质存在显著差异,根据从事玉镯专卖的专业知识的基本要求,即使不是明知,也要求应当知道所销售商品的品质质量。现有证据证明范某要购买的是"翡翠手镯"，某省文物总店在庭审答辩中亦说明其所售商品就是"翡翠手镯"，因而足以推定某省文物店在应当知道销售的是"石榴石质玉手镯"，但希望范某主观上认可为"翡翠手镯"，并按照"翡翠手镯"的价格来购买"石榴石质玉手镯"。其次，某省文物总店实施了欺诈行为。保证玉镯的品质质量，是对某省文物总店的基本要求，其在不能保证商品品质的情况下进行的不符合真正品质的宣传和保证均应是欺诈消费者的行为，本案的交易结果亦能证明某省文物总店实施了欺诈行为，即在鉴定商品品质不符合的情况下，并没有按照诚实信用的要求补救自己的错误。再次，被欺诈人的错误认识与欺诈人的欺诈行为之间具有因果关系。本案中范某购买"石榴石质玉手镯"的错误认识正是由于某省文物总店将"石榴石质玉手镯"当成"翡翠手镯"予以销售的欺诈行为造成的，因果关系显而易见。最后，存在因错误而为意思表示。本案中范某因某省文物总店的欺诈行为而作出购买的意思表示。综上，法院认定某省文物总店构成欺诈是正确的。

关于某省文物总店主张谈话录音内容不完整、并认为其存在诱导和私自录音的问题。根据谈话录音内容，销售人员所作出的"翡翠就是玉镯"、"玉镯与翡翠玉镯没什么差别"、"通常玉镯没有其他的，就是指翡翠"等各项表述，含义清晰明确，并未反映任何受诱导欺骗的情形，而在公共场合对双方谈话内容进行录音没有违反法律禁止性规定，因此范某所提供的录音证据具有真实性、合法性和关联性，符合证据"三性"要求。关于发票内容更改的问题，只能证实某省文物总店是对出售商品名称、质地所作出的进一步确认。关于主张其出售玉镯属文物、具有较高收藏价值的问题，范某是以购买"翡翠手镯"作为交易目的，现经鉴定该手镯并非"翡翠"，则其交易目的不能实现，因此判决范某应于判决发生法律效力之日起十日内退还所购石榴石质玉手镯（单价17100元）1个给某省文物总店。某省文物总店提出的文物鉴定和价格评估申请，与本案法律责任的确定无必然关联。至于某省文物总店提出中国历史上将绿色玉石统称为"翡翠"的问题，在国家已对玉石名称做出规范化定义和管理的情况下，某省文物总店仍以历史称谓解读其售卖产品的品质，只能说明其仍不能正确认识自己本身存在不诚信的商业行为，因此法院依照《中华人民共和国消费者权益保护法》第五十五条第一款之规定，支持范某要求三倍赔偿51300元（17100元×3）的诉讼请求，正是对其不诚信经营行为的惩罚，以防止今后再次出现类似行为。

最后，诚实信用作为法律的帝王条款，规定在《中华人民共和国民法通则》第四条中，该条规定"民事活动应当遵循自愿、公平、等价有偿、诚实信用的原则"。诚实信用在司法领域具有衡平功能，诚实信用本身蕴含有道德伦理观念和公平精神，可以创造性平衡当事人之间和当事人与社会之间的利益冲突和矛盾。随着社会发展，新型案件越来越多，完全依靠具体规则管理社会事务犹如痴人说梦，而诚实信用正好可以有效进行弥补。法律不仅注重个人权利，还注重他人权利和社会利益，要求当事人在行使权利时，应兼顾对方当事人利益和社会一般利益，在不损害他人利益和社会利益的前提下，追求自己的利益。我国改革开放以来出现了一味追求利益、道德滑坡的现实状况，难以想象一个只关心自己的利益而不去关心他人和社会利益的民族和国家能长治久安，现实也迫切要求国人严格遵从诚实信用原则。如今党中央提出社会主义核心价值观，非常必要，其中诚实信用是市场经济的思想保障，是实现法治梦想的至高原则。从宏观上讲，诚实信用是民法领域的一项基本原则，从微观上讲，不能以损害他人利益和社会一般利益来谋取自己的私利。本案之所以采用惩罚性规定，旨在否定不诚实信用的行为，树立诚实信用的观念。

历史遗留的落实政策性质的房地产纠纷

——某展览馆与某博物馆房屋侵权纠纷案

【要点提示】

房屋侵权；人民法院受理民事诉讼案件的范围。

【基本案情】

20 世纪 60 年代，经某展览馆（本案原告）与某博物馆（本案被告）共同的主管部门某文化局指定，某博物馆开始使用某展览馆的库房存放文物。1979 年 5 月 23 日，某文化局、某事务管理局及某展览馆三方在财产交接时，确认某博物馆暂时占用的仓库、317 平方米简易展棚及 627 平方米土地等财产，均为向某展览馆借用的事实。此后某展览馆多次向某博物馆发函要求归还仓库，某博物馆复函承认借用财产。1987 年 4 月 24 日某事务管理局作出了《关于某展览馆要求收回某博物馆借用两栋仓库处理问题的意见》，明确某博物馆借用某展览馆财产的事实。

某展览馆认为某博物馆占有、使用其房屋等财产无法律依据，故向法院提起民事诉讼，请求某博物馆返还其侵占的财产。

一审法院经审理认为：某博物馆确实存在侵占某展览馆财产的事实，于是支持某展览馆的诉讼请求，判决某博物馆归还其侵占的某展览馆的财产。

一审判决后，某博物馆不服一审判决，向省高级人民法院提起上诉称：某博物馆与某展览馆原同属一个系统，隶属原文化局。某博物馆从 20 世纪六七十年代开始即使用争议房屋、土地，由此产生的纠纷是行政指令、体制变动引起的，属于历史遗留问题，不属于人民法院受理民事案件范围。故请求法院撤销原判，驳回上诉。

二审法院查明：自 20 世纪 60 年代经当时某展览馆与某博物馆双方共同

的主管部门文化局指定，某博物馆开始使用争议库房存放文物（标本）。后期虽然双方的主管部门发生了变化，但房屋使用情况并没有因此改变。虽然某展览馆自1979年开始就多次要求某博物馆返还占用的建筑物及土地，某事务管理局为此也于1987年4月24日向某省人民政府办公厅作出《关于某展览馆要求收回某博物馆借用两栋仓库处理问题的意见》，提出"某博物馆借用某展览馆的一栋平房仓库应无条件交回，至于某博物馆在某展览馆自建的二层楼仓库，可由某展览馆给某博物馆相应的回建费"的意见，但至某展览馆取得《土地使用权证》，并经过行政诉讼等程序，双方房屋纠纷仍未能解决。

二审法院认为：促使某博物馆多年占用某展览馆建筑物系早在上世纪双方共同主管部门某文化局的领导下形成的历史现状，由此产生的房地产纠纷属于历史遗留问题。《最高人民法院关于房地产案件受理问题的通知》第三条规定："凡不符合民事诉讼法、行政诉讼法有关起诉条件的属于历史遗留的落实政策性质的房地产纠纷，因行政指令而调整划拨、机构撤并分合等引起的房地产纠纷，因单位内部建房、分房等而引起的占房、腾房等房地产纠纷，均不属于人民法院主管工作的范围，当事人为此而提起的诉讼，人民法院应依法不予受理或驳回起诉，可告知其找有关部门申请解决"。据此，本案双方纠纷不属于人民法院受理民事案件的范围，应由行政部门处理。况且市人民政府于2007年12月28日作出了某府行决字〔2007〕4号《某展览馆与某博物馆土地权属纠纷处理决定书》，决定：双方争议1615.68平方米土地的使用权属申请人某展览馆，争议地上的房屋使用、搬迁事宜，由双方自行协商，或报省人民政府有关主管部门协调处理。该处理决定通过行政诉讼程序业已生效，据此，本案纠纷应通过行政途径予以解决。因此，二审法院依照最高人民法院《关于适用〈中华人民共和国民事诉讼法〉的解释》第三百三十条"人民法院依照第二审程序审理的案件，认为依法不应由人民法院受理的，可以由第二审人民法院直接裁定撤销原裁判，驳回起诉"之规定，裁定：一、撤销原审法院的民事判决；二、驳回某展览馆的起诉。

二审法院裁定后，某展览馆不服，向最高人民法院申请再审。最高人民法院经审理认为：本案纠纷应通过行政途径予以解决。某展览馆所诉不符合民事诉讼法的规定，二审裁定驳回其起诉并无不当。综上，某展览馆的再审申请不符合《中华人民共和国民事诉讼法》第二百条第二项、第六项规定的情形，依照《中华人民共和国民事诉讼法》第二百零四条第一款的规定，裁定：驳回某展览馆的再审申请。

【裁判解析】

本案的争议焦点是人民法院受理民事诉讼案件的范围。

《中华人民共和国民事诉讼法》第一百一十九条规定："起诉必须符合下列条件：（一）原告是与本案有直接利害关系的公民、法人和其他组织；（二）有明确的被告；（三）有具体的诉讼请求和事实、理由；（四）属于人民法院受理民事诉讼的范围和受诉人民法院管辖。"

一审人民法院依据本条规定，认定本案原告某展览馆是与本案有直接利害关系的其他组织，本案被告某博物馆是明确的主体，某展览馆请求某博物馆返还财产这一诉讼请求具体而明确且有相关的事实与法律依据，某展览馆与某博物馆之间系平等的民事主体关系，因此，一审法院选择受理原告某展览馆的起诉，并依据相关证据判决支持原告的诉讼请求。

但是，对于某一诉讼，人民法院是否有权受理，不仅需要考虑当事人是否适格，更需要考虑纠纷性质是否属于人民法院受理民事诉讼的范围。《中华人民共和国民事诉讼法》第一百二十四条第三款规定："依照法律规定，应当由其他机关处理的争议，告知原告向有关机关申请解决。"也就是说，对于应由其他机关处理的争议，法院不应当受理，应告知原告向有关机关申请解决，或者即使受理，也应裁定驳回起诉。

《最高人民法院关于房地产案件受理问题的通知》第三条规定："凡不符合民事诉讼法、行政诉讼法有关起诉条件的属于历史遗留的落实政策性质的房地产纠纷，因行政指令而调整划拨、机构撤并分合等引起的房地产纠纷，因单位内部建房、分房等而引起的占房、腾房等房地产纠纷，均不属于人民法院主管工作的范围，当事人为此而提起的诉讼，人民法院应依法不予受理或驳回起诉，可告知其找有关部门申请解决。"本案中，某展览馆与某博物馆之间虽系平等主体之间的民事纠纷，某展览馆提供的证据亦能证明某博物馆借用建筑物及占用土地的事实，但是此纠纷并不属于人民法院受理民事诉讼的范围。究其原因，某博物馆占用某展览馆之建筑物及土地源于二者在20世纪的共同主管部门文化局的指定，后期双方的主管部门虽然发生变化，但某博物馆对某展览馆之建筑物及土地的占用情况并未发生变化，至某展览馆取得《土地使用权证》时双方房屋争议纠纷仍未能解决。因此，某博物馆占用某展览馆建筑物及土地这一房地产纠纷属于落实政策性质的历史遗留问题。对于历史遗留问题，不属于人民法院主管工作的范围，当事人为此而提起的诉讼，人民法院应依法不予受理或驳回起诉，可告知其找有关部门申请解决。因此，二审法院依据法律规定，认定该案不应由人民法院受理，裁定撤销一审判决，驳回了原告的起诉。再审法院也据此驳回了某展览馆的再审申请。

公共场所管理人的安全保障义务

——蒋甲某等与某园林文物名胜区
管理处等一般人格权纠纷案

【要点提示】

公共场所管理人安全保障义务；侵权责任的举证责任分担。

【基本案情】

2009 年 8 月 14 日上午，死者蒋某某至某园林文物名胜区管理处（本案被告，以下简称公园管理处）晨练，遇公园监察队员与在公园晨练的其他人员在阿炳墓入口平台处发生纠纷，蒋某某前去围观，监察队员与纠纷人员离开平台往秀璋门方向行至小桥处时，蒋某某在平台上突然倒地，公园监察人员听到围观群众呼喊后即回到蒋某某身边，并与值班室联系报 110、120。公安 110 接警后至现场并交由某市公安局某派出所处理。蒋某某发病约 10 分钟后 120 到达现场，因发现其心跳呼吸停止，予电除颤 330J、360J 各一次及胸外心脏按压，经口气管插管等心肺复苏治疗约 30 分钟后，送市第四人民医院抢救，入院诊断为：一、急性前壁心肌梗死；二、心肺复苏术后；三、高血压病 3 级（极高危）。2009 年 8 月 18 日，家属主动要求出院，出院诊断为：一、急性前壁心肌梗死；二、心肺复苏术后；三、高血压病 3 级（极高危）；四、右下肢栓塞。出院当天蒋某某于家中死亡。

秦某某与蒋某某系夫妻关系，双方共生育子女二人，即蒋甲某、蒋乙某。秦某某、蒋甲某、蒋乙某（本案三原告）认为蒋某某的死亡与公园管理不力及其工作人员的不作为存在一定联系，故诉至法院要求被告某公园管理处赔偿医疗费、丧葬费、死亡赔偿金、被抚养人生活费、精神损害抚慰金，合计

272700 元中的 60%，即 163620 元。

一审法院认为：当事人对自己提出的主张，有责任提供证据。秦某某、蒋甲某、蒋乙某主张蒋某某倒地晕倒系遇公园保安与游客发生争吵上前劝架过程中被碰倒所致，但其提供的证据不足以证明该主张，而某公园管理处对该事实亦不予认可，且公安机关在调查处理该纠纷的过程中也未查明确认上述事实，故无法认定蒋某某倒地受伤与公园管理人员行为相关。蒋某某既往有高血压病史二十余年，其高血压病 3 级，已属极高危，入院诊断为急性前壁心肌梗死，头颅 CT：左侧小脑及双侧基地节区脑梗塞，部分陈旧性（临时报告），未记录有外伤，现有证据无法证明其死亡与其倒地受伤之间存在关联性。某公园通过国家 AAAA 级景区认证，具有 AAAA 级相应的规章制度，其并非专业医疗机构，其安全保障设施及医疗设施应与其可能存在的危险性和风景区性质相适应。蒋某某因急性前壁心肌梗死而倒地，其病情之重，需由专业医疗机构予以救治，事发后，公园监察人员立刻到其身边，并及时与值班室联系报 110、120，蒋某某发病约 10 分钟后 120 即到达现场并实施抢救，公园尽到了作为公园管理者的责任。为此，依照《中华人民共和国民法通则》第九十八条、《最高人民法院关于审理人身损害赔偿案件适用法律若干问题的解释》第六条第一款之规定，判决：驳回蒋甲某、蒋乙某、秦某某的诉讼请求。一审案件受理费 1300 元，由蒋甲某、蒋乙某、秦某某负担。

一审判决后，三原告不服，向市中级人民法院提起上诉。诉称：一、蒋某某在公园晨练时遇到某公园管理处的保安与游客争执，其上前劝架，因激动和被人碰倒在地而诱发疾病并造成死亡结果，某公园管理处对保安疏于教育管理与蒋某某的死亡后果存在因果关系。二、蒋某某倒地后，某公园管理处也未按照国家 AAAA 级景区的医疗应急措施标准尽到及时救助义务。因此，上诉人请求二审法院撤销原判，依法改判支持其原审的诉讼请求。

除一审法院已查明事实外，二审另查明：陈乙某（死者蒋某某的朋友）向派出所陈述蒋某某与监察人员未发生直接冲突的事实经过，部分证人还证实监察人员在得知蒋某某倒地后立即放开纠纷游客赶至蒋某某倒地现场。并且，陈乙某明确其在事发前曾提醒过蒋某某当心高血压，但蒋某某还是坚持去看热闹。

二审法院经审理后认为：被上诉人某公园管理处不构成对蒋某某的侵权，并且被上诉人某公园管理处已尽到必要的安全保障义务。原审判决认定事实及适用法律并无不当，判决结果可予维持。依照《中华人民共和国民事诉讼法》第一百五十三条第一款第（一）项的规定，判决：驳回上诉，维持原判。

【裁判解析】

本案的争议焦点包括以下两点：

一、某公园管理处是否构成对蒋某某的侵权

本案原告向法院提起的诉讼是一般人格权侵权之诉，本案侵权责任适用的是过错责任归责原则。在此原则下，赔偿权利人向侵权行为人提出侵权之诉，应当承担举证责任，否则，将根据《最高人民法院关于民事诉讼证据的若干规定》第五条第二款关于"没有证据或者证据不足以证明当事人的事实主张的，由负有举证责任的当事人承担不利后果"的规定，承担不利的后果。具体而言，本案原告需举证证明以下四点：一是被告实施了违法加害行为；二是受害人蒋某某遭受了可救济的损害；三是被告的加害行为与蒋某某所受的损害之间有因果关系；四是被告对损害的发生具有过错。

本案中，首先，根据相关证人的证言可知，某公园管理处工作人员在实施管理行为过程中，并未对蒋某某采取过任何肢体或口头的措施，因此并不存在侵权行为。其次，因蒋某某在事发时已73岁高龄，系长期的高血压（3级、极高危）患者，且据医院诊断，其症状系急性前壁心肌梗死，故蒋某某死亡的直接原因系自身疾病导致，与被告的管理行为之间无因果关系。最后，虽然某公园管理处采取的管理措施可能为引发蒋某某自身疾病的诱因之一，但蒋某某本人并非本次管理行为的被管理人，且在身患较为严重高血压的情况下不顾朋友劝阻仍积极参与围观，其对可能引发的自身危险应当推定为明知。而某公园管理处对蒋某某个人的特殊健康状况并不知晓，其针对第三人实施的管理行为对蒋某某而言并不存在主观上的故意或者过失。因此，上诉人认为某公园管理处的管理行为具有过错，并应当承担侵权责任，无事实与法律依据。

二、某公园管理处是否尽到安全保障义务

《中华人民共和国侵权责任法》第三十七条第一款规定："宾馆、商场、银行、车站、娱乐场所等公共场所的管理人或者群众性活动的组织者，未尽到安全保障义务，造成他人损害的，应当承担侵权责任。"这是关于公共场所管理人违反安全保障义务的责任的规定。《最高人民法院关于审理人身损害赔偿案件适用法律若干问题的解释》第六条第一款也对这一责任作出了如下规定："从事住宿、餐饮、娱乐等经营活动或者其他社会活动的自然人、法人、其他组织，未尽合理限度范围内的安全保障义务致使他人遭受人身损害，赔偿权利人请求其承担相应赔偿责任的，人民法院应予支持。"依据以上规定，公共场所管理人承担侵权责任的前提是其未尽到"合理限度范围内的安全保障义务"。关于何为"合理限度范围内的安全保障义务"，我国法律并无明确规定。人民法院在没有法定标准时，应当遵循诚实信用、公序良俗及权利义务一致等民事法律的基本准则，对双方的利益进行衡量，从而在个案中合理把握安全保障义务的尺度。

本案中，某公园管理处系公园管理者，应当对游客承担安全保障义务。但作为公益性质的单位，其免费向老年人开放锻炼场所，所涉安全保障义务不仅应当与可能存在的危险性和风景区的性质相适应，还应当与其提供非营利性的服务相适应，不宜作过高要求。首先，某公园管理处为保障大多数游客享有宁静、美观的游园环境，对辖区内的游园秩序履行管理职责时，游客有给予协助与配合的义务。其次，部分身患疾病的游客与普通游客一样，当然享有从事户外运动的权利，但应当参与力所能及、符合自身健康状况的活动，必要时应当有家人看护，对于可能引发疾病恶化的活动应当极力避免。由于某公园管理处对蒋某某个人的特殊健康状况并不明知，而蒋某某在身患3级高血压的情况下仍积极围观，故在蒋某某病发前某公园管理处并不能有效予以防止或者制止。而且，被告某公园管理处在事发后立即停止了针对第三人的管理行为并到蒋某某身边陪伴，同时及时与值班室联系，蒋某某发病约10分钟后120即到达现场并实施抢救。因此，可以认定被告某公园管理处确已尽到了对于蒋某某在合理限度范围内的安全保障义务。

雇佣活动中的人身损害侵权

——孔某与某考古研究所提供劳务受害责任纠纷案

【要点提示】

雇佣关系；人身损害侵权的判定。

【基本案情】

2011 年 10 月，孔某（本案原告）到某考古研究所（本案被告）位于申东遗址考古工地工作。2012 年 8 月 1 日上午 7 点左右，在考古工地现场探方 T1018 处，现场负责人罗某就如何做坑边向孔某提出要求，孔某与罗某争论为何把民工调走。之后罗某向探方 T1019 东南部走去。T1019 探方负责人王某正好在该探方东南角坐着，说了一句话，"老孔就是个大甩手。"孔某听到后质问，关你什么事。随后，王某跳入探方 T1018 内将孔某向前推了一把，孔某当即摔倒在地，同时一只脚踩入一个柱洞。事后，由工地负责人罗某和工友孙某、技工齐某一道将孔某扶起后送往市中心医院门诊部，并办理了住院手续，罗某垫付了 3000 元钱。2012 年 8 月 5 日，孔某入住医科大学第一附属医院，诊断为股骨颈骨骨折右侧，2012 年 8 月 28 日出院，花费 14247.6 元，出院建议：注意休息、适量活动、加强营养，二年内避免重体力劳动，2 个月一次定期来院复查。孔某经中金司法鉴定中心鉴定为伤残等级九级（参照劳动能力鉴定职工工伤与职业病致残等级的规定），误工时间 365 天（参照人身损害受伤人员误工损失日评定准则）。经某大学鉴定中心鉴定，孔某行内折闭合复位内固定术，后续择期取出骨折内固定物，并行右髋关节功能恢复性辅助治疗，需后续治疗费 10000 元。孔某两次鉴定分别支出鉴定费 1500 元、700 元，合计 2200 元。某考古研究所为孔某垫付了一定的费用。

2014 年 5 月 13 日，孔某起诉至法院，请求判令：某考古研究所赔偿孔某医疗费 1000 元、误工费 36000 元、护理费 6000 元、营养费 2000 元、住院伙食补助费 690 元、精神损失费 17700 元、交通费 3000 元、伤残赔偿金 26012 元、后期治疗费 10000 元、鉴定费 2300 元，合计 104702 元。

一审法院经审理查明：孔某于 2011 年 10 月到某考古研究所位于申东遗址考古工地工作，每天 100 元劳务报酬，双方未签订书面协议。

一审法院认为：孔某在某考古研究所的申东遗址考古工地工作，尽管未签订书面协议，但与某考古研究所形成劳务关系。但是，分析本案已经查明的案情可以得知，孔某受伤是由于王某对孔某有个人成见，动手推搡导致孔某受伤，并非孔某与王某为工作安排和工作事务发生争执导致的，此与雇佣活动中履行职务行为没有直接关联性。故无法认定孔某是在从事雇佣活动中受伤，故其要求某考古研究所承担作为雇主责任没有法律依据。综上，依照《最高人民法院关于审理人身损害赔偿案件适用法律若干问题的解释》第九条、第十一条之规定，判决：驳回孔某的诉讼请求。

一审宣判后，孔某不服一审判决，向市中级人民法院提起上诉，请求撤销原判，改判支持孔某的全部诉讼请求。

某考古研究所二审答辩称：一、孔某是因与他人发生矛盾被推搡倒地受伤，与履行工作职责毫无关系。二、孔某并非是从事雇佣活动中遭受人身损害。首先，事发当天，孔某工作期间不服从管理。其次，孔某受伤是因为其与王某的个人恩怨引起，无论是王某还是孔某，均与履行职责毫无关系。最后，某考古研究所对本次事故的发生没有过错，客观上也未实施侵害行为，故无须承担侵权责任。三、孔某受伤后，某考古研究所的工作人员出于人道主义，为孔某暂时垫付手术费、医疗费合计 21759 元，尚未进行结算。请求驳回上诉，维持原判。

二审法院经审理后认为：孔某并非因雇佣活动而遭受人身损害，故原审法院判决某考古研究所不承担赔偿责任并无不当。据此，2015 年 3 月 20 日，二审法院依照《中华人民共和国民事诉讼法》第一百七十条第一款第（一）项之规定，判决：驳回上诉，维持原判。

【裁判解析】

本案的争议焦点是孔某是否是在从事雇佣活动中受伤。

《最高人民法院关于审理人身损害赔偿案件适用法律若干问题的解释》第

十一条第一款规定："雇员在从事雇佣活动中遭受人身损害，雇主应当承担赔偿责任。雇佣关系以外的第三人造成雇员人身损害的，赔偿权利人可以请求第三人承担赔偿责任，也可以请求雇主承担赔偿责任。雇主承担赔偿责任后，可以向第三人追偿。"根据该规定，雇员遭受人身损害时，雇主承担赔偿责任的前提是雇员是在"从事雇佣活动中"受伤。《最高人民法院关于审理人身损害赔偿案件适用法律若干问题的解释》第九条第二款规定："前款所称'从事雇佣活动'，是指从事雇主授权或者指示范围内的生产经营活动或者其他劳务活动。雇员的行为超出授权范围，但其表现形式是履行职务或者与履行职务有内在联系的，应当认定为'从事雇佣活动'。"据此可知，从事雇佣活动总的来说可以分为两种情形，一是从事雇主授权或者指示范围内的生产经营活动或者其他劳务活动；二是从事超出授权范围，但表现形式是履行职务或与履行职务有内在联系的活动。

　　本案中，孔某确实是在某考古研究所指定的工作时间以及工作场所遭受人身损害，从表面上看，其貌似是在"从事雇佣活动"中受伤，但若要具体准确的进行判定，必须考虑上述两种从事雇佣活动的情形。本案中，孔某受伤的经过是孔某在工作中与罗某就调整人员发生争论，随后罗某走开，在另一边探方的王某说了一句评论孔某的话，引起孔某质问，王某随后动手推倒孔某使孔某摔倒在地，一只脚踩入柱洞，导致孔某股骨颈骨骨折。由此可以看出，孔某受伤是由于王某对孔某有个人成见，动手推搡所致。显然，孔某与王某之间的活动并不是雇主授权或者指示范围内的生产经营活动或者其他劳务活动，与履行职务也没有内在联系。虽然孔某所受人身损害与其所从事的雇佣活动存在一定关联性，但其受伤根本原因还是与王某的口角，并非因从事雇佣活动本身所致，因此无法认定孔某是在从事雇佣活动中受伤。据此，一审、二审法院的认定和判决都完全符合我国法律的规定。

　　那么，本案的原告孔某在被驳回诉讼请求后，应当如何正确维护自己的权益呢？笔者认为，孔某应当首先请求医院判定所受的伤是否属于法律上的轻伤或以上的情形，若是，则表明王某有可能构成故意伤害罪，此时孔某可以向公安机关报案，请求公安机关进行刑事立案侦查。同时无论孔某所受的伤是否属于轻伤及以上的情形，其都可以以王某为被告向人民法院提起人身损害侵权之诉，以维护自己的合法权益。

　　对于"从事雇佣活动"的判定是人民法院在审判过程中经常会遇到的一

个问题，也是普通雇员为更好地维护自身或他人的合法权益而应当认真掌握的法律知识，为此，建议掌握《工伤保险条例》第十四条的内容，该条规定："职工有下列情形之一的，应当认定为工伤：（一）在工作时间和工作场所内，因工作原因受到事故伤害的；（二）工作时间前后在工作场所内，从事与工作有关的预备性或者收尾性工作受到事故伤害的；（三）在工作时间和工作场所内，因履行工作职责受到暴力等意外伤害的；（四）患职业病的；（五）因工外出期间，由于工作原因受到伤害或者发生事故下落不明的；（六）在上下班途中，受到非本人主要责任的交通事故或者城市轨道交通、客运轮渡、火车事故伤害的；（七）法律、行政法规规定应当认定为工伤的其他情形。"

文博单位经营活动安全保障义务产生的责任

——马某与某县文物旅游管理局、某县文物旅游管理局云梦山管理处、呼某、郭某人身损害赔偿纠纷案

【要点提示】

安全保障义务人；法律责任。

【基本案情】

2002 年 12 月 15 日下午，郭某驾驶自己拉石料的机动三轮车在云梦山景区 "映瑞门" 里侧的山路上将下山的游客马某撞伤，造成马某双下肢多处骨折、左腿膝关节以下截肢的严重后果。经司法鉴定，马某双下肢多发性粉碎性骨折及软组织损伤、左小腿部分缺失，被评定为六级伤残。事故发生后，郭某逃逸。某县文物旅游管理局（以下简称旅游局）给付马某 16000 元。

马某认为，旅游局、某县文物旅游管理局云梦山管理处（以下简称云梦山管理处）作为管理者在景区内从事对周围环境有高度危险的作业，事故的隐患是可以预见的，但二者未尽到安全注意义务，未采取确保游客人身安全的措施，是造成其伤害的主要原因且损失重大。遂向法院起诉，要求判令旅游局、云梦山管理处赔偿医疗费、误工费等各项费用（扣除旅游局已支付的 16000 元）共计 441715.08 元。

被告旅游局辩称：旅游局不应承担赔偿责任。被告云梦山管理处辩称：云梦山管理处是旅游局的下属机构，其对外的权利义务皆由旅游局承担，其不应承担赔偿责任。

一审法院认为：郭某驾驶拉石料的机动三轮车在云梦山景区内将马某撞伤，造成马某六级伤残。依照《中华人民共和国民法通则》第一百一十九条之规定，马某在云梦山景区遭受人身损害，郭某作为直接致害人应承担民事

赔偿责任。云梦山管理处作为景区的经营管理者，明知景区内正在施工，对进入景区的游客未尽到安全、保障义务，对造成马某的损害，具有一定的过错，应在其安全注意义务的范围内承担补充赔偿责任。由于云梦山管理处系旅游局下属机构，其权利义务应由旅游局承担，故云梦山管理处的过错责任应由旅游局承担。郭某为云梦山景区拉石料，不能证明为呼某施工的工地运料而受雇于呼某，故呼某对郭某造成马某损伤的后果不承担责任。郭某作为直接致害人应对马某的全部损失承担赔偿责任。庭审中，马某不要求致害人郭某承担赔偿责任，不违反法律规定，予以确认。旅游局未尽安全保障义务，应在其过错程度范围内对马某的损失承担补充赔偿责任，综合本案情况，以承担总损失的40%为宜。旅游局在承担赔偿责任后，可以向郭某追偿。马某要求旅游局给付精神损害抚慰金，因旅游局不是马某受伤的直接致害人，不予支持。综上，一审法院判决：一、旅游局于本判决生效后三日内赔偿马某各项损失124479.15元；二、驳回马某的其他诉讼请求。

马某不服一审判决，上诉至二审法院。二审法院认为：云梦山管理处应对马某的经济损失承担70%的补偿赔偿责任。判决：一、撤销一审民事判决；二、旅游局于判决生效后十日内赔偿马某各项经济损失229838.51元；三、驳回马某的其他诉讼请求。

马某不服二审判决，申请再审称：一、二审民事判决适用法律错误，本案属物件致人损害，应适用《中华人民共和国民法通则》第一百二十六条，由被申请人承担全部赔偿责任；二、50000元精神抚慰金理应受法律保护；三、误工费、护理费、应按照城镇居民标准计算。请求撤销二审民事判决，改判被申请人赔偿申请人经济损失599836.10元。诉讼费10580元由被申请人承担。

再审法院审查后认为：申请再审人马某的申请再审理由不能成立，不应予以支持，该院二审民事判决事实清楚、处理适当，应予以维持。经该院审判委员会讨论决定，依照《中华人民共和国民事诉讼法》第一百八十六条第一款、第一百五十三条第一款的规定，判决：维持该院二审民事判决。

【裁判解析】

本案的争议焦点是经营活动安全保障义务产生的责任。

《最高人民法院关于审理人身损害赔偿案件适用法律若干问题的解释》第

六条规定："从事住宿、餐饮娱乐等经营活动或者其他社会活动的自然人、法人、其他组织，未尽合理限度范围内的安全保障义务致使他人遭受人身损害，赔偿权利人请求其承担相应赔偿责任的，人民法院应予支持。因第三人侵权导致损害结果发生的，由实施侵权行为的第三人承担赔偿责任。安全保障义务人有过错的，应当在其能够防止或者制止损害的范围内承担相应的补充赔偿责任。安全保障义务人承担责任后，可以向第三人追偿。赔偿权利人起诉安全保障义务人的，应当将第三人作为共同被告，但第三人不能确定的除外。"本案涉案事故与最高人民法院的规定前提条件完全吻合，应该按照最高人民法院的规定认定责任并划分比例。

　　本案中，云梦山管理处作为娱乐经营场所管理机构，对游客负有合理限度范围内的安全保障义务。云梦山管理处组织景区内施工，未将建设施工区域与游客通行区域分离开，未对景区内施工人员及施工车辆进行安全管理，造成游客马某被施工车辆撞伤，具有明显过错，赔偿权利人请求其承担相应赔偿责任，法院应予支持，故一审法院根据过错度认定其承担40%的责任，二审法院认定过错明显承担主要责任70%。就本案而言，游客购买云梦山管理处的门票进入景区，景区任何管理的疏忽对游客的潜在危险都是很大的，云梦山管理处本次管理的过错是明显的，承担主要责任是妥当的。经一审法院审核，马某因伤所遭受医疗费、误工费等经济损失共计351197.87元，旅游局、马某对此均无异议。郭某作为直接致害人应承担赔偿责任。云梦山管理处作为云梦山景区的经营管理者，对进入景区的游客未尽到安全保障义务，应当在其能够防止或者制止损害的范围内承担相应的补充赔偿责任。因云梦山管理处系旅游局的下属机构，不具有独立法人地位，故应由其上级机关承担责任，其权利义务应由旅游局承担。旅游局承担补充赔偿责任后，可向直接致害人郭某追偿。马某要求给付精神抚慰金，因旅游局属于安全保障义务人，不是马某受伤的直接致害人，马某未要求直接致害人承担赔偿责任，因此法院不予支持。

　　如何理解补充赔偿责任，涉及民事责任类型的规定。民事责任包括连带责任、按份责任、共同责任和补充责任，理论上还存在不真正连带责任。本案中的补充赔偿责任应属于补充责任范畴，补充责任的最大特点就是数个债务人承担责任存在着先后顺序，典型的补充责任是一般保证，即为防止债务人出现债务危机损害债权人利益，债权人往往要求债务人提供担保，其中一般保证是人的保证，在债务人不能清偿债务时才承担责任。本案中法院判决旅游局承担补充赔偿责任，也应该是直接侵权人不能清偿债务时才承担赔偿责任，所以法律规定赔偿权利人起诉安全保障义务人的，应当将第三人作为共同被告，只有一种例外即第三人不能确定的除外。庭审中，马某未要求致害人郭某承担赔偿责任，但法律之所以规定追偿权，还是认定了数个债务人之间存在着终局责任人，在本案中即郭某，对终局责任者放弃请求，笔者认为值得商榷。

损害赔偿

——张某与某公司、某博物馆等
财产损害赔偿纠纷案

【要点提示】

损害赔偿范围；责任承担主体。

【基本案情】

张某（本案原告）的房屋位于某市碑林区东木头市 86 号院，面积为 29.39 平方米，与某博物馆（本案被告）东西相邻。2010 年 3 月 5 日上午 7 时许，包括张某在内的 22 户居民发现其房屋墙体开裂、地基下沉，张某及时向其社区和某博物馆反映了发生的情况。10 时许，部分房屋开始倒塌，社区及时疏散了居民，并在查明是因自来水管道漏水造成后，及时通知某公司对该区域进行了停水。3 月 15 日，某建筑科技大学（构）筑物检测鉴定站受三学街社区委托，出具沉陷原因调查及危房鉴定报告称："某博物馆活动板房下方 150mm 上水管断裂，大量自来水渗入地基，是造成此次太平巷 82、86、88 号院，安居巷 37 号两间房屋以及某博物馆板房地基沉陷的主要原因。关于房屋的受损情况，鉴定报告对张某等 22 户居民的房屋受损情况进行了危险性鉴定，评级分为 A、B、C、D 四个等级，并建议，对部分房屋拆除重建、部分房屋加固、部分房屋进行维修，张某的房屋需加固。"2010 年 4 月 13 日，柏树林街道办事处三学街社区与联合建筑工程公司签订《拆房清运垃圾合同》，约定对 86 号、88 号 D 级危房拆除费用为每平方米 80 元，垃圾清运费为每平方米 80 元。2010 年 6 月 21 日，柏树林街道办事处三学街社区与联合建筑工程公司签订《房屋翻建合同》，约定施工价为每平方米 850 元等。2010 年 7 月 15 日，柏树林街道办事处三学街社区与圣天建筑工程科技有限公司签订《民宅局部加固工程施工合同》，约定加固费为每平方米 600 元。上述合同签订后，两家公司按照合同约定对施工现场进行了拆除、垃圾清运、翻建和加固工程。

2010 年 7 月，张某诉至法院称：某博物馆临时活动板房的地下上水管破裂发生泄漏，致使其房屋地基下陷造成损失。某博物馆系该水管破裂的直接责任人，某公司（本案被告）对给水管网负有管理修缮的义务，因此二者对其损失应当承担连带赔偿责任。故其提起诉讼，请求判令：一、某公司和某博物馆承担侵权责任，赔偿其房屋毁损加固、安置、鉴定、安保、租金等财产损失共计 30885.951 元；二、诉讼费由某公司和某博物馆承担。

某博物馆辩称：因水管破裂所产生的一切损失应由某公司承担。1989 年 4 月，其单位水管线已迁至柏树林街 48 号，原用水管线即停用，某公司将该处水表拆走并对该处的消防用水管道一并进行了铅封。其已与原用水管线无任何权利义务关系，现该处水管断裂，其也为受害人，不应承担责任，某公司应当承担全部责任。

某公司辩称：发生断裂的管道位于经明确约定的某博物馆享有产权并负责养护的一侧，且管道断裂的直接原因系由某博物馆造成。因此，责任应由某博物馆承担。

一审法院查明：发生断裂的自来水管道位于某博物馆的院落内活动板房地下。某博物馆与某公司曾于 1981 年签订协议书，就本案断裂管道的权属作了界定，根据该协议约定，本案断裂管道在某博物馆负责养护维修的范围内。1989 年，某公司与某博物馆就划分自来水管线产权维修等责任又签订协议。协议签订后．某公司对 1981 年协议书中约定的自来水管道进行了铅封，某公司对此水路未再收取某博物馆税费。2009 年，某公司以水表长期不用为由，将 1981 年所签订的协议书中约定的水表拆除，某博物馆未到某公司办理销户手续。庭审中某公司认为管道破裂是某博物馆 2008 年在其院内盖的活动板房的压力所致，但对此主张，某公司未提出鉴定申请。此外，事故发生后，某公司曾为此次事故分两次共支付了柏树林街道办事处 50 万元。此外，某博物馆确自建有 400 立方米的消防蓄水池一座。

一审法院经审理认为：由于原告未能对其租金损失提供证据证明，因此不予支持这一诉讼请求。某公司和某博物馆对本案损失均存在过错，依各自的过错程度应由某公司和某博物馆对张某的损失分别承担 70%、30%

的赔偿责任。某公司承担赔偿责任时，其已支付的 50 万元应予扣除。综上所述，依照《中华人民共和国民法通则》第五条、第一百三十四条之规定，判决：一、被告某博物馆于本判决生效之日起十日内赔偿原告张某房屋加固费用、安保费、鉴定费、共计 6308.3 元。二、被告某公司于本判决生效之日起十日内赔偿原告张某房屋加固费用、安保费、鉴定费、共计 6244.087 元。三、驳回原告张某的其他诉讼请求。

一审宣判后，某公司和某博物馆均不服上述判决，提起上诉。

二审法院经审理认为：原审判决正确，应予维持。依照《中华人民共和国民事诉讼法》第一百五十三条第一款第（一）项之规定，判决：驳回上诉，维持原判。

【裁判解析】

本案的争议焦点有以下两点：

一、本案被告的赔偿范围

《中华人民共和国民法通则》第五条规定："公民、法人的合法的民事权益受法律保护，任何组织和个人不得侵犯。"第一百三十四条第一款规定："承担民事责任的方式主要有：（一）停止侵害；（二）排除妨碍；（三）消除危险；（四）返还财产；（五）恢复原状；（六）修理、重作、更换；（七）赔偿损失；（八）支付违约金；（九）消除影响、恢复名誉；（十）赔礼道歉。"本案中，张某的房屋因被告的自来水管道漏水致损，请求被告以加固房屋和赔偿损失的方式承担民事责任，于法有据，依法应予支持，但具体赔偿数额应分别确定。

在本案庭审过程中，因某公司和某博物馆对张某要求赔偿的房屋加固费用予以认可，故法院对张某要求赔偿上述费用的诉讼请求予以支持，加固费用的计算方法为张某的房屋面积 29.39 平方米乘以加固单价 600 元每平方米，总计 17634 元。对于张某要求赔偿其安保费 251.38 元、鉴定费 3141.29 元、临时安置费 2000 元的诉讼请求，某公司和某博物馆虽不予认可，但因张某提供有证据证明该费用的支出，某公司和某博物馆又未能提供相反证据否定张某主张的该费用支出或支出虚高之事实，故法院对张某主张的安保费、鉴定费、临时安置费的诉讼请求亦予以支持。对于张某要求赔偿其租金损失 2000 元的诉讼请求，某公司和某博物馆不予认可，张某未能提供充分证据证明其存在该项损失的事实，故法院对张某此项诉讼请求不予支持。根据张某的房屋面积，依据协商的计算标准及相关合同约定，确定的各项费用明细如下：房屋加固费用 17634 元、安保费 251.38 元、鉴定费 3141.29 元、临时安置费 2000 元，合计为 23026.67 元。

二、损失的责任承担主体

本案是因管道断裂而给张某造成的损害，因此本案的关键点是该断裂管道是谁的，该管道归谁所有，谁对自己的物疏于管理造成了张某的损害结果。因 1955 年某公司从某博物馆北边给博物馆铺设进水管道，至 1981 年 4 月 10 日，双方就迁移水表后管道维修及财产问题达成的协议，断裂的管道一直属某博物馆所有，1989 年 4 月 22 日，双方就划分自来水管线产权维修等责任又签订协议，此份协议是某博物馆因地理环境条件限制等种种原因提出要改迁管线和水表、某公司考虑到某博物馆的具体困难和要求达成的。协议签订后，某博物馆开了自来水进水管道新户，某公司对 1981 年协议书约定的自来水管进行了铅封，也一直未收取某博物馆该管线的水费。2009 年 12 月 6 日，某公司又以某博物馆水表长期不用为由将该水表拆除。以上事实充分说明 1989 年签订的协议实际取代了原 1981 年协议约定的内容。某博物馆虽未办理销户手续，但某公司拆除该水路水表的行为已经证明该断裂管道所属的水路自 1989 年协议签订后就已经废弃。既然从某博物馆北边引进的进水管道已废弃，某公司就应该对某博物馆北边进水口的水路停止供水，但某公司仍向废弃的管道继续供水，成为造成水管断裂的直接原因，因此某公司是造成本案事故的责任人，应承担张某损失的主要赔偿责任。某公司不能仅仅以某博物馆未办理北边水道销户手续为由认为该断裂管道为某博物馆所有。对于某公司认为某博物馆应有双路供水管道，该断裂管道是某博物馆消防管道的说法，因某博物馆已建有消防水池，并通过了消防验收，同时综合考虑两份协议的签订时间及内容，法院对某公司此说法不予采信。此外，因某博物馆未按规定及时办理 1981 年协议约定的水路管道销户手续，对本次事故的发生亦有过错，亦应承担相应的赔偿责任。法院根据某公司和某博物馆的过错程度，自由裁量，确定应由某公司和某博物馆对张某的损失分别承担 70%、30% 的赔偿责任，于法有据，合情合理。

文物捐赠的证据

——杨甲等与某市文物馆返还原物纠纷案

【要点提示】

文物捐赠；民事证据的证明力。

【基本案情】

杨甲、杨乙、杨丙（本案三原告）系杨某（于 1991 年间亡故）、余某（已亡故）夫妻之子。杨某原有祖传的明弘治年间勅（圣旨）二件，在"文革"期间被查抄，后由原某县文物馆接收。1985 年间，根据上级机关的相关规定，某县委、县政府成立"文革"期间查抄物品处理办公室，对"文革"期间的查抄物品由物主予以认领返还，并对相关物品予以公开展示，上述二件明弘治勅未予认领，作了捐献处理，由被告予以收藏。现被告保留的接收物品清单中编号为 88、89 号的二件弘治勅备考栏中注明"已捐献"。2003 年12 月出版的《某市志》第 1455 页中记载："勅明弘治十七年（1504）。1970年文清小组征集。"原告杨甲在 2004 年间看到了上述记载，得知祖传的二件明弘治勅在"文革"期间被查抄后存于被告处，于 2009 年间去信被告，要求被告予以返还包括本案诉争物品在内相关物品，被告复函原告杨甲，认为上述二件明弘治勅已由杨某在 1985 年间自愿捐献给某市文物馆收藏保管，不能退还。同时原告进行了信访，某市文化广电新闻出版局也就此作出答复及情况说明，确认杨某已将上述二件明弘治勅捐献。

2013 年 5 月 3 日，原告向法院起诉称：三原告的父亲杨某及母亲余某已亡故，杨某的其他继承人均已声明放弃本案所涉的继承权。2004 年，原告杨甲发现在 2003 年 12 月出版的《某市志》第 1455 页记载：勅明弘治十七年（1504）。1970 年文清小组征集。得知祖传的二件明弘治勅在"文革"期间被查抄后存于被告处。原告即向被告核实，并多次要求被告返还。被告却借口原告父亲杨某曾对该二件明弘治勅作自愿捐献，拒不返还。请求法院判决：被告立即返还二件明弘治勅。

被告某市文物馆辩称：原告诉称的明弘治勅系"文革"期间的查抄品，已由杨某自愿捐赠给某市文物馆。原某县委、县政府于1985年期间成立"文革"期间查抄物品处理办公室，对移交的查抄物品进行清点、核对。并于同年四五月间举办"文革"期间查抄物品展出认领会，广告市民前来认领。而杨某没有在限定时间内办理诉争物品的返还手续，而是于事后自愿将该诉争物品予以捐赠。另即使诉争物品不属于杨某自愿捐赠，原告现主张权利已超过诉讼时效。请求法院驳回原告的诉讼请求。

一审法院认为：本案被告虽未能提供杨某将诉争物品捐赠的直接证据，但根据被告提供的现有证据，对被告辩称的捐赠事实予以确认。据此，依照《中华人民共和国物权法》第二十三条、第二十五条的规定，判决：驳回原告杨甲、杨乙、杨丙的诉讼请求。

一审宣判后，杨甲、杨乙、杨丙不服，提起上诉，认为原判认定事实不清，适用法律错误，请求二审法院撤销原判，依法改判支持上诉人的诉讼请求。

被上诉人某市文物馆答辩称：原判认定事实清楚，适用法律正确，上诉人的上诉理由不能成立。本案诉争的两件明弘治勅已经由捐赠人杨某捐献给国家，诉争物品的所有权已经发生转移，上诉人无权要求返还。综上，请求二审法院驳回上诉，维持原判。

二审法院经审核当事人提供的证据后，认定诉争的两件勅已经由杨某先生捐赠并无不当，上诉人要求返还，于法无据，不予支持。综上，原判认定事实清楚，适用法律正确，审判程序合法，上诉人的上诉理由不能成立，该院对其请求不予支持。据此，2013年12月12日，二审法院依照《中华人民共和国民事诉讼法》第一百七十条第一款第（一）项的规定，判决：驳回上诉，维持原判。

【裁判解析】

本案的争议焦点为诉争的两件明弘治年间勅是否已经由杨某先生自愿捐赠。

　　本案的争议焦点属于事实上的争议，对于事实上的争议，应以双方提供的证据为基础，并结合当时历史情况以及其他因素进行综合判定。

　　原告在一、二审中共向法院提供了如下证据：1. 中央办公厅中办发［1984］24 号文件。2. 中共某省委办公厅省委办［1984］52 号文件。3. 1985年县清退办公室关于"文革"期间接受物品清单（部分）。4. 1985 年县清退办公室文革查抄物品退还清单、统计表（部分）。5. 2003 年版《某市志》（节选）。6. 某市文化广电新闻出版局瑞文［2009］3 号文件及其附件。7. 某市文化广电新闻出版局瑞文［2010］1 号文件。证据 1～7 拟证明二件明弘治勅系"文革"期间查抄品，"文革"查抄物品若退还或捐献、放弃的有相应手续及详细记载，被告"馆藏文物"中二件明弘治勅为文清小组征集而非捐赠所得，原告多次要求被告返还明弘治勅，被告以杨某先生捐献为由拒不返还等事实。8. 某省文物局于 2009 年 6 月 1 日出具的回复，证明争议的二道圣旨未列入清退文物的认领范围，上诉人当时不知圣旨藏于何处，更未捐献。9. 声明书一份，证明杨氏后裔对此圣旨寄托特殊感情，会不断努力维护自身的合法权益。10. 文物收据，证明杨某先生生前有索要及保存收据的习惯，若两件勅确为杨某先生自愿捐献，肯定会向相关部门索要凭证。11. 诉争勅最后部分内容，证明诉争勅对杨氏家族非常重要，杨某先生作为文化人，深知两件勅的重要性，不会轻易捐赠。

　　笔者认为，原告提供的上述证据中，证据 1、2 系相关文件规定，系真实合法的证据，证据 3～7 反映了"文革"查抄物品清退、本案诉争物品的相关情况及相关部门对原告信访所作的回复情况，符合证据真实性、合法性、关联性的规定。但上述证据均无法判定诉争财物是否捐赠于本案被告。证据 8的形成时间为 2009 年 6 月 1 日，后某省文物局于 2010 年 8 月 16 日出具了目前为止的最终答复意见，故应以最终意见为准。《中华人民共和国民事诉讼法》第六十三条第一款规定："证据包括：（一）当事人的陈述；（二）书证；（三）物证；（四）视听资料；（五）电子数据；（六）证人证言；（七）鉴定意见；（八）勘验笔录。"据此，证据 9 不符合证据形式，只是反映原告家族的想法；证据 10 真实性无法考证，与本案不具有关联性，且即使相关部门出具收据，上诉人也不会提供；证据 11 不能证明上诉人的待证事实。

　　被告某市文物馆在一、二审中共向法院提供了如下证据：1. 历史账册一份，拟证明诉争的二份"勅"已经捐赠归国家所有。2. 证人潘某书面证言一份，拟证明诉争的二份"敕"已经捐赠归国家所有。3. 潘某的就医记录及门急诊收费项目清单，证明潘某身体状况不适宜出庭作证。4. 某省文物局文物函（2013）196 号函及文物函（2010）123 号函，证明某省文物局已经纠正了之前的错误回复，目前为止的最终意见是认为本案诉争的两件敕已经由杨某先生捐赠。

笔者认为，被告提供的上述证据中，证据 1 系被告对其接收的"文革"查抄物品所做的记载，作为原始的记载材料，能够反映当时的真实情况，具有较强的证明效力。证据 2 作为证言，证人虽未到庭，但其已通过证据 3 证明证人无法到庭的原因。《中华人民共和国民事诉讼法》第七十三条规定："经人民法院通知，证人应当出庭作证。有下列情形之一的，经人民法院许可，可以通过书面证言、视听传输技术或者视听资料等方式作证：（一）因健康原因不能出庭的；（二）因路途遥远，交通不便不能出庭的；（三）因自然灾害等不可抗力不能出庭的；（四）其他有正当理由不能出庭的。"据此，结合证据 3 可知，潘某确实存在无法到庭的正当理由。并且，证据 2 记载的关于杨某将本案诉争物品捐赠的相关事实可与证据 1 印证，证据 1、2 反映的情况，虽无相关的捐赠人的确认及相关捐赠手续的印证，但考虑到当时法律意识等方面的历史局限性及时间久远导致举证难度的增加，不能苛求现有的证据材料能完整地还原当时的历史事实，因此法院根据此两份证据，根据自由心证，认定杨某先生已将诉争的两件明弘治年间敕捐赠给被告，符合法理与情理。证据 4 系相关部门对上诉人信访情况所做的回复，亦可与前述证据相互印证，证明某先生已将诉争的两件明弘治年间敕捐赠给被告的事实。

综上，本案中，某市文物馆的原始账册于本案诉讼发生之前就存放于某市档案馆，系原始证据，证明力强。由于当时的捐献手续比较简单，历史账册中没有杨某先生签名确认的情况并不能否定杨某先生捐赠的事实。另，杨某先生作为某市文物界的资深人士，同时与某市文物馆的成立及发展有着深厚渊源，其对馆藏文物应比较了解，但其直至去世均未提出要求返还两件敕，亦可佐证捐献的事实。

公民个人收藏文物的所有权归属

——李某与某文管所返还从其家带走的文物纠纷案

【要点提示】

公民个人收藏文物；所有权认定。

【基本案情】

1985 年 6 月 9 日，时任某文物保护管理所（本案被告，以下简称文管所）所长的陈某一行到某县进行文物普查工作时，从当地居民李某（本案原告）家带走一批文物进行鉴定，并当场向李某出具加盖有公章的收据一张。收据载明带走的文物有：1. 铜短剑一把；2. 马刀一把带鞘；3. 青砖一个；4. 铜佛像盒一个带套；5. 各种瓷片若干个；6. 顺治铜钱一个；7. 铜碗一个；8. 铜杯 9 个；9. 狮子头瓦当片 2 个；10. 骨钱一个；11. 碎瓦当片若干个；12. 铁刀锉一个；13. 石器一个。此后，李某多次找文管所要求退还带走的原物，但均未如愿。

2000 年 2 月 29 日，李某向市人民法院起诉称：1985 年 6 月，时任被告所长的陈某一行来青河县进行文物普查工作，从我家带走 13 类 33 件文物，要求作进一步鉴定并出具了收据，等结果出来后给一个确切的答复或原物归还。但被告带走后一直没有消息。1996 ~ 1998 年曾多次与被告交涉，并要求返还，未得到答复。1998 年 5 月我带收据找到某文管所现任所长王某，王说所有文物全在，并取出《中国阿尔泰山草原文物》一书，上面刊有我收藏的 12 件文物，但未发现有祖传的骨钱。我要求看实物，被拒绝。经过多次追问，王称自接任以来，未见过收据上的骨钱。被告侵犯了我对文物的所有权，并且在管理中存在重大失误，致使骨钱丢失。请求法院判令被告返还我所有的文物。

被告文管所答辩称：1985 年 6 月，我所原任所长从原告处带走文物属实，数量是 12 类 21 件。从原告处征集的这批文物，区域性特点非常强烈，反映着阿勒泰地区各时代山地草原居民生活轨迹和历史演化，是研究阿勒泰地区及新疆历史的实物资料，经自治区考古专家确定，所有权属于国家。原告的这些文物中，有些来源不合法。原告上访骨钱一事，经公安机关调查，已作出结论。

市人民法院经审理查明：文管所带走文物中，骨钱一个、顺治铜钱一个、铜佛像盒一个（带套）、铜碗一个、铜杯九个属原告太祖家传继承；石器一个、铜短剑一把为他人赠送；马刀（带鞘）、铁刀锉系原告于 1966 年 7 月从青河县东风乡供销社收购站所购；青砖及各种瓷片、狮子头瓦当片、碎瓦当片若干，系原告在青河县清真寺遗址收集。上述文物收藏时间均为 1960 ～ 1971 年间。在《中国阿尔泰山草原文物》一书中收录有铜短剑、铜钱、铜碗、砖瓦等。诉争文物基本陈列在地区博物馆。

市人民法院认为：原告诉称被告带走的文物经庭审查证，除对铜佛像有争执外，其余均无异议。原告举证证实文物来源有：1. 祖传；2. 朋友赠送；3. 自己收购三种合法来源，故这些文物依法应属原告李某所有，被告应依法承担返还责任。原告自己收集的文物系青河县清真寺遗址出土文物，其所有权应属国家所有。根据《中华人民共和国民法通则》第七十五条，《中华人民共和国文物保护法》第五条及《中华人民共和国民事诉讼法》第一百二十八条之规定，该院于 2001 年 11 月 23 日判决：被告在本判决生效后一个月内返还原告祖传、收购、朋友赠送的全部文物。原告自行在青河县清真寺遗址收集的文物若干属国家所有。

一审判决后，被告文管所不服，向地区中级人民法院上诉称：原告未提供其文物的合法来源，故应依据自治区文物鉴定委员会的鉴定结论，判归国家所有。

二审法院认为：上诉人文管所从被上诉人李某处带走文物中祖传、朋友赠送及收购的文物，因李某收藏时间在 1960～1971 年，依据当时《文物保护管理暂行条例》的规定，对李某的收藏行为法律并未禁止，故应当受到保护。上诉人上诉称应属国家所有的理由不足，不予采信。依据《中华人民共和国民事诉讼法》第一百五十三条第一款第（一）项的规定，该院于 2002 年 2 月 9 日判决：驳回上诉，维持原判。

【裁判解析】

本案的争议焦点包括以下三点：

一、公民个人祖传文物与朋友赠送文物所有权的归属

《中华人民共和国宪法》明确规定保护公民合法财产的所有权，文物是个人合法财产的一个组成部分，自然受《中华人民共和国宪法》的保护。1982年《中华人民共和国文物保护法》（1982年）第五条规定："属于集体所有和私人所有的纪念建筑物、古建筑和传世文物，其所有权受国家法律的保护。文物的所有权必须遵守国家有关保护管理文物的规定。"（现行《中华人民共和国文物保护法》对于这一内容规定在第六条）这表明我国法律允许公民个人享有祖传文物的所有权，并未排斥个人对其合法文物的所有权。但同时也表明，法律对公民个人文物所有权的保护有一定的条件，即文物所有权取得的来源要合法，没有合法来源的文物即便实际占有，法律也不予保护。上述法律规定明确传世是文物合法来源，也就是说某一公民拥有的文物是祖传下来的，其可以依法享有该文物的所有权，法律对此予以保护。在实际社会生活中，对祖传的文物，公民可以通过继承的方式、赠与的方式取得。依法取得文物所有权的公民，可以继续传至后代，可以赠与他人或者国家。其他公民可以接受取得文物所有权公民的赠送，进而取得所有权。在本案中，原告对从其太祖父世传下来的文物依法享有所有权；对朋友所赠，而未有证据证实朋友并无合法所有权的文物，应推定为合法所有，现行法律并不排斥朋友以合法、自愿原则将自己所有的文物赠送他人，原告接受朋友赠送的文物应认定是合法所有。如果是假借赠送为名，实际上是变相买卖，其行为自然不受法律保护，不能取得法律认可的文物所有权。本案中，一、二审法院认定原告对祖传、朋友赠送的文物享有所有权，于法有据。

二、原告自行收购文物所有权的归属

《中华人民共和国文物保护法》（1982年）第二十四条规定："私人收藏的文物可以由文化行政管理部门指定的单位收购，其他任何单位或者个人不得经营文物收购业务。"现行《中华人民共和国文物保护法》第五十条规定："文物收藏单位以外的公民、法人和其他组织可以收藏通过下列方式取得的文物：（一）依法继承或者接受赠与；（二）从文物商店购买；（三）从经营文物拍卖的拍卖企业购买；（四）公民个人合法所有的文物相互交换或者依法转

让；（五）国家规定的其他合法方式。文物收藏单位以外的公民、法人和其他组织收藏的前款文物可以依法流通。"《中华人民共和国文物保护法实施细则》第三十二条第一款规定："公民私人收藏的文物可以卖给国家文物局或者省、自治区、直辖市人民政府文物行政管理部门指定的全民所有制文物收藏单位和文物收购单位。"上述法律规定明确了个人不得收购文物，合法的收购单位是国家文物局或省级政府文物行政管理部门指定的单位，从而排除了任何个人及非经有权部门指定的单位收购文物的权利，否则就是违法。如何看待本案原告自行收购文物的行为，实质是《中华人民共和国文物保护法》（1982年）有无溯及力的问题。即1982年11月19日《中华人民共和国文物保护法》颁布实施之前，个人收购文物的行为是否适用该法。本案中原告收购文物的行为均发生在1966年7月，而在此期间还没有《中华人民共和国文物保护法》。当时我国仅有的《中华人民共和国文物保护管理暂行条例》并未对公民个人收购行为明确禁止，即当时的法规对此问题没有作出禁止性规定，因此，公民个人收购行为就不能说违法。从一定意义上讲，在当时的条件下，公民个人收购文物在一定程度上还起到国家对文物保护不足的补充作用，应充分肯定其积极有益的一面。原告在1966年7月从乡供销社收购站收购了部分文物，试想如果原告不予收购，这些文物可能早已回炉冶炼或流失毁坏。

　　"法律的溯及力"这一概念，是指法律对其生效以前的事件和行为是否适用。如果适用就具有溯及力，如果不适用，该法就不具有溯及力。《中华人民共和国立法法》（2000年）第八十四条规定："法律、行政法规、地方性法规、自治条例和单行条例、规章不溯及既往，但为了更好地保护公民、法人和其他组织的权利和利益而作的特别规定除外。"（现行《中华人民共和国立法法》对于这一内容的规定在第九十三条）也就是说，法律一般只能适用于生效后发生的事件和行为，不适用于生效前的事件和行为，即采取"法律不溯及既往原则"。但对于刑法，《中华人民共和国刑法》第十二条规定："中华人民共和国成立以后本法施行以前的行为，如果当时的法律不认为是犯罪的，适用当时的法律；如果当时的法律认为是犯罪的，依照本法总则第四章第八节的规定应当追诉的，按照当时的法律追究刑事责任，但是如果本法不认为是犯罪或者处刑较轻的，适用本法。"即对于刑法的溯及力，适用的是"从旧兼从轻原则"，因此刑法在一定条件下具有溯及力。

　　本案中，《中华人民共和国文物保护法》（1991年修正）不能适用于原告在 1966 年收购文物的行为。不能以是否合乎现在的法律判定以前行为是否合法。正是建立在该基础上，一、二审法院判决原告对其 1966 年收购的文物享有所有权。

三、原告自行收集文物所有权的归属

《中华人民共和国文物保护法》（1991 年）第四条第一款规定："中华人民共和国境内地下、内水和领海中遗存的一切文物，属于国家所有。"（现行《中华人民共和国文物保护法》对于这一内容规定在第五条）在我国境内不论是挖掘还是散落在各遗址上的文物，不论个人是捡拾还是挖掘而占有，均不能取得所有权，这种文物的所有权只专属于国家。换言之，不是谁发现、谁收集就属于谁，发现者、收集者不能当然取得文物的所有权，也不能改变文物所有权属于国家的性质。据此，原告在清真寺遗址上收集的文物的所有权应属于国家，而不属于收集者即原告个人。虽然原告收集这些散落在遗址上的文物是在《中华人民共和国文物保护法》颁布实施之前，但《中华人民共和国文物保护管理暂行条例》第二条第二项规定："国家保护的文物的范围如下：（二）具有历史、艺术、科学价值的古文化遗址、古墓葬、古建筑、石窟寺、石刻等。"原告收集的散落在遗址上的文物，应属于国家保护的文物。此外，我国宪法早已明确国家财产受法律保护，原告的行为应符合宪法的基本精神，受宪法的调整和制约。不能因为清真寺遗址上的文物没有专人管理，就否认其文物专属国家的性质，而认定原告的行为合法。因而，对原告在清真寺遗址上收集的文物，不能认定其所有权。但对其行为的积极方面应予以肯定，在上交文物保护单位时可以给予适当奖励。因此，一、二审法院驳回原告要求对自行收集的文物返还的请求，正确区分了原告取得的文物来源，对其分别处理是恰当的，于法有据。

在社会生活中，公民个人因各种原因收藏有各种文物，正确认定公民个人是否享有这些文物的所有权，有利于国家对文物的重点保护和公民合法权益的保护。

物权请求权的诉讼时效

——林某与某文物公司等返还原物纠纷案

【要点提示】

物权请求权；诉讼时效。

【基本案情】

1987 年，某文物公司（本案被告）和某斋（本案被告）为在北京举办"金陵风物诗书画展"而征集诗、书、画作品，某斋工作人员桑某（系林某父亲学生）为该展览向林某父亲征集书法作品。1987 年 7 月 23 日，桑某出具借条一张，内容："林老书法四尺条幅一件，去北京展览用。经手桑某"。同时期，某斋负责人张某向林某（本案原告，系林某父亲之子）出具收条一份，内容："收到林老丈二书法八尺书法各一张，'金陵风物诗书画展用'。某斋艺术研究部桑某、张某经手"，收条加盖"某斋艺术研究部"公章。

2010 年底，林某诉至某区人民法院称：某斋于 1987 年借走林某收藏的林某父亲作品三件（丈二书法、八尺书法、四尺条幅）供展览使用，其后一直未归还，林某曾多次向桑某追要未果，因林某一度未找到收条和借条故未起诉，现无意中找到了借条和收条，故诉至法院要求某斋、某文物公司返还林某父书法作品三件。

某斋、某文物公司答辩称：林某作为原告诉讼主体不适格，借条中所述作品的财产权属于林某父亲所有；借条上虽写的是四尺作品，但实际是一幅三尺多四尺不到的条幅，桑某还拿走林某父亲丈二书法作品一幅，两幅作品均已收藏并按当时价格向林某父亲支付了稿酬，并没有借八尺书法作品。提供下列证据：

1. 收条复印件一张，证明 1987 年 12 月 10 日桑某将丈二和四尺作品稿酬送给林某父亲，林某父亲写下收条注明收到丈二作品稿酬 1000 元和三尺条幅作品稿酬 150 元，此处三尺条幅作品与借条上的四尺条幅实为同一幅作品。

2. 丈二作品照片一张，证明林某主张的丈二作品已由某斋、某文物公司收藏。

3. 证人桑某出庭作证：（1）林某所持借条是其所写，且据其回忆借条可能是打给林某的，但后来稿酬是其直接付给林某父亲的；（2）林某父亲收条中所写的三尺即是借条上所写的四尺，实际尺寸是三尺多四尺不到；（3）当年去北京参展的林某父亲作品只有四尺作品和丈二作品，没有八尺作品；（4）八尺作品在林某父亲家中看到过，对方当时愿意出售，但因为价格差距没有收购；（5）林某提供的收条并非其所写，具体情况只有张某清楚。

4. 证人张某出庭作证：（1）林某出具的收条是其所写，落款处桑某的签名由其代签；（2）林某父亲当时是写了八尺和丈二作品，但桑某只拿回丈二作品去参展，没有拿回八尺作品；（3）其并没有看到林某父亲所写的这几幅作品；（4）当时写收条的原因是林某几次到单位找桑某称要收条，但没有找到，证人因与林某熟悉故应林某要求写下收条；（5）证人后来得知桑某没有从林某父亲处拿八尺作品参展，但因为事务繁多且考虑与林某关系不错，故没有及时处理收条一事。

一审法院经审理后认为：某斋为金陵风物诗书画展从林某处借走林某父亲书法作品三幅，其中三尺与丈二作品，林某父亲已收到某斋支付的稿酬并出具收条，虽然借条上所写四尺条幅，与林某父亲稿酬收条上所写三尺作品存在差距，但根据通常情况，当时均是目测尺寸，误差可能存在，再综合考虑其他因素，借条上的四尺作品与林某父亲收条上的三尺作品应为同一幅作品；对于八尺作品，因林某对其内容、书写形式均不能提供证据予以证明，致使其要求返还的特定标的物不明确、不具体，不具备返还可能性。此外，1987 年 7 月，某斋为参展而收集作品，当年展览结束后作品即应予以返还，如果林某认为某斋、某文物公司应予归还上述三幅作品，但某斋、某文物公司非法占有不予归还，则林某权利受侵害应自 1987 年 12 月起算。本案中，即使某斋、某文物公司借用林某三幅作品至今未还，但至林某于 2010 年向法院起诉要求返还时已超过二十年的诉讼时效，而林某也无证据证明其在此二十年期间存在法律规定的可以延长诉讼时效期间的情况。故林某主张某斋、某文物公司返还本案讼争的三幅作品的诉讼请求，因已超过法定诉讼时效，亦不予支持。遂于 2012 年 7 月 10 日作出判决：驳回林某的诉讼请求。

一审宣判后，林某不服，向市中级人民法院提起上诉，请求撤销原判决，支持林某的诉讼请求。

二审期间，某斋、某文物公司提供市公证处出具的公证书一份，证明林某父亲收条原件真实存在，与一审提交的复印件相一致。二审法院审理后认为：一审法院判决认定事实清楚，适用法律正确，判决并无不当。遂于 2012 年 12 月 18 日作出判决：驳回上诉，维持原判。

二审宣判后，林某不服，向省高级人民法院申请再审。

再审法院认为：林某要求某斋、某文物公司返还林某父亲书法作品，系行使物权请求权，因目前无任何法律、司法解释对物权请求权适用诉讼时效制度作出除外规定，故林某主张物权请求权不适用诉讼时效的规定，无法律依据。一、二审适用民法通则诉讼时效的规定判决驳回林某要求某斋、某文物公司返还林某父亲书法作品的诉讼请求，适用法律并无不当。因林某的诉讼请求已超过诉讼时效，依法已丧失胜诉权，故林某申请再审所涉原判决事实认定问题，本案不再审查。综上，林某申请再审不符合《中华人民共和国民事诉讼法》第二百条规定的应当再审的情形，依照《中华人民共和国民事诉讼法》第二百零四条第一款之规定，裁定：驳回林某的再审申请。

【裁判解析】

本案的争议焦点有以下两点：

一、关于本案的事实情况

关于本案的案件事实，有两点争议需要明确。首先是对于丈二作品和四尺作品（即收条中的三尺作品），被告是否已向林某父亲支付稿酬的问题。被告在一审期间向法院提供收条复印件，在二审时间向法院提供收条复印件与原件相符的公证书，其中收条属于民事证据中的书证，具有证明效力，公证处出具的公证书依据法律的规定具有较强的证明力，可以推定被告已向林某父亲支付丈二作品与四尺作品的报酬。其次是对于八尺作品，因林某对其内容、书写形式均不能提供证据予以证明，致使其要求返还的特定标的物不明确、不具体，不具备返还可能性。

二、关于本案诉讼时效问题

物权请求权是否适用诉讼时效？从我国现有立法来看，目前确实无任何法律、司法解释对物权请求权适用诉讼时效制度作出除外规定，因此法院审判时通常会以法律为准绳判定物权请求权同样适用诉讼时效。

本案审理法院认为，原告的返还原物请求权已经超过诉讼时效，从法理来看并不存在错误。但是在学理上，这一问题存在很大的争议，在我国理论界主要存在四种不同的观点：一是否定说。这是当前学界的主流观点。持此观点的学者认为物权本身不因时效而消灭，那么基于物权而生的请求权也不适用诉讼时效，否则物权将成为有名无实的权利。以王利明先生的观点为例，他指出物权请求权基于下列三点理由原则上不适用诉讼时效的规定。第一、物权请求权是物权效力的具体体现，是包含在物权权能之中的，只要物权存在，物权请求权就应该存在。第二、物权请求权的主要功能是保证对物的圆满支配，它是保护物权的一种特有方法，如果物权请求权因时效届满而消灭，但是物权继续存在，这将使物权成为一种空洞的权利。第三、由于物权请求权常常适用于各种持续性的侵害行为，对这些侵害行为非常难以确定其时效的起算点。二是肯定说。此说认为物权请求权虽非纯粹的债权，但仍是以特定的给付为标的的独立请求权，是请求权之一种。物权请求权应与债权请求权一视同仁，且一般立法在将请求权定为时效客体时，并未区分其产生的依据。三是有限肯定说。认为应区别物权请求权的具体种类，以确定其是否适用诉讼时效。梁慧星先生认为只有返还财产请求权与恢复原状请求权这两种请求权适用诉讼时效，其他物权请求权皆不适用。四是有限否定说。以陈华彬为代表。他们认为应区分动产和不动产及其登记与否，已经登记的不动产物权所生的物权请求权不宜因诉讼时效而消灭，但未登记的不动产物权所生的物权请求权及动产物权所生的物上请求权则适用之。

民事举证责任及法院调查取证的范围

——罗某与某市图书馆返还原物纠纷案

【要点提示】

民事诉讼证据效力；人民法院依职权调查证据。

【基本案情】

原告罗某诉称：1999 年，被告某市图书馆设立名人珍藏馆，动员原告将私人藏品 50 余件交其宣传展览，包括顾某等名家作品 29 幅及他们赠送的书刊、照片等。2012 年 5 月，原告得知名人珍藏馆已名存实亡，有关物品闲置仓库无人问津，在与其负责人联系后，对方称不知道这些藏品的情况，原告要求被告返还，被告称上述物品系顾某所捐献，拒绝返还。原告请求判令被告返还 29 幅顾复某、顾学某等书法及图书刊物 14 册和照片证书等 50 余件私人藏品。

被告某市图书馆辩称：原告罗某所诉事实不清，顾某生前同意将其作品收藏捐献给我馆，原告才将这些作品交我馆。我方向其出具的 3 份收据总计只有 20 来件物品，原告罗某将"收到"涂改为"借到"，又在暂借条上增加"另书法 23 幅"等内容。我馆收藏的顾某等人作品也未反映与原告有关的情况。名人珍藏馆现因新馆尚未动工，未能开放，建了新馆后将会重新开放，不存在管理不善的情况，请求判决驳回其诉讼请求。

法院审理查明：某市图书馆提供 1992 年 7 月 2 日顾某、黎某夫妇自书遗嘱，1999 年 1 月顾某对李某出具的《授权继承人证明书》，1999 年 10 月 19 日李某写给图书馆的信函等，以上均为复印件，明确表明顾某有将其工作用书捐赠给某市图书馆的意思表示，此后涉案当事人罗某向某市图书馆送交书刊、书法作品。罗某诉称即使顾某、黎某夫妇立有遗嘱，其遗嘱内容并没涉及罗某私人收藏送展的 50 件（其中包括 29 幅书法）物品。还书面申请要求一审法院调查取证罗某送展的 50 件藏品的目录及详细内容，罗某与图书馆之间藏品展览事宜，是属于双方协商的结果，具有合同性质。

一审法院认定罗某是在执行顾某遗嘱，判决驳回罗某的诉讼请求。

罗某不服，提起上诉，二审法院经审理判决维持一审判决。

罗某不服，向高级人民法院申请再审。高级人民法院认为：一审中罗某没有对自书遗嘱、《授权继承人证明书》和信函是复印件提出异议，且罗某没有提交充分的证据证明其送交的书刊、书法作品是其本人私有藏品，罗某要求返还遗嘱中的书籍没有事实和法律依据。另罗某书面申请要求一审人民法院调查其送展给某市图书馆的 50 件藏品的目录及详细内容，因该证据不属人民法院调查取证范围，一审法院未予调查，程序合法。罗某没有提交证据证明双方藏品展览事宜是双方协商一致的结果，故其要求适用合同法的主张，没有事实依据，该院不予支持。综上，罗某的再审申请不符合《中华人民共和国民事诉讼法》第二百条第二项、第四项、第五项、第六项规定的情形。依照《中华人民共和国民事诉讼法》第二百零四条第一款的规定，裁定：驳回罗某的再审申请。

【裁判解析】

本案的争议焦点是举证责任、证据效力及依职权调查证据。

《中华人民共和国民事诉讼法》第六十四条规定："当事人对自己提出的主张，有责任提供证据"，《最高人民法院关于民事诉讼证据的若干规定》第二条进一步明确："当事人对自己提出的诉讼请求所依据的事实或者反驳对方诉讼请求所依据的事实有责任提供证据加以证明。没有证据或者证据不足以证明当事人的事实主张的，由负有举证责任的当事人承担不利后果。"《最高人民法院关于适用〈中华人民共和国民事诉讼法〉的解释》第九十一条再次明确："人民法院应当依照下列原则确定举证证明责任的承担，但法律另有规定的除外：（一）主张法律关系存在的当事人，应当对产生该法律关系的基本事实承担举证证明责任；（二）主张法律关系变更、消灭或者权利受到妨害的当事人，应当对该法律关系变更、消灭或者权利受到妨害的基本事实承担举证证明责任。"举证责任是司法机关裁判所有案件的逻辑思路，还原事实真相只有靠证据，采信的证据应该是根据上述规定的举证证明责任所认定的案件事实。双方当事人举证的基本原则就是"谁主张，谁举证"。本案中，罗某主张与图书馆之间藏品展览事宜，是属于双方协商的结果，具有合同性质，因为罗某已经将诉争物品交某市图书馆，对于移交行为的性质当然应由主张双方是送展合同法律关系的原告罗某负举证证明责任，否则送展合同关系不能得到认定，因此，罗某试图依据合同关系请求返回原物的请求自然不能得到支持。

当事人因客观原因不能自行收集的证据，或者人民法院认为审理案件需要的证据，人民法院应当调查收集。《中华人民共和国民事诉讼法》第六十四条第二款规定："当事人及其诉讼代理人因客观原因不能自行收集的证据，或者人民法院认为审理案件需要的证据，人民法院应当调查收集"。《最高人民法院关于适用〈中华人民共和国民事诉讼法〉的解释》第九十四条进一步明确："民事诉讼法第六十四条第二款规定的当事人及其诉讼代理人因客观原因不能自行收集的证据包括：（一）证据由国家有关部门保存，当事人及其诉讼代理人无权查阅调取的；（二）涉及国家秘密、商业秘密或者个人隐私的；（三）当事人及其诉讼代理人因客观原因不能自行收集的其他证据。当事人及其诉讼代理人因客观原因不能自行收集的证据，可以在举证期限届满前书面申请人民法院调查收集。"第九十六条规定："民事诉讼法第六十四条第二款规定的人民法院认为审理案件需要的证据包括：（一）涉及可能损害国家利益、社会公共利益的；（二）涉及身份关系的；（三）涉及民事诉讼法第五十五条规定诉讼的；（四）当事人有恶意串通损害他人合法权益可能的；（五）涉及依职权追加当事人、中止诉讼、终结诉讼、回避等程序性事项的。除前款规定外，人民法院调查收集证据，应当依照当事人的申请进行。"本案中，罗某书面申请要求一审人民法院调查其送展给某市图书馆的50件藏品的目录及详细内容，不符合上述法院调查取证的范围。首先，合同是双方当事人达成的协议，作为原告应持有送展合同的证据，且某市图书馆出具3份收据总计只有20来件物品，原告罗某将"收到"涂改为"借到"，又在暂借条上增加"另书法23幅"等内容。其次，不符合上述法律要求的条件，最需要区别的是"证据由国家有关部门保存，当事人及其诉讼代理人无权查阅调取的"内容。仔细分析我们会发现，原告罗某提交的3份收据存在重大瑕疵，即涂改和增添，不能证明图书馆保存着争议物品，在没有证据证明一方当事人持有证据而无正当理由拒不提供的情况下，不能强求图书馆提交所谓的证据。

最后，笔者认为请求调取的 50 件藏品的目录及详细内容在本案中不是确定案件最终判决结果的依据，即使存在也不影响案件判决结果。当然，如果需调取的证据对本案裁判结果有重大影响时，有证据显示某市图书馆持有证据无正当理由拒不提供，则根据《最高人民法院关于民事诉讼证据的若干规定》第七十五条的规定，有证据证明一方当事人持有证据无正当理由拒不提供，如果对方当事人主张该证据的内容不利于证据持有人，可以推定该主张成立。

《中华人民共和国民事诉讼法》第七十条规定："书证应当提交原件。物证应当提交原物。提交原件或者原物确有困难的，可以提交复制品、照片、副本、节录本。"《最高人民法院关于民事诉讼证据的若干规定》第十条规定："当事人向人民法院提供证据，应当提供原件或者原物。如需自己保存证据原件、原物或者提供原件、原物确有困难的，可以提供经人民法院核对无异的复制件或者复制品。"这一规定表明，当事人提供证据必须优先提供原件或者原物，只有在某些特殊情形下，允许当事人提供经人民法院核对无异的复制件或者复制品，法院才能确认该证据的证明力。在民事审判实践中，有的案件证据确凿充分，有的案件证据存在瑕疵或者比较少，在此种情形下，需要法官遵循职业道德。《最高人民法院关于民事诉讼证据的若干规定》第六十四条规定："审判人员应当依照法定程序，全面、客观地审核证据，依据法律的规定，遵循法官职业道德，运用逻辑推理和日常生活经验，对证据有无证明力和证明力大小独立进行判断，并公开判断的理由和结果。"本案一审中，罗某没有对自书遗嘱、《授权继承人证明书》和信函是复印件提出异议，且罗某没有提交充分的证据证明其送交的书刊、书法作品是其本人私有藏品，结合罗某将物品已交市图书馆的事实，本案认定复印件的证据证明力并无不当。

捐赠文物的所有权认定

——褚某甲、褚某乙与某市文物局、某市博物馆、某市人民政府某街道办事处返还原物纠纷案

【要点提示】

捐赠文物的所有权；法律后果。

【基本案情】

褚某甲和褚某乙拥有祖传洪武辛亥年砚台一块。1984 年 8 月 9 日文物普查时，该砚台由当时的文管组工作人员张某收走，并出具一张暂收条，述明"褚某洪武辛亥年砚台一块"。后该砚台上缴至当时的某市文管会，在文管会的档案中显示，"褚某、砚台、明代、一块、传世、15 元"。1987 年 3 月 24 日，文化站向市文管会出具一张收条显示，"今收到市文管会文物普查奖励款叁百贰拾捌元六角整"，其中包括奖励褚某捐献的一块砚台 15 元。后褚某甲、褚某乙在游览某市博物馆时发现该砚台在博物馆存放，认为该砚台属于自己祖传文物，理应属自己所有，遂于 2008 年 7 月诉至某区人民法院，请求判令某市文物局、市博物馆及某市人民政府某街道办事处返还其砚台。

审理本案的一审法院认为：本案涉及的砚台，是在当时政府组织的文物普查中被收取后上缴于文物管理部门的。经调解无效，于 2009 年 11 月 5 日判决：驳回褚某甲和褚某乙的诉讼请求。

褚某甲、褚某乙不服一审判决，上诉至二审法院，上诉理由包括：一审判决认定砚台系上诉人捐赠错误，上诉人并非捐献，而是文管组以文物普查为由从上诉人处将砚台借走。请求撤销原审判决，改判由市文物局、市博物馆返还上诉人砚台一块。

二审法院查明：本案基本事实与原审一致。二审法院经审查认为：一审

判决正确，应予维持，褚某甲、褚某乙上诉理由不足，不予支持。依据《中华人民共和国民事诉讼法》第一百五十三条第一款第（一）项之规定，判决：驳回上诉，维持原判。

【裁判解析】

本案的争议焦点主要是捐赠文物所有权的认定。

属于集体所有和私人所有的祖传文物，所有权受法律保护。《中华人民共和国文物保护法》第五条规定："对于可移动文物，公民、法人和其他组织捐赠给国家的文物，属于国家所有。"将个人收藏的重要文物捐献给国家，根据《中华人民共和国文物保护法》第十二条规定，由国家给予精神鼓励或者物质奖励。具体到本案，某市文管会的档案记录和文化站的"收条"内容，足以认定该砚台是在当时政府组织的文物普查中被收取后上缴于文物管理部门的事实，政府相关部门依据文物保护法相关规定已对捐献文物者给予 15 元奖励，争议砚台已属于国家所有，褚某甲和褚某乙不再是砚台的所有人。褚某甲和褚某乙主张非捐赠，而是借用，没有证据予以佐证，不能推翻某市文管会的档案记录和文化站的"收条"内容中按照通常解释和常理是捐献的事实认定，即该砚台被收取后，政府相关部门已给予 15 元奖励，该奖励应当排除该砚台被借走的情形，故该砚台属于褚某甲、褚某乙捐赠给国家，属于国家所有，现保存在博物馆，该捐赠行为已经完成，褚某甲、褚某乙主张其拥有所有权没有事实依据。因此，本案一、二审均能正确判断文物所有权的归属。

国家在文物保护方面关注其历史价值和整体利益。文物保护法的宗旨始终是加强文物保护，强化管理措施，继承中华民族优秀的历史文化遗产，促进科学研究工作，进行爱国主义和革命传统教育，建设社会主义物质文明和精神文明。鼓励文物捐赠，有利于加强文物保护，在不侵犯私人利益基础上由国家统一管理，有利于历史文化遗产的传承和科学研究，发掘其蕴含的人类秘密和文明符号，有利于整体保护，在国家层面整体管理更有助于爱国主义和革命传统教育，丰富社会主义物质和精神文明建设。馆藏文物取得文物方式中接受捐赠是最主要的方式之一，鉴于文物保护的迫切和紧要，文物的价值更多的在于探寻人类自己的秘密和发展的规律，其次才是所有者的经济利益，所以在文物归属问题上，应更多关注文物保护。对文物捐赠，国家是旗帜鲜明的予以鼓励，如果当事人没有足够充分的证据证明事发时并没有捐赠的意思表示，常理还是认定捐赠已经完成，同时对于捐赠的行为应该可以认定为高尚的行为而予以鼓励。另褚某甲和褚某乙主张权利时与事情发生时间间隔二十余年，从常理而言，如果当时的真实意思表示真是借用，应该很早就主张自己的权利，否则会造成权利的不稳定。若权利人长期怠于行使其权利，当事人之间社会关系的事实状态和法律状态将长期处于不确定状态，不利于在当事人之间建立新的、确定的社会关系。根据法理，每个人都是自己利益的最佳判断者和照料者，若权利人都不关心自己的利益，可以推定有放弃该利益的意思，他人更无关心、照料其利益之义务，应当撤销对权利人的强行保护。

本案的意义就在于提示个人将文物借用于国家或第三方，应完善借用手续并及时主张权利。当然就本案而言，根据现有证据，推定当时将文物捐赠国家的证明力应明显大于将文物借给国家的可能性，不能认定原告当时是借给国家，而是捐赠给国家，捐赠的法律后果是所有权发生改变，国家成为所有人，本案褚某甲和褚某乙再以所有人身份主张权利，自然不能得到支持。

民事诉讼中的优势证据规则

——汪某等六人诉某市博物馆返还祖宅埋藏文物纠纷案

【要点提示】

民事诉讼；优势证据规则。

【基本案情】

原告汪某等六人的祖辈即居住于某市东长街 306 号房屋。2007 年 4 月，该地块被列入拆迁范围。拆迁前，原告方向拆迁项目部现场办公室及当地居委会反映，其宅基下有祖父埋藏的古钱币若干。在拆迁期间，原告方与拆迁部门没有达成拆迁补偿安置协议。

2009 年 9 月 27 日晚，拆迁办工作人员与原告方在其他地点商谈有关拆迁事项时，原告祖宅被相关单位拆除。2009 年 10 月 13 日，该拆迁工地人员挖掘出涉案埋藏的钱币时，现场有市民拾捡和哄抢，后经某博物馆挖掘清理，现被某博物馆收藏。经省文物局委托某市文物局进行鉴定，上述钱币属一般可移动文物，具有一定的历史和文化价值。钱币为机制铜圆，为清代晚期至民国期间钱币。原告索还未果，遂诉至法院，请求判令被告某博物馆返还涉案的古钱币。

被告某博物馆辩称：一、依据我国文物保护法的规定，中华人民共和国境内地下、内水和领海中遗存的一切文物，属于国家所有。本案涉案的全部古钱币经文物行政部门鉴定，属于可移动文物，故依法属于国家所有。博物馆是依法批准设立的国有文物收藏单位，对涉案的古钱币有职责依法收藏。二、原告方主张涉案古钱币为其祖上所埋藏，但其既不能提供这批古钱币的来源、数量、处置等所留下的任何文字凭证，也不能说明古钱币的数量、年代、特征、埋藏的位置等基本事实，故原告称该钱币是其祖上所埋藏，显然不能成立。综上所述，该批古钱币是属于国家所有的文物，请求依法驳回原告方的诉讼请求。

一审法院查明：2009 年 10 月 19 日，某市东长街道办事处清淮路社区居委会出具证明，载明：兹有我社区居民汪某住东长街 306 号，自 2007 年 4 月 7 日拆迁实施以来，该户多次反映祖宅房屋下有祖父所埋古钱币若干。群众也反映其祖父以前做酿酒生意，情况属实。

2009 年 10 月 20 日，某市越河小区拆迁现场办公室出具证明，载明：兹有越河小区被拆迁户汪某，住清河区东长街 306 号，自 2007 年 4 月 7 日拆迁实施以来，该户一直向拆迁指挥部反映，祖宅房屋下面有祖父埋藏的古钱币若干。

关于出土的古钱币数量。原告方主张为十三口袋，大约十五、六万枚。被告某博物馆则称，当初钱币挖出土时，连泥带币一共装了十三口袋，但经过清洗后称量估算约 55000 枚左右。原告主张的十五、六万枚的依据是钱币出土时新闻媒体的相关报道，对此，被告某博物馆则认为报道未经该单位核实，对该数量不予认可。经法院到被告某博物馆临时库房内现场察看，本案涉案钱币已经初步清洗后被博物馆全部集中存放入两只纸箱内（未装满，箱子尺寸约为 56cm×50cm×65cm 和 58cm×50cm×67cm），法院对上述两只纸箱予以现场封存。

综上，一审法院认为：关于涉案钱币是否为原告祖辈所遗留问题，根据现有证据可以认为该批古钱币为原告方祖辈所遗留。依据《中华人民共和国文物保护法》第六条、《中华人民共和国民事诉讼法》第九条，参照最高人民法院《关于贯彻执行〈中华人民共和国民法通则〉若干问题的意见（试行）》第九十三条的规定，判决被告某博物馆于判决生效后三日内返还原告汪某等六人古钱币两箱（已被本院封存于被告某博物馆临时库房内）。

被告某博物馆不服，上诉至二审法院。二审法院查明：被上诉人汪某等六人提供了复印于某市公安局区分局闸北派出所的其祖父户籍登记，在"自本市何处迁来何时登记户口"一栏注明"1922 年由本市新渡迁入现住地"，证明自 1922 年，被上诉人祖父就居住在现在被拆迁住址。

二审法院经审理认为：一审判决认定事实清楚、适用法律正确，应予维持。依照《中华人民共和国民事诉讼法》第一百五十三条第一款第（一）项之规定，于 2011 年 11 月 16 日作出判决：驳回上诉，维持原判。

【裁判解析】

本案的争议焦点是优势证据规则。

最高人民法院《关于贯彻执行〈中华人民共和国民法通则〉若干问题的意见（试行）》第九十三条规定："公民、法人对于挖掘、发现的埋藏物、隐藏物，如果能够证明属其所有，而且根据现行的法律、政策又可以归其所有的，应当予以保护。"同时，《中华人民共和国文物保护法》第六条规定："属于集体所有和私人所有的纪念建筑物、古建筑和祖传文物，其所有权受法律保护。"据此，私人所有的祖传文物受我国法律保护，埋藏于公民祖宅内的文物，只要当事人能够提供证据基本证明属于祖产的埋藏物，那么其就有权合法继承。

原告在本案中之所以胜诉的关键在于民事案件证据的优势证据规则。优势证据规则是对双方所举证据的证明力进行判断时所确立的规则，属于采信规则。即当证明某一事实存在或不存在的证据的分量与证明力比反对的证据更具有说服力，或者比反对的证据可靠性更高时，由法官采用具有优势的一方当事人所列举的证据认定案件事实。英美法系对一般民事案件实行盖然性占优势的证明要求，即法官对双方当事人提供的证据进行权衡后取其占优势者作为定案依据。我国最高人民法院总结以往审判实践中对于盲目追求"客观真实"所造成的教训，在《最高人民法院关于民事诉讼证据的若干规定》第七十三条规定："双方当事人对同一事实分别举出相反证据，但都没有足够的依据否定对方证据的，人民法院应当结合案件情况，判断一方提供的证据的证明力是否明显大于另一方提供证据的证明力，并对证明力较大的证据予以确认。"这一裁判准则即为"优势证据规则"。

具体到本案，汪某欲继承祖宅文物需举证证明诉争文物为祖上所有，因文物上没有表明属于汪某祖上的直接物证，能直接证明该批文物所有的证人恐已不在人世，只能寻找间接证据，例如本案中汪某举证某市东长街道办事处清淮路社区居委会出具证明和某市越河小区拆迁。二审期间又举证复印于某市公安局区分局闸北派出所的其祖父户籍登记。上述间接证据表明：首先，发掘出古钱币的地址应在被上诉人祖传房屋宅基地范围内。虽然当时房屋已拆迁，其祖父户籍登记不是迁入时的登记，但应是其祖父在世时根据其陈述所作登记，具有客观真实性，该证据能够证明被上诉人祖父早在1922年就迁居该地址，直到房屋被拆迁，汪家均有人居住于该老宅。其次，在拆迁前，被上诉人就多次向拆迁办、居委会有关人员反映其祖父在宅基地下埋藏铜币。在没有发掘出古钱币之前就反映地下有埋藏物，明确是铜币，并最后得到验证，这种预知充分证明了发掘出的古钱币是由被上诉人祖父埋藏。对拆迁办、居委会所作证明的真实性，拆迁办以及居委会是拆迁工作的直接参与者，作为政府领导下的一级组织和部门，在发掘出古钱币并因此产生纠纷后所作的证明，符合客观事实，可信度高。再次，被上诉人祖父在民国期间开槽坊，具备拥有本案所涉大量古钱币的背景条件。关于涉案古钱币归属问题，私人可以成为文物的所有权人，汪某等六人能够证明涉案古钱币属其祖父所有的间接证据能够形成完整证据链，已形成优势证据，被告某博物馆又举不出相反证据足以推翻汪某等证据的真实、合法及关联性，可以认定涉案文物为祖传文物，属于有主物，汪某等对其祖父的财产依法亦享有继承的权利。

　　本案从位置上判断，该批古钱币系从原告方宅基附近挖出，而原告祖辈即居住在该处，排除了其他人居住在此予以埋藏的可能。从原告拆迁之前的行为来分析，在房屋拆迁之前，原告曾多次向居委会及有关部门反映其宅基内有古钱币，如果之前原告的祖辈没有向其告知地下埋有古钱币，原告不可能会知道宅基内埋有古钱币，而现场出土的古钱币亦印证了原告的说法。该批出土的古钱币，现只有原告方出面主张权利，附近居民或其他人没有出面主张权利。原告方所举证据处于优势且可以形成证据锁链，故法院认定该古钱币系原告祖上所埋，并无不当。

　　关于涉案古钱币是否应当予以返还问题。虽然文物属于限制流通物，但我国法律并不禁止公民个人合法拥有。最高人民法院《关于贯彻执行〈中华人民共和国民法通则〉若干问题的意见（试行）》第九十三条、《中华人民共和国文物保护法》第六条的规定，都表明我国法律允许私人拥有文物。本案中所涉的古钱币属原告祖父所埋，属有主文物，原告方依法可以继承并合法占用，故应判决被告某博物馆返还涉案古钱币。对于返还的数量，原告方主张为十三口袋，大约十五六万枚。被告某博物馆则称，当初钱币挖出土时，连泥带币一共装了十三口袋，但经过清洗后称量估算约55000枚左右。原、被告均认可出土时涉案钱币装了十三口袋，但由于钱币本身重量较大且出土时还带有泥土，且原告主张的十五六万枚的依据是钱币出土时新闻媒体的相关报道，对此，被告某博物馆亦认为报道未经该单位核实，对该数量不予认可。故原告主张的十五六万枚钱币数量，证据不足，不予认定。由于钱币数量、品种较多且已被法院封存，故以法院最终封存的两箱古钱币作为返还标的。

本案的意义在于，寻找客观事实的过程中，需要间接证据予以佐证，在不能获取直接证据的情况下，可以通过寻找相关联的不同间接证据完成对客观事实的认定，当然在可以保留直接证据的情形中，当事人还应该有证据意识。

动产的所有权转移

——王某与某拍卖有限公司返还原物纠纷案

【要点提示】

动产的所有权转移；动产的善意取得。

【基本案情】

王某系王某父之子。王某父曾编著了《王某父将军回忆文集》一书，由某出版社出版发行。该书中含越南共和国主席胡志明 1950 年签赠给王某父的照片及越军总司令武元甲 1957 年签赠给王某父的照片各一张。2014 年 1 月，某拍卖有限公司与案外人签订《委托拍卖合同书》，约定：委托人委托某拍卖有限公司依法拍卖"王某父上款签名照及回忆文集底稿照片"，委托人保证对拍卖标的拥有无可争议的所有权及处分权，对该拍卖标的的拍卖不会侵犯任何第三方的合法权益。同年 5 月 3 日，某拍卖有限公司对王某父相簿一册（含越南共和国主席胡志明 1950 年签赠给王某父的照片及越军总司令武元甲 1957 年签赠给王某父的照片各一张）进行拍卖，拍卖成交价为 69000 元。（庭审中，某拍卖有限公司陈述，其在接受案外人委托时曾询问委托人涉案拍品的来源，委托人告知系从某文化艺术品商店中以 5000 元的价格购得。）

王某的一审诉讼请求为：一、判令某拍卖有限公司返还其《王某父将军回忆文集》一书底稿原件、相簿一册、1950 年越共中央主席胡志明及 1957 年越军总司令武元甲签赠给其父亲的照片原件；二、赔偿精神损失费 100000 元；三、承担本案全部诉讼费用。审理中，王某将本案案由变更为侵权纠纷，并将第一项诉讼请求变更为要求某拍卖有限公司赔偿损失 69000 元，一审法院准许。

一审法院认为：本案中，某拍卖有限公司对涉案的王某父相簿一册（含越南共和国主席胡志明 1950 年签赠给王某父的照片及越军总司令武元甲 1957 年签赠给王某父的照片各一张）进行拍卖，系接受案外人委托而进行的拍卖行为。涉案的拍品系动产，动产一般以占有为公示要件，其物权变动实行交付主义，具有极强的流通性。某拍卖有限公司作为拍卖人，在委托人交付拍卖标的时，已要求其就拍卖标的的来源予以说明，且与之签订书面委托合同，委托人保证"对拍卖标的的拥有无可争议的所有权及处分权，对该拍卖标的的拍卖不会侵犯任何第三方的合法权益"，某拍卖有限公司已尽到了法定的义务，不存在过错。现王某以某拍卖有限公司未尽审查义务为由要求其承担侵权责任，缺乏事实依据和法律依据，不予支持。依照《中华人民共和国民事诉讼法》第六十四条第一款之规定，判决：驳回王某的诉讼请求。

王某不服，上诉至二审法院。请求二审法院撤销一审判决，改判支持上诉人的一审诉讼请求。被上诉人答辩称：一审法院的判决从程序上和法律适用上都符合法律的规定，处理得当，请求驳回上诉人的上诉请求。对拍卖中委托人提供的委托资料，被上诉人一方是要进行核实，但若其无法提供资料，则也就无法进行核实，并非是上诉人所说的要对委托人的身份、标识进行核实；一审法院在认定事实方面也写明了对案涉标的的来源进行了说明，即在合同中告知了委托人，而且事后委托人也提供了相关证据证明是从其他的店铺中买来的，前后并不矛盾；针对上诉人提出的第三点上诉理由，上诉人认为一审法院适用法律错误，不管是从拍卖法还是物权法来看，被上诉人均没有违反法律规定，都是按照法律规定来履行自己的义务的。综上，请求法院驳回上诉人的上诉请求。

二审法院另查明：省文物局于 2014 年 4 月 14 日作出《省文物局关于某拍卖有限公司 2014 年春季拍卖会文物拍卖标的的批复》[X 文物许（2014）16 号]。2014 年春季拍卖会（举办时间 2014 年 5 月 3 日至 6 日，举办地点某大饭店）涉及文物监管范围的标的符合文物拍卖标的审核要求，同意上拍。在该文件所附拍卖标的清单中，标号第 3064 的拍品载名为《签赠照王某将军相片等相簿一册》。

二审法院经审理认为：依据被上诉人与案外人签订的《拍卖委托合同》，被上诉人系受案外人委托，获得对涉诉物品进行拍卖的权利，且在拍卖前所涉拍品也已经过相关主管部门审核同意上拍。据此，被上诉人开展上述拍卖活动合法有据。现上诉人以被上诉人对案涉物品进行拍卖构成侵权为由，诉请判令被上诉人赔偿其损失，缺乏事实与法律依据，对其上诉理由，该院不予采信。综上，依照《中华人民共和国民事诉讼法》第一百七十条第一款第（一）项之规定，判决：驳回上诉，维持原判。

【裁判解析】

本案的争议焦点是动产的所有权转移和动产的善意取得。

所有权转移是指义务人将标的物的所有权转让于权利人的行为，动产一般以占有为权利公示方法，除法律另有规定或者当事人另有约定以外，其所有权依交付而转移，无须办理特殊手续。《中华人民共和国民法通则》第七十二条第二款规定："按照合同或者其他合法方式取得财产的，财产所有权从财产交付时起转移，当事人另有约定的除外。"不动产所有权的转移适用登记主义，不动产自登记之日所有权发生转移。需要注意的是对于航空器、船舶、车辆，它们属于动产，但因其价值较大，可移动，故法律对其所有权转移做出了登记的规定，如车辆，以登记为权利公示方法，其所有权就不能随交付而转移，必须办理所有权人的变更登记。由此，动产均以交付而获得所有权，而车辆等特殊动产因登记而取得对抗第三人的效力。本案涉案的拍品系动产，动产以占有为公示要件，其物权变动实行交付主义。某拍卖有限公司作为拍卖人，在委托人交付拍卖标的时保证"对拍卖标的拥有无可争议的所有权及处分权，对该拍卖标的的拍卖不会侵犯任何第三方的合法权益的情况下"，是否已尽到了法定的义务？正因为动产以占有为公示要件，谁占有就足以让人相信其享有所有权，结合动产的善意取得制度，某拍卖有限公司对诉争拍品的审查尽到形式审查义务即可。

善意取得制度系指动产占有人以动产所有权的移转或其他物权的设定为目的，移转占有于善意第三人时，即使动产占有人无处分动产的权利，善意受让人仍可取得动产所有权或其他物权的制度。善意取得即无权处分他人动产的占有人，在不法将动产转让给第三人以后，如果受让人在取得该动产时出于善意，就可以依法取得对该动产的所有权，受让人在取得动产的所有权以后，原所有人不得要求受让人返还财产，而只能请求转让人（占有人）赔偿损失。善意取得制度是物权制度的重要补充，对完善有关物权制度的缺陷具有很高的价值。《最高人民法院关于适用〈中华人民共和国物权法〉若干问题的解释（一）》第十五条规定："受让人受让不动产或者动产时，不知道转让人无处分权，且无重大过失的，应当认定受让人为善意。真实权利人主张受让人不构成善意的，应当承担举证证明责任。"第十七条规定："受让人受让动产时，交易的对象、场所或者时机等不符合交易习惯的，应当认定受让人具有重大过失。"本案诉争拍品，是某拍卖有限公司依据与案外人签订的《拍卖委托合同书》，受案外人委托，获得对涉诉物品进行拍卖的权利，且在拍卖前所涉拍品也已经过相关主管部门审核同意上拍，某拍卖有限公司开展上述拍卖活动合法有据。同时，就本案所涉及拍卖特定场所，竞拍人通过拍卖程序拍得拍品，不能据此认定竞拍人有重大过失，即使委托人是无权处分人，拍品一旦拍卖成功，竞拍人也会依据善意取得获得诉争拍品的所有权。审理中，王某将本案案由变更为侵权纠纷，并将第一项诉讼请求变更为要求某拍卖有限公司赔偿损失69000元，一审法院准许，即便如此，王某也只能请求委托人（占有人）赔偿损失，当然王某必须举证委托人是恶意取得诉争拍品，才能请求赔偿损失，如果委托人也是善意取得拍品，同样道理，委托人取得诉争拍品的所有权，依此寻找到该次从原真正所有权人处取得诉争拍品的占有人，请求赔偿损失，亦需要充分举证。一审法院之所以以《中华人民共和国民事诉讼》第六十四条第一款规定驳回王某的诉讼请求，是因为该款规定："当事人对自己提出的主张，有责任提供证据。"由于王某没有证据证明某拍卖有限公司是恶意取得诉争拍品或是不当得利，故因自己举证不利而承担了不利的法律后果。

　　《中华人民共和国拍卖法》第六条规定："拍卖标的应当是委托人所有或者依法可以处分的物品或者财产权利"。第四十一条规定："委托人委托拍卖物品或者财产权利，应当提供身份证明和拍卖人要求提供的拍卖标的的所有权证明或者依法可以处分拍卖标的的证明及其他资料"。第四十二条规定："拍卖人应当对委托人提供的有关文件、资料进行核实。拍卖人接受委托的，应当与委托人签订书面委托拍卖合同"。综上，有关委托人是否拥有合法的处分权利，拍卖人有权进行审查，但审查的目的及意义，并不在于实质性的认定委托人的处分权是否合法，且在本案中也无证据证明其明知或者应当知道委托人无权处分，因此，拍卖人并不构成拍卖法中规定的拍卖人所应承担赔偿责任的情形。但拍卖人某拍卖有限公司在审核委托人权利来源时还是过于宽泛，建议公司从规范的角度，在签订委托合同前，就要求委托人对权利来源进行说明并出示基本的权利凭证证明材料。当然更为苛刻的实质审查并不符合动产所有权转移的特征，不利于交易的流通，要求每项动产交易都追根溯源不仅不符合法律对动产交易的要求，也是不现实的。

发现权

——要某与某市文物管理局发现权纠纷案

【要点提示】

发现权的客体；民事诉讼起诉条件。

【基本案情】

2003 年 8 月 31 日上午，要某（本案原告）在某市某县东安村依据街旁横躺的一个石虎，推断发现了已消失数百年之久的宋代开国皇帝赵匡胤的祖陵遗址，于是，按照《中华人民共和国文物保护法》规定，9 月 1 日其将此发现报告了市旅游文物局赵局长。9 月 2 日其又报告了主管文化工作的张副市长。10 月 27 日，经发掘，又一个深埋地下重达 10 余吨的石像重见天日，至此，宋祖陵的真相端倪已见。延至 2008 年春，经主管部门大规模发掘，宋祖陵被诸多专家确认，并定为省级文物保护单位，2013 年又被国务院升格为国家重点文物保护单位。2008 年 5 月 26 日、8 月 28 日，要某分别向国家、省、市文物管理局申请领取宋祖陵发现人《荣誉证书》，未得到答复。2014 年 4 月 10 日，某市文物管理局（本案被告）向要某颁发"在某县宋祖陵保护与宣传工作中表现突出"的《荣誉证书》。

2015 年，要某向法院提起民事诉讼，请求人民法院依法判令：被告向原告颁发宋祖陵发现人《荣誉证书》，并赔偿诉讼费用。

被告某市文物局辩称：一、被答辩人并不是宋祖陵的发现人，不具备申请发现证书资格。《续资治通鉴长编》卷二六〇："神宗熙宁八年（1075）二月，内殿崇班赵永图言：'奉诏许以翼祖（赵匡胤祖父）保州旧居地建资果院，守护祖坟，岁度僧一人。'"宋真宗诏书称："保州（今保定）保塞县（今某县）丰归乡东安村，乃宣祖（宋太祖赵匡胤之父赵弘殷）故里。"南宋文人周辉出使金国（当时保定属金国管辖），在保塞县走访赵氏家乡称："国家上世陵寝（赵匡胤祖陵），皆在保州保塞县东三十里，有天子巷、御庄，尚有宗室再焉。"由此可见，史料早有记载，宋祖陵在东安村。至于被答辩人提及的石虎，已经横躺街旁4年，可见石虎的发现人也非被答辩人。根据《中华人民共和国文物保护法》第七条"一切机关、组织和个人都有依法保护文物的义务"的相关规定，被答辩人只是依法履行了保护文物的义务。二、被答辩人盗掘石像行为违反法律规定。2003年10月27日，被答辩人在没有国家考古发掘领队资格，未履行考古发掘报批手续的情况下，私自雇佣当地村民对宋祖陵遗址进行了盗掘，盗掘出地下埋藏的石像一座。该行为违反了《中华人民共和国文物保护法》第二十七条"一切考古发掘工作，必须履行报批手续；从事考古发掘的单位，应当经国务院文物行政部门批准。地下埋藏的文物，任何单位或者个人都不得私自发掘"的相关规定。

一审法院认为：首先，要某所诉并非是民事法律中知识产权类所调整的发现权纠纷；其次，要某要求某市文物管理局向其颁发宋祖陵发现人荣誉证书的诉求，并不属民事法律所调整的平等民事主体之间的财产关系和人身关系纠纷，并且程序上不属于民事法律所调整的知识产权类民事纠纷案件的范围，依据《中华人民共和国民事诉讼法》第一百二十四条的规定，法院已释明要某劝其对本案予以撤诉，另行主张。但要某拒不接受法院的劝解和释明，仍坚持其起诉主张。综上，一审法院依据《中华人民共和国民事诉讼法》第一百一十九条和第一百二十四条第一款第（一）项，及最高人民法院《关于适用〈中华人民共和国民事诉讼法〉的解释》第二百零八条第三款的规定，裁定：驳回原告要某的起诉。

要某不服原审裁定，向高级人民法院提起上诉。请求判令：某市文物管理局向其颁发宋祖陵发现证书，并赔偿诉讼费用。

二审法院经审理后认定的事实与一审法院一致。2015年9月16日，二审法院依照《中华人民共和国民事诉讼法》第一百七十条第（一）项、第一百七十一条之规定，裁定：驳回上诉，维持原裁定。

【裁判解析】

本案的争议焦点是要某是否享有我国法律所规定的"发现权"。

发现权是发现人对自然现象、特性或规律的新发现、新认识所享有的权利。《中华人民共和国民法通则》第九十七条第一款规定："公民对自己的发现享有发现权。发现人有权申请领取发现证书、奖金或者其他奖励。"《中华人民共和国民法通则》第一百一十八条规定："发现人在发现其权利受到篡改、剽窃、假冒等侵害时，有权要求停止侵害、消除影响、赔偿损失。"这些规定表明，发现权是一种民事权利，权利的内容包括发现人对其发现所享有的人身权（证书受领及在证书上署名）和财产权（受领奖金或者其他奖励的权利）。权利受到不法侵害，发现人有权请求获得法律保护。

但上述法律对发现权只作了原则性规定，对发现权的确认、发现权的客体、主体规定得不明确。1999年国务院颁布的《国家科学技术奖励条例》第九条规定："国家自然科学奖授予在基础研究和应用基础研究中阐明自然现象、特征和规律，做出重大科学发现的公民。前款所称重大科学发现，应当具备下列条件：（一）前人尚未发现或者尚未阐明；（二）具有重大科学价值；（三）得到国内外自然科学界公认。"据此，对科学发现的奖励，发现人享有获得证书的确认和保护的权利，包括人身权和领取奖金或实物奖的财产权利两项。由于我国民法通则对于发现权的客体没有明确规定，究竟是广义的发现还是狭义的发现（科学发现）均很模糊，对于是否包括文物的发现也没有明确规定，我国理论界及司法界一般会依据此条例将发现权的客体理解为科学发现。对于科学发现，一般认为不包括矿藏的发现、考古、古生物、古文物发掘、地理、动植物的发现。

从我国立法及理论上来看，本案原告要某要求确认宋祖陵发现权的主张难以得到法律支持。这是因为，发现权是一种法定的权利，不是自然权利，我国法律没有明确规定可以确认文物的发现权，也没有授权文物管理部门或其他部门可以颁发文物发现权证书，要某的诉讼请求，在法律上没有适当的途径。故，法院认定要某不享有民法规定的发现权并无不妥，本案不应属于发现权纠纷。从要某要求某市文物管理局向其颁发宋祖陵发现人荣誉证书的诉讼请求来看，本案不属于民事法律所调整的知识产权类民事纠纷案件，亦不属于民事法律所调整的平等民事主体之间的财产关系和人身关系纠纷，不符合《中华人民共和国民事诉讼法》第一百一十九条第（四）项关于起诉条件的规定（《中华人民共和国民事诉讼法》第一百一十九条规定："起诉必须符合下列条件：（一）原告是与本案有直接利害关系的公民、法人和其他组织；（二）有明确的被告；（三）有具体的诉讼请求和事实、理由；（四）属于人民法院受理民事诉讼的范围和受诉人民法院管辖。"），因此法院在按照《中华人民共和国民事诉讼法》第一百二十四条第一款第一项之规定向要某释明其应提起行政诉讼后（《中华人民共和国民事诉讼法》第一百二十四条第一款规定："人民法院对下列起诉，分别情形，予以处理：（一）依照行政诉讼法的规定，属于行政诉讼受案范围的，告知原告提起行政诉讼。"），裁定驳回其起诉并无不当。

劳动合同

——王某与某考古所劳动争议纠纷案

【要点提示】

加班工资的计算标准；未订立劳动合同的补偿；违法解除劳动合同的经济补偿金。

【基本案情】

2012 年 1 月 1 日，王某（本案原告）与某考古所（本案被告）签订《聘用人员协议书》，双方约定：期限自 2012 年 1 月 1 日至 2012 年 12 月 31 日；工作时间为每日 17：00 时至次日 9：00 时（晚上 22：00 时至次日 6：00 时履行带班员职责）；按时交接班，不随意调整值班时间，保证值班人员在岗，尤其是保证夜间有二人在岗；每月在正常上班时间可安排休息两天，节假日不安排休息；原告月工资包括基础工资 1200 元，节假日及休息日补助 400 元，医疗保险 78 元，养老保险 218 元，失业保险 18 元，每月实际核发 1914 元。2012 年 9 月 22 日至 12 月 31 日期间，原告自行与保安公司人员调换工作时间，实际工作时间为每日 20：00 时至第二日早 8：00 时。上述协议期满后，原、被告虽未续签协议，但原告仍在被告处从事相同岗位工作直至 2015 年 4 月 30 日，工资待遇仍执行原协议。2013 年 2 月 3 日至 2015 年 4 月 30 日期间，原告每日工作时间为 14 个小时。2015 年 5 月 15 日，被告下发《关于同意王某解除劳动合同关系要求的通知》，原告的工资发至 2015 年 5 月。原告陈述称一直以来每晚值班均由其一人值守，被告认为每晚值班人数为两人，并为此向法院提交部分保安人员交接班登记表，从登记表情况看，每晚同时值班人员为两人。原告认为被告的行为侵犯其合法权利，于 2015 年 5 月 16 日向某省劳动人事仲裁委员会申请劳动仲裁，该委员会于 2015 年 8 月 2 日作出劳人仲裁字（2015）第 96 号裁决书，裁决认定双方形成劳动关系，并裁决被告支付原告经济补偿人民币 6699 元、超过工作时间基准标准补偿 41000 元。

随后，原告向区人民法院提起诉讼，请求法院判令被告向其支付延时工资报酬、休息日、法定休假日、带薪休假工资报酬、解除劳动合同补偿金等并承担本案诉讼费用。

一审法院认为：劳动合同是劳动者与用人单位确立劳动关系、明确双方权利和义务的协议。原告王某与被告某考古所签订的聘用人员协议书符合劳动法、劳动合同法有关劳动合同的规定，虽然被告是全额拨款事业单位，但并不符合法律、法规禁止其与劳动者签订劳动合同的相关规定。原告作为被告单位的一名保安人员，是工勤人员的一种，与被告之间形成了劳动合同关系，双方不得违反劳动合同法的规定。综合案件事实，法院依法判决如下：一、原告王某与被告某考古所在 2013 年 1 月 1 日至 2015 年 4 月 30 日期间存在劳动合同关系。二、被告某考古所于本判决生效之日起 7 日内向原告王某支付延时工资报酬 20710.33 元。三、被告某考古所于本判决生效之日起 7 日内向原告王某支付休息日、法定休假日、带薪休假工资报酬 30289.62 元。四、被告某考古所于本判决生效之日起 7 日内向原告王某支付未签订书面劳动合同二倍工资 13200 元。五、被告某考古所于本判决生效之日起七日内向原告王某支付解除劳动合同补偿金 4200 元。

一审判决后，某考古所不服，向市中级人民法院提起上诉称：一、原审判决认定事实错误，被上诉人实际工作时间和休息天数均无事实依据。原判认定没有证据证明系原告主动提出解除劳动合同，不符合案件事实。二、一审判决适用法律错误，认定协议部分条款违反劳动合同法，上诉人承认协议约定的工作时间超出了劳动法规定，但该协议是在被上诉人主动提出条件并自愿签订的情况下签订的。三、一审判决上诉人向被上诉人支付两倍工资不妥，因被上诉人拒绝签订合同，因此原因在被上诉人。请求：撤销原判，依法驳回被上诉人的诉讼请求。

被上诉人王某答辩称：一、一审判决认定被上诉人每日工作时间有事实依据。二、一审判决认定没有证据证明系原告主动提出解除劳动合同符合案件事实。三、一审判决适用法律正确，被上诉人系事业单位的工勤人员，根据劳动部的相关规定，事业单位的工勤人员适用劳动法。四、一审开庭的时候开庭笔录显示，问对方劳动仲裁的事实有无意见，双方都认可无异议。现在提出事实有出入，原一审承认的事实，二审又说有出入。本案一审判决认定事实清楚，适用法律正确，请求维持一审判决。

二审法院认为：上诉人某考古所与被上诉人王某签订的聘用人员协议书，虽是双方自愿达成，但当事人之间的约定，不能违反法律规定，双方协议约定的工作时间和休息日的约定，违反了劳动合同法的有关规定，因此原判认定该部分约定无效，合理有据，上诉人应当按照劳动合同法的规定，支付被上诉人相应的延时工资以及休息日、法定节假日、带薪休假工资。上诉人提出一审判决认定协议部分条款违反劳动合同法，承认协议约定的工作时间超出了劳动法规定，但该协议是在被上诉人主动提出条件并自愿签订的情况下签订的，未提供证据且理由不足，该院不予支持。关于上诉人提出被上诉人的出勤情况不符，提供的证据为三份门卫值班日记，以及被上诉人王某调班经过，但上述证据不足以证明被上诉人王某从2010年至今的全部考勤状况，故该院不予支持。关于上诉人某考古所提出因被上诉人拒绝签订劳动合同，原因在被上诉人王某，但未提交相应证据，故一审判决上诉人某考古所向被上诉人王某支付两倍工资，上诉人认为不妥的意见，该院不予支持。综上，原判认定事实清楚、适用法律正确。依据《中华人民共和国民事诉讼法》第一百七十条第一款第（一）项之规定，判决：驳回上诉，维持原判。

【裁判解析】

本案的争议焦点有以下三点：

一、加班工资问题

《中华人民共和国劳动法》第三十六条规定："国家实行劳动者每日工作时间不得超过八小时、平均每周工作时间不超过四十四小时的工时制度。"第三十八条规定："用人单位应当保证劳动者每周至少休息一日。"上述两条明确规定了劳动者的工作时长，但这并不是说用人单位不能延长劳动者的工作时间，在特殊情况下，用人单位可以依法延长劳动者的工作时间。该法第四十一条规定："用人单位由于生产经营需要，经与工会和劳动者协商后可以延长工作时间，一般每日不得超过一小时；因特殊原因需要延长工作时间的，在保障劳动者身体健康的条件下延长工作时间每日不得超过三小时，但是每月不得超过三十六小时。"第四十二条对于延长工作时间的限制作出了例外规定："有下列情形之一的，延长工作时间不受本法第四十一条规定的限制：

（一）发生自然灾害、事故或者因其他原因，威胁劳动者生命健康和财产安全，需要紧急处理的；（二）生产设备、交通运输线路、公共设施发生故障，影响生产和公众利益，必须及时抢修的；（三）法律、行政法规规定的其他情形。"

上述法条对于工作时间、延长工作时间的标准作出了明确规定，对于延长工作时间，用人单位是否需要支付加班工资以及按照何种标准支付？《中华人民共和国劳动法》第四十四条规定："有下列情形之一的，用人单位应当按照下列标准支付高于劳动者正常工资时间的工资报酬：（一）安排劳动者延长工作时间的，支付不低于工资的百分之一百五十的工资报酬；（二）休息日安排劳动者工作又不能安排补休的，支付不低于工资的百分之二百的工资报酬；（三）法定休假日安排劳动者工作的，支付不低于工资的百分之三百的工资报酬。"

根据上述法条，笔者作出下表以便于读者更好的理解与掌握：

$$
\text{加班}
\begin{cases}
\text{一般情况的加班}
\begin{cases}
\text{1 小时/日} \\
\text{3 小时/日；36 小时/月}
\end{cases} \\[2ex]
\text{不受限制的加班}
\begin{cases}
\text{需要紧急处理的} \\
\text{需要及时抢修的}
\end{cases} \\[2ex]
\text{加班报酬}
\begin{cases}
\text{加点：1.5 倍} \\
\text{公休日：2 倍} \\
\text{法定节假日：3 倍}
\end{cases}
\end{cases}
$$

根据上述法条，用人单位应当严格执行劳动定额标准，不得强迫或者变相强迫劳动者加班。用人单位安排加班的，应当按照国家有关规定向劳动者支付加班费。本案中，某考古所与王某签订的聘用人员协议书，虽是双方自愿达成，但当事人之间的约定，不能违反法律规定，双方协议约定的工作时间和休息日的约定，违反了劳动法的有关规定，因此该部分约定无效。用人单位某考古所应当按照劳动法的规定，支付劳动者王某相应的延时工资以及休息日、法定节假日、带薪休假工资。

二、未订立劳动合同问题

《中华人民共和国劳动合同法》第十条第一款规定："建立劳动关系，应当订立书面劳动合同。"据此，用人单位与劳动者建立劳动关系，均应订立书面劳动合同。对于不订立劳动合同应承担的责任,《中华人民共和国劳动合同法》第八十二条第一款规定:"用人单位自用工之日起超过一个月不满一年未与劳动者订立书面劳动合同的,应当向劳动者每月支付二倍的工资。"

本案中,被告作为用人单位,在原劳动合同期满后,应与继续录用的原告签订书面劳动合同,未签订的,被告应向原告支付二倍工资。

三、用人单位解除合同的经济补偿金问题

《中华人民共和国劳动合同法》第四十八条规定:"用人单位违反本法规定解除或者终止劳动合同,劳动者要求继续履行劳动合同的,用人单位应当继续履行;劳动者不要求继续履行劳动合同或者劳动合同已经不能继续履行的,用人单位应当依照本法第八十七条规定支付赔偿金。"第八十七条规定:"用人单位违反本法规定解除或者终止劳动合同的,应当依照本法第四十七条规定的经济补偿标准的二倍向劳动者支付赔偿金。"该法第四十七条第一款规定:"经济补偿按劳动者在本单位工作的年限,每满一年支付一个月工资的标准向劳动者支付。六个月以上不满一年的,按一年计算;不满六个月的,向劳动者支付半个月工资的经济补偿。"

本案中,原告于 2012 年 1 月 1 日至 2015 年 5 月 15 日在被告单位工作,被告违反劳动合同法的规定单方解除了与原告的劳动合同,应当支付 3.5 个月工资作为经济补偿。

综上,本案中法院的判决符合劳动法以及劳动合同法的规定。

劳动仲裁时效

——陶某与某文物复制厂劳动争议纠纷案

【要点提示】

劳动关系；仲裁时效的计算。

【基本案情】

1990 年 3 月份，陶某（本案原告）以工人身份调入某文物复制厂（本案被告）。调入后，陶某未在某文物复制厂工作过，也未领取过工资。2014 年 9 月 10 日，陶某以某文物复制厂为被申请人向市和平区劳动人事争议仲裁委员会申请仲裁，请求事项为：养老保险、医疗保险。同日，该委作出和劳人仲字〔2014〕439 号不予受理通知书，对申请人的申请不予受理。

陶某不服，向区法院提起诉讼称：我于 1990 年 3 月调入某文物复制厂，领导要求我在家中等待分配，后我要求上班，他说没有合适的工作安排我，要我继续等待，我多次去单位要求上班，都被领导以各种理由拒绝。他说，现在各单位都在改革，你们如果在外面能找到临时的工作先干着，等人员安排后，再通知我上班，我也只好在外面找个临时工作干。后来，我再次找到单位，要求回单位上班，这次某文物复制厂换了新领导，这个领导说没有我的档案，过几天他告诉我说找到了，是原领导没有去上级报，我是正常工作调转原单位和现单位（包括两个单位主管部门都盖章了），我的调转手续齐全，至于往上级申报是单位的事情，与我个人无关，我的调转手续合理合法，这些年我一直在该单位，我找过许多部门都没有对我的事情负责，我现在养老、医疗保险什么都没有。现诉至法院。诉讼请求：要求某文物复制厂为陶某缴纳养老保险、医疗保险，同时对单位这么多年没给我办理二项保险所造成的住院费 15 万元予以赔偿，还有生活和精神上的赔偿。

　　某文物复制厂辩称：一、陶某与某文物复制厂之间并未建立劳动关系，某文物复制厂没有义务为陶某交纳养老、医疗保险费用及医疗费用。二、陶某的仲裁申请因超过仲裁申请期限被仲裁机构驳回，并无不可抗力或者其他正当理由，并且陶某的请求也超过了 20 年法律保护期限，人民法院应当依法驳回其诉讼请求。综上，请求人民法院判令驳回陶某的诉讼请求。

　　一审法院查明：现陶某档案由其个人保管；2014 年 10 月份，陶某到退休年龄。

　　一审法院认为：自陶某于 1990 年没有到某文物复制厂上班，某文物复制厂不向其支付工资之日起陶某即应当知道其权利已受到侵害，但其直至 2014 年 9 月 10 日方申请仲裁，已超过了法定的 60 日仲裁时效期间，故法院对某文物复制厂关于仲裁时效的抗辩，予以采信。一审法院依法判决如下：驳回陶某的诉讼请求。

　　宣判后，陶某不服一审法院判决，上诉称：上诉人是被上诉人单位的员工，上诉人与被上诉人之间存在劳动关系，被上诉人应为上诉人缴纳养老和医疗保险。请求撤销原审判决，依法改判。

　　二审法院认为：上诉人的申请已过仲裁时效，原审法院的判决并无不当，依法判决：驳回上诉，维持原判。

【裁判解析】

　　本案的争议焦点有以下两点：

一、原被告间是否建立了劳动关系

　　根据《中华人民共和国劳动法》第四条"用人单位应当依法建立和完善规章制度，保障劳动者享有劳动权利和履行劳动义务"的规定，劳动既是劳动者的权利，又是劳动者的义务。本案中，根据陶某提供的证据材料，可以证明其于 1990 年 2 月 27 日调动工作至某文物复制厂，档案调转系陶某开信自取。根据某文物复制厂的相关制度以及当时企业之间人事调转的一般程序，劳动者发生调动的，劳动者与新单位之间应当办理档案交接，办理录入登记及相关部门的备案手续。但某文物复制厂从未收到陶某的人事档案等相关的调转手续。陶某的陈述也可以证明其从未在某文物复制厂工作过，某文物复制厂也从未向其支付过劳动报酬。陶某虽主张系因某文物复制厂不给安排工作所致，但对此未能向法庭提供有效证据予以证明，所以可以认定陶某与某文物复制厂之间从未建立过劳动关系。某文物复制厂没有义务为陶某交纳养老、医疗保险费用及医疗费用。

二、仲裁时效是否已超过

《中华人民共和国劳动法》（1995年）第八十二条规定："提出仲裁要求的一方应当自劳动争议发生之日起六十日内向劳动争议仲裁委员会提出书面申请。"对于"劳动争议发生之日"的确定，原劳动部《关于贯彻执行〈中华人民共和国劳动法〉若干问题的意见》第八十五条规定："劳动争议发生之日是指当事人知道或者应当知道其权利被侵害之日。"

本案中，陶某自1990年起没有到某文物复制厂上班，某文物复制厂不向其支付工资之日起陶某即应当知道其权利已受到侵害，但其直至2014年9月10日方申请仲裁，已超过了法定的60日仲裁时效期间。《中华人民共和国劳动争议调解仲裁法》第二十七条规定："劳动争议申请仲裁的时效期间为一年。仲裁时效期间从当事人知道或者应当知道其权利被侵害之日起计算。前款规定的仲裁时效，因当事人一方向对方当事人主张权利，或者向有关部门请求权利救济，或者对方当事人同意履行义务而中断。从中断时起，仲裁时效期间重新计算。因不可抗力或者有其他正当理由，当事人不能在本条第一款规定的仲裁时效期间申请仲裁的，仲裁时效中止。从中止时效的原因消除之日起，仲裁时效期间继续计算。劳动关系存续期间因拖欠劳动报酬发生争议的，劳动者申请仲裁不受本条第一款规定的仲裁时效期间的限制；但是，劳动关系终止的，应当自劳动关系终止之日起一年内提出。"即便按照上述规定，陶某的仲裁请求亦已超过法定的一年仲裁时效期间，其不符合"劳动关系存续期间因拖欠劳动报酬发生争议"的情形，也没有有效证据证明本案存在仲裁时效中止、中断等法定事由，故可以认定本案中陶某的仲裁请求已过诉讼时效。

《最高人民法院关于审理劳动争议案件适用法律若干问题的解释》第三条规定："劳动争议仲裁委员会根据《劳动法》第八十二条之规定，以当事人的仲裁申请超过六十日期限为由，作出不予受理的书面裁决、决定或者通知，当事人不服，依法向人民法院起诉的，人民法院应当受理；对确已超过仲裁申请期限，又无不可抗力或者其他正当理由的，依法驳回其诉讼请求。"据此，法院判决驳回原告的诉讼请求于法有据。

【特别提示】

《中华人民共和国劳动法》第八十二条规定的仲裁时效为 60 日，而《中华人民共和国劳动争议调解仲裁法》规定的仲裁时效为 1 年，根据特别法优于普通法的规定，对于劳动争议的仲裁时效应适用 1 年的规定，此外，从立法目的来看，为了更好地保护劳动者的合法权益，将仲裁时效规定为 1 年而不是 60 日更加有助于保障劳动者的利益。

劳动争议的赔偿范围

——万某与某考古研究所劳动争议纠纷案

【要点提示】

劳动争议；各类补偿金的确定。

【基本案情】

2008年9月，万某（本案原告）到某考古研究所（本案被告）从事看守西塔西大门及保洁工作，原告一家居住于西塔西大门门房内。期间，原、被告未签订劳动合同，被告也未给原告缴纳社会保险。2013年1月16日、2014年1月16日，原告与市建设投资控股有限公司分别签订两份《经营权出让合同》，约定：市建设投资控股有限公司将西塔西门处16个车位的经营权出让给原告，出让期限截至2015年1月16日。2013年10月1日，被告将西塔物业交由银祥物业服务有限公司负责。同日，原告与银祥物业服务有限公司签订劳动合同。劳动合同签订后，原告工作地点不变，工资由银祥物业服务有限公司发放。原告称于2014年5月从银祥物业服务有限公司离职。原告从被告处离职（2013年9月30日）前十二个月平均工资为1250元。2013年9月30日前法定时效内，原告存在法定节假日上班10天（端午节3天、开斋节4天、中秋节3天）、休息日上班26天的情形。

因劳动争议，原告于2014年6月向自治区劳动人事争议仲裁委员会（以下简称仲裁委）申请仲裁，要求被告支付原告法定节假日加班工资、休息日加班工资、延时加班工资、未休年休假工资、未签订劳动合同双倍工资、违法解除劳动关系赔偿金、失业保险损失并补缴各项社会保险。该仲裁委于2014年8月26日裁决：被告支付原告法定节假日加班工资345元、休息日加班工资3449元、带薪年休假工资862元、违法解除劳动关系赔偿金12500元、失业保险损失 11830 元。原、被告均不服该裁决，向法院提起诉讼。

一审法院经审理后，依照《中华人民共和国劳动法》第四十四条、《中华人民共和国劳动争议调解仲裁法》第二十七条、《职工带薪年休假条例》第十条、《失业保险条例》第十四条之规定，判决：一、被告某考古研究所于本判决生效之日起十日内支付原告万某休息日加班工资 2988 元、法定节假日加班工资 1725 元、带薪年休假工资差额 574.70 元；二、驳回原告万某的其他诉讼请求；三、驳回并案原告某文物考古研究所的其他诉讼请求。

宣判后，万某不服，提起上诉称：一、上诉人二十四小时值守大门并在此居住是被上诉人单位用工要求，停车场是上诉人妻子在经营。上诉人认为就因为工作时间与休息时间无严格区分，才存在上诉人超时工作的事实。二、上诉人于移交当日与银祥物业是否签订合同，与被上诉人因单方原因解除上诉人五年劳动关系的行为没有任何关系，即使签订了劳动合同，也不能改变被上诉人单方解除合同所应承担的法律后果。三、原审认定"双方解除劳动关系时，被上诉人为上诉人安排了就业单位，上诉人不存在中断就业的情形，不符合领取失业保险金的条件"，属认定事实错误。

二审法院经审理认为：原审认定事实清楚，适用法律正确，处理结果适当，应予维持。依照《中华人民共和国民事诉讼法》第一百七十条第一款第（一）项、第一百七十五条之规定，判决：驳回上诉，维持原判。

【裁判解析】

本案的争议焦点有以下五点：

一、未签订劳动合同的补偿金

《中华人民共和国劳动合同法》第八十二条第一款规定："用人单位自用工之日起超过一个月不满一年未与劳动者订立书面劳动合同的，应当向劳动者每月支付二倍的工资。"同时，《中华人民共和国劳动争议调解仲裁法》（2008 年）第二十七条规定："劳动争议申请仲裁的时效期间为 1 年。仲裁时效期间从当事人知道或者应当知道其权利被侵害之日起计算。前款规定的仲裁时效，因当事人一方向对方当事人主张权利，或者向有关部门请求权利救济，或者对方当事人同意履行义务而中断。从中断时起，仲裁时效期间重新计算。因不可抗力或者有其他正当理由，当事人不能在本条第一款规定的仲裁时效期间申请仲裁的，仲裁时效中止。从中止时效的原因消除之日起，仲裁时效期间继续计算。劳动关系存续期间因拖欠劳动报酬发生争议的，劳动者申请仲裁不受本条第一款规定的仲裁时效期间的限制；但是，劳动关系终止的，应当自劳动关系终止之日起 1 年内提出。"

本案中，原、被告于 2008 年 9 月至 2013 年 9 月 30 日建立劳动关系，被告未与原告签订劳动合同。原告要求被告支付 2008 年 10 月至 2009 年 9 月未签订劳动合同双倍工资 15400 元，因双倍工资系对用人单位不与劳动者签订劳动合同的一种处罚，并不是劳动报酬，应当受 1 年仲裁时效的限制，原告于 2014 年 6 月提起仲裁申请已超过仲裁时效，故法院不予支持。

二、工作日延时加班费

《中华人民共和国劳动法》第四十三条规定："用人单位不得违反本法规定延长劳动者的工作时间。"由此，用人单位应当严格执行劳动定额标准，不得强迫或者变相强迫劳动者加班。用人单位安排加班的，应当按照国家有关规定向劳动者支付加班费。本案中，鉴于原告的工作场所与其生活场所混同，其工作时间与休息时间无严格区分，且原告在工作之余从事经营西塔西大门停车场工作，故对原告要求被告支付工作日延时加班费的主张，法院不予支持，合乎情理。

三、休息日加班工资、法定节假日加班工资、年休假报酬

《中华人民共和国劳动法》第四十四条规定："有下列情形之一的，用人单位应当按照下列标准支付高于劳动者正常工作时间工资的工资报酬：（一）安排劳动者延长工作时间的，支付不低于工资的百分之一百五十的工资报酬；（二）休息日安排劳动者工作又不能安排补休的，支付不低于工资的百分之二百的工资报酬；（三）法定休假日安排劳动者工作的，支付不低于工资的百分之三百的工资报酬。"

本案中，因原告存在休息日和法定节假日上班的情形，被告未安排原告补休，也未支付加班工资，被告应按照原告工资的 200%、300% 支付原告休息日和法定节假日加班工资。但加班工资受 1 年仲裁时效限制，原告于 2014 年 6 月 6 日申请仲裁，其主张的 2013 年 6 月 6 日之前加班工资已超过仲裁时效，故法院支持 2013 年 6 月 7 日至 2013 年 9 月 30 日之间的休息日加班工资 2988 元（1250 元/月 ÷21.75 天 ×200% ×26 天），法定节假日加班工资 1724 元（1250 元/月 ÷21.75 天 ×300% ×10 天）。因被告未安排原告年休假，根据《职工带薪年休假条例》第十条规定，被告应向原告支付未休带薪年休假报酬。因原告要求被告支付 2009～2013 年 9 月期间未休带薪年休假工资的主张受 1 年仲裁时效的限制，且带薪年休假系按年度享受，原告主张的 2012 年度带薪年休假报酬已过时效，故法院支持 2013 年度带薪年休假报酬 574.70 元（1250 元/月 ÷21.75 天 ×5 天 × ＜300% －100%＞）

四、违法解除劳动合同的补偿金

《中华人民共和国劳动合同法》第四十八条规定："用人单位违反本法规定解除或者终止劳动合同，劳动者要求继续履行劳动合同的，用人单位应当继续履行；劳动者不要求继续履行劳动合同或者劳动合同已经不能继续履行的，用人单位应当依照本法第八十七条规定支付赔偿金。"第八十七条规定："用人单位违反本法规定解除或者终止劳动合同的，应当依照本法第四十七条规定的经济补偿标准的二倍向劳动者支付赔偿金。"关于赔偿金的支付标准，该法第四十七条第一款规定："经济补偿按劳动者在本单位工作的年限，每满一年支付一个月工资的标准向劳动者支付。六个月以上不满一年的，按一年计算；不满六个月的，向劳动者支付半个月工资的经济补偿。"

本案中，被告将西塔物业整体移交给银祥物业服务公司，双方在解除劳动合同的同时即安排原告与银祥物业服务公司自愿签订劳动合同，不存在违法解除劳动合同的情形。因此，对于原告要求被告支付违法解除劳动合同赔偿金这一诉讼请求，法院不予支持。

五、失业保险金

《中华人民共和国社会保险法》第四十五条以及《中华人民共和国失业保险条例》第十四条均对失业保险金作出了规定。《中华人民共和国失业保险条例》第十四条规定："具备下列条件的失业人员，可以领取失业保险金：（一）按照规定参加失业保险，所在单位和本人已按照规定履行缴费义务满 1 年的；（二）非因本人意愿中断就业的；（三）已办理失业登记，并有求职要求的。"《人力资源和社会保障部关于实施〈中华人民共和国社会保险法〉若干规定》（人力资源和社会保障部令第 13 号）第十三条规定："失业人员符合社会保险法第四十五条规定条件的，可以申请领取失业保险金并享受其他失业保险待遇。其中，非因本人意愿中断就业包括下列情形：（一）依照劳动合同法第四十四条第一项、第四项、第五项规定终止劳动合同的；（二）由用人单位依照劳动合同法第三十九条、第四十条、第四十一条规定解除劳动合同的；（三）用人单位依照劳动合同法第三十六条规定向劳动者提出解除劳动合同并与劳动者协商一致解除劳动合同的；（四）由用人单位提出解除聘用合同或者被用人单位辞退、除名、开除的；（五）劳动者本人依照劳动合同法第三十八条规定解除劳动合同的；（六）法律、法规、规章规定的其他情形。"

本案中，因原、被告解除劳动关系时，被告为原告安排了就业单位，且原告也与该单位建立了劳动关系，原告不存在中断就业的情形，不符合领取失业保险金的条件，故对原告要求被告支付失业保险损失的主张，法院不予支持。对原告要求被告为其补缴 2008 年 9 月至 2013 年 9 月 30 日的各项社会保险的主张，根据《中华人民共和国社会保险法》第六十三条："用人单位未按时足额缴纳社会保险费的，由社会保险费征收机构责令其限期缴纳或者补足"之规定，社会保险费的缴纳属行政管理范畴，不属于人民法院民事受理范围，故对原告该项主张，本案不予处理。

劳动关系的认定及第三人侵权时
单位的赔偿责任

——张某与某市营造文物古建筑工程处劳动争议纠纷案

【要点提示】

劳动关系的认定；第三人侵权时单位的赔偿责任。

【基本案情】

张某自 2002 年起在某市营造文物古建筑工程处（以下简称市古建处）从事泥瓦工工作。2008 年 11 月 2 日晚，张某与其他从事迎宾门城墙护坡修复工程的两工友拉模板时，发生交通事故。张某右胫腓骨开放性骨折，住院治疗 37 天。

2009 年 7 月 2 日，张某与负次要责任的肇事人张某某在某市龙区人民法院达成调解，张某获赔医疗费、误工费、护理费、住院伙食补助费、营养费、后续治疗费、交通费、精神抚慰金、鉴定费共计 17806 元。因负主要责任的肇事人李某死亡，张某没有向其索赔。

在法院调解期间，市古建处为张某出具证明，证明张某自 2002 年在市古建处做瓦工活，月工资 2400 元。

2009 年 10 月 22 日，某市劳动和社会保障局认定张某为工伤，2009 年 12 月 31 日某市劳动能力鉴定委员会的鉴定结论为：张某伤残 8 级。市古建处在收到工伤认定书和劳动能力鉴定书后，没有在法定期限内提出异议。另查明，2009 年度某市职工月平均工资为 1478 元。

一审法院认为：市古建处、张某之间虽然没有签订劳动合同，但是市古建处在为张某出具的证明中自认张某系其单位职工，且对工伤认定书没有提出异议，应视为张某系市古建处的职工。根据《中华人民共和国劳动合同法》第五十条，《中华人民共和国工伤保险条例》第二十七条之规定，判决：一、市古建处于判决生效后十日内支付张某一次性医疗补助金 14780 元，一次性伤残就业补助金 38428 元，一次性伤残补助金 24000 元，共计 77208 元；二、市古建处于判决生效后十日内为张某出具解除劳动合同证明书。

市古建处不服一审判决，上诉称：市古建处与张某之间是劳务关系而非劳动关系。判决书所认定事实与客观事实不符，原审判决没有事实根据与法律依据。本案原由交通事故引起，该交通事故已经龙区人民法院依法调解结案，张某已经获得应该得到的足额赔偿。判决书认定张某自 2002 年起在市古建处从事泥瓦工工作，月工资 2400 元，与事实不符，市古建处是自收自支的单位，单位经常处于半瘫痪状态，市古建处单位职工每月平均工资在 500 元左右，有时甚至几个月发不了工资，判决书认定事实错误。张某的劳动能力鉴定结论违反法定程序，依法不能成立，鉴定结论无效。本案张某没提出过解除劳动合同请求，不应支付一次性医疗补助金和一次性伤残就业补助金。请求二审法院依法撤销原判并依法驳回张某的诉求。

张某答辩称：多年来张某一直在市古建处工作，虽没有签订劳动合同，但双方已形成事实上的劳动关系。张某在工作中因交通事故受到伤害，市劳动和社会保障局已确定为工伤，依法应享受工伤待遇。一审判决事实清楚，证据确实充分，程序合法，适用法律正确。市古建处以与张某之间没有劳动关系为由上诉，没有事实和法律依据，请求驳回上诉，维持原判。

二审法院经审理查明：2009 年度某市职工月平均工资为 1770 元。

二审法院认为：市古建处书面自认张某系其单位职工，且张某在市古建处工作多年，应认定为双方存在劳动关系。张某在工作期间受工伤，并被鉴定为伤残八级，现其要求解除双方之间的劳动关系，并享受相关工伤保险待遇的要求，符合法律规定。一审判决支付张某一次性工伤医疗补助金、伤残就业补助金和一次性伤残补助金符合法律规定。对于市古建处的上诉理由该院不予采信。一审查明 2009 年度某市职工月平均工资有误，但张某没有提起上诉，视为其对一审判决的认可。一审判决认定事实基本清楚，适用法律正确，应予维持。依照《中华人民共和国民事诉讼法》第一百五十三条第一款第一项之规定，判决：驳回上诉，维持原判。如果未按本判决指定的期间履行给付金钱义务，应当按照《中华人民共和国民事诉讼法》第二百二十九条之规定，加倍支付迟延履行期间的债务利息。

【裁判解析】

本案的争议焦点是劳动关系的认定及第三人侵权时单位的赔偿责任。

在我国劳动关系的认定中，除签订有劳动合同的劳动者外，没有签订劳动合同的劳动用工关系比较混乱，但保护劳动者利益始终应是法律基石。本案中，市古建处书面自认张某系其单位职工，且张某在市古建处工作多年，就应认定为双方存在劳动关系。

最高人民法院 2015 年全国民事工作会议总结之前审判经验，达成以下共识：所在的用人单位未参加工伤保险，因第三人侵权造成劳动者人身损害，同时构成工伤的，如果劳动者已经获得侵权赔偿，用人单位应当承担的工伤保险责任中应扣除第三人已支付的医疗费、护理费、营养费、交通费、住院伙食补助费、残疾器具辅助费和丧葬费等实际发生的费用。根据上述会议纪要精神，应该可以理解为劳动者可以同时主张工伤标准赔偿和第三人侵权赔偿，但对于实际已获得的侵权赔偿项目及数额与工伤赔偿项目及数额重复的不能重复计算，应予扣除，对于工伤赔偿项目存在而侵权赔偿项目没有的应予以计算赔偿，《中华人民共和国工伤保险条例》第三十七条规定："职工因工致残被鉴定为七级至十级伤残的，享受以下待遇：（一）从工伤保险基金按伤残等级支付一次性伤残补助金，标准为：七级伤残为 13 个月的本人工资，八级伤残为 11 个月的本人工资，九级伤残为 9 个月的本人工资，十级伤残为 7 个月的本人工资；（二）劳动、聘用合同期满终止，或者职工本人提出解除劳动、聘用合同的，由工伤保险基金支付一次性工伤医疗补助金，由用人单位支付一次性伤残就业补助金。一次性工伤医疗补助金和一次性伤残就业补助金的具体标准由省、自治区、直辖市人民政府规定。"上述规定属于工伤赔偿项目不同于侵权责任赔偿第三人项目部分，不能视为劳动者已从侵权方得到侵权责任的全额赔偿就不再赔偿工伤特有的项目赔偿。综上，张某依法应当享受相应的工伤待遇，由于张某在交通事故赔偿中，已经获得医疗费、误工费、护理费、住院伙食补助费、营养费、后续治疗费、交通费、精神抚慰金、鉴定费的赔偿，故工伤赔偿不再享受上述待遇。又由于张某现提出解除双方劳动合同，因此市古建处应赔偿张某一次性医疗补助金、一次性伤残就业补助金、一次性伤残补助金。

刑事诉讼篇

倒卖文物罪

——陈某倒卖文物案

【要点提示】

倒卖文物行为与合法的文物买卖行为；一般倒卖文物行为及与非法经营罪的区别。

【基本案情】

2006 年以来，被告人陈某在没有相关文物经营资质的情况下，从全国各地古玩市场以及印度尼西亚低价收购瓷器，高价出售，从中牟利。2013 年 8 月，陈某将 2 个"传世龙泉大碗"以 6000 元的价格出售给陈某，后被陈某退回，现已被扣押。同年 12 月，陈某通过陈甲将 2 套清朝康熙年间的各式青花杯碟以 5000 元的价格出售给林某，从中获利 1800 元。公安机关从林某处扣押到该 2 套青花杯碟，经鉴定，该 2 套青花杯碟属一般文物。

2013 年 12 月，陈某分两次将 10 套青花套杯出售给王某。同月，陈某将 12 套青花套杯出售给李某。同月 27 日，陈某欲通过陈丙将 5 套青花套杯出售，但未交易成功。

2014 年 1 月 3 日，某县公安边防大队侦查员从陈某住所内扣押到瓷器 745 件，经鉴定有二级文物 1 件、三级出水文物 74 件、一般出水文物 668 件。

受理此案的某区人民法院认为，被告人陈某以牟利为目的，倒卖国家禁止经营的文物，其中二级文物 1 件、三级文物 74 件、一般文物 672 件，情节严重，其行为已构成倒卖文物罪。鉴于涉案大部分文物尚未出售，对被告人陈某予以酌情从轻处罚。依法判决：一、被告人陈某犯倒卖文物罪，判处有期徒刑二年，并处罚金人民币二万元。二、扣押在某县公安局的二级文物 1 件、三级文物 74 件、一般文物 668 件，iphoneA1413 型、iphone31888 型手机各 1 部，均予以没收，上缴国库。三、继续追缴被告人陈某违法所得人民币 5000 元，上缴国库。

陈某以一审事实不清、证据不足为由提出上诉，要求改判其无罪；并提出即使认定其有罪，一审判决亦量刑过重，请求予以从轻处罚。

市中级人民法院经审查认为：一审判决事实清楚、证据确实充分、量刑适当，裁定：驳回上诉，维持原判。

【裁判解析】

本案的焦点问题是倒卖文物行为与合法的文物买卖行为的区别。

《中华人民共和国文物保护法》第五十三条规定："文物商店应当由国务院文物行政部门或者省、自治区、直辖市人民政府文物行政部门批准设立，依法进行管理。文物商店不得从事文物拍卖经营活动，不得设立经营文物拍卖的拍卖企业。"第五十四条规定："依法设立的拍卖企业经营文物拍卖的，应当取得国务院文物行政部门颁发的文物拍卖许可证。经营文物拍卖的拍卖企业不得从事文物购销经营活动，不得设立文物商店。"换言之，经依法批准的文物商店可以从事文物的购销经营，经依法批准的经营文物拍卖的拍卖企业可以从事文物拍卖活动。除经依法批准的文物商店、经营文物拍卖的拍卖企业外，其他单位或者个人不得从事文物的商业经营活动。这里的"商业经营活动"，就是指以牟利为目的的买进然后卖出的行为。

国家用刑法禁止非法倒卖文物的行为，但并不排斥文物的合法交易。从表面上看，倒卖文物同合法的文物交易行为有诸多相似之处，如二者都是买卖文物等。但二者有本质的区别：一、主体不同（行为人）。倒卖文物罪的主体主要是没有依法取得文物经营资格的单位或个人；而合法文物交易行为的主体包括依法取得文物经营资格的单位（如文物商店）和个人，如私人可以将收藏的珍贵文物依法出卖给文物行政管理部门批准的文物购销企业，反之亦然，获准经营文物交易的单位可依法收购社会上流散的珍贵文物。二、主观方面不同。倒卖文物是故意行为，并且主观上具有非法牟利的目的；合法的文物交易行为虽然也是故意行为，但主观上没有非法牟利的目的。三、社会意义不同。倒卖文物违反了国家对珍贵文物保护的法律，侵犯了国家对珍贵文物的流通管制制度，破坏了国家的文物管理秩序；而合法的文物交易行为从主体资格到经营范围都符合国家的有关法律规定，不侵犯任何刑法保护的社会关系，属于法律允许的行为。四、行为对象不同。倒卖文物的犯罪对象仅限于国家禁止经营的文物，而不包括国家允许经营但由国家专营的一般文物；而合法的文物交易行为既包括珍贵文物，也包括一般的历史文物。但对珍贵文物只能收购、不能出卖，要将收购的符合收藏标准的珍贵文物提交给国有博物馆收藏；对一般文物而言既可收购也可出卖。

本案中，陈某将文物低价买进高价卖出，以牟利为目的多次贩卖文物，倒卖国家禁止经营的文物，其中二级文物 1 件、三级文物 74 件、一般文物672 件，情节严重，但是考虑到涉案大部分文物尚未出售这一情节，所以，最后判决对陈某予以酌情从轻处罚。

此外，本案还涉及倒卖文物罪与一般的倒卖文物行为、倒卖文物罪与非法经营罪的界限。

如果文物购销企业以外的单位和个人以营利为目的，倒卖国家禁止经营的文物以外的文物的，或者倒卖国家禁止经营的文物情节不严重的，则不构成倒卖文物罪，而可能构成一般的违法行为，也可能构成非法经营。

对于非法倒卖文物，情节较轻，构成违反治安管理行为的，由公安机关依法给予治安管理处罚。《中华人民共和国文物保护法》第七十一条规定："买卖国家禁止买卖的文物或者将禁止出境的文物转让、出租、质押给外国人，尚不构成犯罪的，由县级以上人民政府文物主管部门责令改正。没收违法所得，违法经营额一万元以上的，并处违法经营额二倍以上五倍以下的罚款；违法经营额不足一万元的，并处五千元以上二万元以下的罚款。"

对于倒卖国家禁止经营的文物以外的其他一般文物，情节严重的，应构成非法经营罪。《中华人民共和国刑法》第二百二十五条规定："违反国家规定，未经许可经营法律、行政法规规定的专营、专卖物品或者其他限制买卖的物品，扰乱市场秩序，情节严重的，构成非法经营罪。"

倒卖文物罪与非法经营罪在犯罪主体、主观方面和客观方面（客观表现）都有着相同或相似的地方。其犯罪主体都是一般主体，包括自然人（已满16周岁的人）和单位；主观方面都是直接故意，都是为了获取非法利益；客观方面都表现为非法买卖的行为。

两罪的主要区别在于：一、侵犯的客体（社会关系）不同。倒卖文物罪的客体是国家对珍贵文物的流通管制制度；非法经营罪的客体是国家专营、专卖或限制买卖物品和经营许可证等方面的市场管理制度。二、犯罪对象不同。倒卖文物罪的犯罪对象是国家禁止经营的珍贵文物，包括已经鉴定和尚未鉴定的珍贵文物，只要具有重大历史、艺术、科学价值的文物就禁止买卖；而非法经营罪的犯罪对象是国家限制买卖或国家专营专卖的物品，如烟草制品、金银及其制品、金银工艺品、珠宝首饰、贵重药材以及一般的历史文物等等。

倒卖文物罪的犯罪对象

——唐某倒卖文物案

【要点提示】

倒卖文物罪的犯罪对象;"国家禁止经营的文物"的认定。

【基本案情】

2010年4月2日,被告人唐某经事先与唐某乙(已判刑)联系,从某省携带古董青铜鼎一只到某市某区瓶窑镇准备倒卖牟利,后唐某乙伙同朱某、钱某(均已判刑)采用暴力方式将青铜鼎劫走。同年4月7日,青铜鼎在朱某住处被起获。同年5月28日,该青铜鼎被某博物院收藏。

2013年6月26日,某省文物鉴定委员会鉴定确认,涉案青铜鼎在形制、纹饰与铸造工艺诸方面均符合春秋中晚期楚式铜鼎的特征,应为真器;此鼎在出土时腹部下方的一侧有残损,现可观察到明显的修补痕迹;定为三级文物。

受理此案的某区人民法院认为,被告人唐某以牟利为目的,倒卖国家禁止经营的文物,情节严重,其行为已构成倒卖文物罪。被告人唐某在有期徒刑执行完毕后五年内,再犯应当判处有期徒刑以上刑罚之罪,系累犯;在执行附加剥夺政治权利期间又犯新罪,应当数罪并罚。依照《中华人民共和国刑事诉讼法》第三百二十六条第一款、第六十五条第一款、第七十一条、第六十九条等规定,判处被告人唐某有期徒刑二年,并处罚金人民币三千元,连同原判尚未执行的剥夺政治权利六个月,并罚执行有期徒刑二年,剥夺政治权利六个月,并处罚金人民币三千元。

上诉人唐某认为,涉案青铜鼎系工艺品而非文物。辩护人认为,在案证据不能证明涉案青铜鼎系文物,请求改判无罪。

市中级人民法院经审查认为：原判事实清楚，证据确实、充分。原判定罪及适用法律正确，量刑适当，审判程序合法。对于上诉人唐某及其辩护人提出的改判请求，不予支持。裁定：驳回上诉，维持原判。

【裁判解析】

本案的焦点问题是倒卖文物罪的犯罪对象——"国家禁止经营的文物"的认定问题。

《中华人民共和国文物保护法》第六十四条规定："以牟利为目的倒卖国家禁止经营的文物，构成犯罪的，依法追究刑事责任。"根据《中华人民共和国刑法》第三百二十六条规定，倒卖文物罪是指以牟利为目的，倒卖国家禁止经营的文物，情节严重的行为。

对于国家禁止经营的文物的范围，《中华人民共和国文物保护法》第五十一条做了明确规定："公民、法人和其他组织不得买卖下列文物：（一）国有文物，但是国家允许的除外；（二）非国有馆藏珍贵文物；（三）国有不可移动文物中的壁画、雕塑、建筑构件等，但是依法拆除的国有不可移动文物中的壁画、雕塑、建筑构件等不属于《中华人民共和国文物保护法》第二十条第四款规定的应由文物收藏单位收藏的除外；（四）来源不符合《中华人民共和国文物保护法》第五十条规定的文物。"

一、关于"国有文物"的理解

所谓国有文物，《中华人民共和国文物保护法》第五条规定："中华人民共和国境内地下、内水和领海中遗存的一切文物，属于国家所有。古文化遗址、古墓葬、石窟寺属于国家所有。国家指定保护的纪念建筑物、古建筑、石刻、壁画、近代现代代表性建筑等不可移动文物，除国家另有规定的以外，属于国家所有。国有不可移动文物的所有权不因其所依附的土地所有权或者使用权的改变而改变。下列可移动文物，属于国家所有：（一）中国境内出土的文物，国家另有规定的除外；（二）国有文物收藏单位以及其他国家机关、部队和国有企业、事业组织等收藏、保管的文物；（三）国家征集、购买的文物；（四）公民、法人和其他组织捐赠给国家的文物；（五）法律规定属于国家所有的其他文物。属于国家所有的可移动文物的所有权不因其保管、收藏单位的终止或者变更而改变。国有文物所有权受法律保护，不容侵犯。"

二、关于"非国有馆藏珍贵文物"的理解

所谓珍贵文物，《中华人民共和国文物保护法》第三条第二款规定："历史上各时代重要实物、艺术品、文献、手稿、图书资料、代表性实物等可移动文物，分为珍贵文物和一般文物；珍贵文物分为一级文物、二级文物、三级文物。"《文物藏品定级标准》（文化部 2001 年第 19 号令）规定："文物藏品分为珍贵文物和一般文物。珍贵文物分为一、二、三级。具有特别重要历史、艺术、科学价值的代表性文物为一级文物；具有重要历史、艺术、科学价值的文物为二级文物；具有比较重要历史、艺术、科学价值的文物为三级文物。具有一定历史、艺术、科学价值的文物为一般文物。"文物鉴定应由有鉴定资格的文物行政管理部门承担，并出具鉴定证书。我国目前从事文物鉴定的专业机构主要是国家文物局下属的国家文物鉴定委员会和省、市文物鉴定委员会，此外，大的博物馆一般也有自己的专业鉴定队伍。

所谓非国有馆藏珍贵文物，是指除了国有馆藏文物以外所有的珍贵文物，包括文物商店收购和私人收藏的珍贵文物。因此，所有的珍贵文物都是国家禁止经营的，依经法批准的文物商店可以收购私人收藏的珍贵文物，但不得销售珍贵文物。

三、关于"来源不符合《中华人民共和国文物保护法》第五十条规定的文物"的理解

《中华人民共和国文物保护法》第五十条规定了民间收藏文物的五种合法渠道，具体规定为："文物收藏单位以外的公民、法人和其他组织可以收藏通过下列方式取得的文物：（一）依法继承或者接受赠与；（二）从文物商店购买；（三）从经营文物拍卖的拍卖企业购买；（四）公民个人合法所有的文物相互交换或者依法转让；（五）国家规定的其他合法方式。文物收藏单位以外的公民、法人和其他组织收藏的前款文物可以依法流通。"据此，对于来源不符合《中华人民共和国文物保护法》第五十条规定的文物，禁止买卖。

本案中唐某倒卖的古董青铜器属于"非国有馆藏珍贵文物"，且经某省文物鉴定委员会鉴定确认，涉案青铜鼎在形制、纹饰与铸造工艺诸方面均符合春秋中晚期楚式铜鼎的特征，应为真器；此鼎在出土时腹部下方的一侧有残损，现可观察到明显的修补痕迹，被定为三级文物。因此陶某的行为构成倒卖文物罪。

盗掘古文化遗址、古墓葬罪，倒卖文物罪

——刁某某等盗掘古墓葬、倒卖文物案

【要点提示】

盗掘古墓葬罪的罪与非罪、倒卖文物罪的罪与非罪。

【基本案情】

2012 年 4 月 25 日凌晨，被告人沙某某、刁某某伙同曹一、高某某（均另处）携带洛阳铲、铁锹、钢杆、矿灯、吊绳等工具，窜至某市渭滨区石鼓镇石咀头村四组剡某家的一处葡萄园地内，利用钢杆探测后，用洛阳铲挖得一座古墓，盗得青铜器器件若干，次日上午由刁某某以 1 万元钱出售，四人将赃款均分并挥霍。经鉴定，被盗掘古墓葬系西周时期墓葬，对西周历史有一定的考古文物价值。

2012 年七八月份的一天，被告人刁某某伙同曹一、吴某某、雒某、卢某某（此四人另案处理）携带探墓用的作案工具，窜至某市眉县金渠镇河底村四组北洼地处，用扎杆扎眼的方式探得一座古墓并标记后离开现场。后几人采用洛阳铲打洞的方式盗得青铜鼎一个。被告人刁某某将青铜鼎出售给吕某某，五人将赃款分配并挥霍。经鉴定，被盗墓葬为汉代墓葬，对研究汉代时期眉县地区的政治、经济及人口分布有一定的考古价值。

2012 年三四月的一天，被告人杨某某在某市大唐西市古玩城见到被告人郑某某，听说郑某某处有五件青铜器，杨某某遂与郑某某谈妥欲以 23 万元购进。被告人杨某某又联系被告人马某某，谈好以 26.5 万元将该五件青铜器出售给马某某，后杨某某从郑某某处拿走青铜器并以 26.5 万元的价格卖给马某某。2013 年春节过后，被告人马某某托曹一帮忙卖掉五件青铜器，曹一又联系被告人沙某某、高某某二人。同年 8、9 月份，被告人沙某某联系到被告

人张一，被告人张一联系到被告人郭某某，被告人郭某某又联系到被告人张二，后沙某某以 16 万元的价格将该青铜器卖给郭某某，其拿出 1 万元和郭某某、张二平分，拿出 3000 元和曹一、高某某三人平分，自己私自拿走 1 万元，剩余 13.7 万元交给马某某，马某某拿出 1 万元给曹一、高某某、沙某某平分。被告人郭某某转而联系之前表示想买文物的被告人张二，张二将买家赵某某带到郭某某位于凤翔县北大街的"聚贤寻宝斋"古玩店，由赵某某验货后，以 18 万元的价格买走。被告人张二拿出多卖的 2 万元与被告人郭某某平分。经鉴定，五件青铜器均系国家三级文物，破案后，涉案五件文物全部追回。

受理此案的法院认为：被告人刁某某、沙某某未经国家文化主管部门批准，私自挖掘具有历史、艺术、科学价值的古墓葬，其行为均已构成盗掘古墓葬罪。被告人沙某某、郑某某、杨某某、马某某、张一、郭某某、张二以牟利为目的，倒卖国家禁止经营的文物，情节严重，其行为均已构成倒卖文物罪。依据《中华人民共和国刑法》第三百二十八条、第三百二十六条、第二十五条第一款、第二十六条第一款、第四款、第二十七条、第六十七条第一款、第三款、第六十八条第一款、第六十九条、第四十五条、第四十七条、第五十二条、第五十三条之规定，判决：被告人刁某某犯盗掘古墓葬罪，判处有期徒刑五年六个月，并处罚金人民币 6000 元；被告人沙某某犯盗掘古墓葬罪，判处有期徒刑二年六个月，并处罚金人民币 3000 元，犯倒卖文物罪，判处有期徒刑一年，并处罚金人民币 1000 元，数罪并罚，决定执行有期徒刑三年，并处罚金人民币 4000 元；被告人郑某某犯倒卖文物罪，判处有期徒刑一年一个月，并处罚金人民币 1000 元；被告人马某某犯倒卖文物罪，判处有期徒刑一年一个月，并处罚金人民币 1000 元；被告人张二犯倒卖文物罪，判处有期徒刑一年一个月，并处罚金人民币 1000 元；被告人张一犯倒卖文物罪，判处有期徒刑一年，并处罚金人民币 1000 元；被告人郭某某犯倒卖文物罪，判处有期徒刑一年，并处罚金人民币 1000 元；被告人杨某某犯倒卖文物罪，判处有期徒刑八个月，并处罚金人民币 1000 元。

被告人刁某某上诉称，他系初犯、从犯，且有立功表现，一审判决量刑过重，要求二审改判并处理缓刑。

二审法院经审查认为：一审判决事实清楚、证据确实充分，量刑适当，裁定：驳回上诉，维持原判。

【裁判解析】

本案的焦点问题是犯罪主体是否构成盗掘古文化遗址、古墓葬罪（以下简称盗掘古墓葬罪）及倒卖文物罪。

区分盗掘古墓葬罪的罪与非罪的关键在于以下三个方面：

一是从犯罪对象上来区分。构成本罪的，要求行为人盗掘的对象必须是具有历史、艺术、科学价值的古墓葬。如果行为人所盗掘的只是一般墓葬而非古墓葬，或者虽属古墓葬，但具有历史、艺术、科学价值，都不构成本罪。具体某一对象是否属于古墓葬以及其价值如何，应当有相关的证据予以证实，必要时，可以进行鉴定。《文物行政处罚程序暂行规定》第二十五条第二款规定："文物的鉴定，应当以办理案件的文物行政部门所在地省级文物鉴定机构的鉴定意见为准。国家文物鉴定机构可以根据办理案件的文物行政部门的申请，对省级文物鉴定机构的鉴定意见进行复核。"据此，鉴定需要由省、自治区、直辖市文物主管部门组织有专门知识的人进行鉴定，需包含 3 名以上经文物主管部门指派，经司法机关聘请的文物鉴定人。对鉴定发生争议，应提请国家文物部门组织专人复核。

二是从行为人对古墓葬挖掘行为是否非法来区分。如果是经过批准的行为，即使在挖掘过程中造成古墓葬被毁损，也不构成本罪；但情节严重的，可以按其他犯罪来处理。

三是从犯罪主观方面来区分。本罪是故意犯罪，如果行为人不明知是古墓葬而挖掘的，不构成本罪。但当知道所挖掘的属于古墓葬而予以挖掘后，为从中获得文物而继续挖掘的，则构成本罪。

本案中沙某某、刁某某等人挖掘古墓的行为，并未经过国家文物保护部门批准，其性质肯定是非法的。其次，沙某某、刁某某等人作案前踩点，在作案时携带工具等行为，说明他们作案是早有预谋。最后，他们盗掘的古墓具有历史、艺术、科学价值。第一次作案挖掘出青铜器若干件，经鉴定，被盗掘古墓葬系西周时期墓葬，对研究西周历史有一定的考古文物价值。第二次作案盗得青铜鼎一个，经鉴定，被盗墓葬为汉代墓葬，对研究汉代时期眉县地区的政治、经济及人口分布有一定的考古价值。

倒卖文物罪是指行为人以牟利为目的，倒卖国家禁止经营的文物，情节严重的行为。构成本罪，行为人必须符合倒卖文物罪的犯罪构成要件。

一是行为人是否实施了倒卖文物的行为。如果行为人没有实施倒卖文物的行为，不构成本罪。国家禁止倒卖文物行为，但并不排斥文物的合法交易。如私藏文物的个人将文物卖给有关文物收藏单位或文物购销企业、国家有关部门批准的文物收藏单位或文物购销企业实施的文物收购行为或国家有关部门批准的文物购销企业实施的文物销售行为等。

二是行为人倒卖的文物是否是国家禁止经营的文物。《中华人民共和国文物保护法》第四十四条规定："禁止国有文物收藏单位将馆藏文物赠与、出租或者出售给其他单位、个人。"第五十一条规定："公民、法人和其他组织不得买卖下列文物：（一）国有文物，但是国家允许的除外；（二）非国有馆藏珍贵文物；（三）国有不可移动文物中的壁画、雕塑、建筑构件等，但是依法拆除的国有不可移动文物中的壁画、雕塑、建筑构件等不属于本法第二十条第四款规定的应由文物收藏单位收藏的除外；（四）来源不符合本法第五十条规定的文物。"据此，我国公民个人不能实施文物的收购行为，不能将文物出售给国家有关部门批准的文物收藏单位或文物购销企业以外的单位或个人。同时，国家有关部门批准的文物购销企业进行文物的购买与销售必须依法进行，不能购买与销售国家禁止经营的文物。故行为人是否倒卖国家禁止经营的文物是认定行为人是否构成倒卖文物罪的关键。

三是行为人是否明知所倒卖的文物是国家禁止经营的文物。如行为人明知所倒卖的文物是国家禁止经营的文物，仍然实施倒卖行为的，则行为人构成本罪。或行为人认为所倒卖的文物是国家禁止倒卖的文物，而实际不是，则其因为认识错误而无法完成犯罪行为，无法达到犯罪目的，故其行为应认定为犯罪未遂。又或者行为人认为所倒卖的文物不是国家禁止经营的文物，而实际上是，则其依然是出现了认识错误，但其主观上没有倒卖国家禁止经营的文物的故意，故其行为不构成犯罪。

四是行为人倒卖国家禁止经营的文物的行为情节是否严重。本案中沙某某、郑某某、杨某某、马某某、张一、郭某某、张二分别在某市渭滨区石鼓镇石咀头村四组剡某家，盗得青铜器器件若干后以一万元的价格贩卖；在某市镇河底村四组北洼地处盗得青铜鼎一个并出售；在某市大唐西市古玩城杨某某从郑某某处购进青铜器，转手卖给马某某。之后马某某托曹某某卖青铜器，其联系沙某某、高某某二人又通过张一联系到郭某某，郭某某又联系张二。最后沙某某将该青铜器卖给郭某某。经鉴定，五件青铜器均系国家三级文物。上述被告人均是以牟利为目的，盗取文物，或者转卖文物，经鉴定倒卖的文物均属于国家禁止倒卖的文物，故上述被告人构成倒卖文物罪。

盗掘古文化遗址、古墓葬罪，倒卖文物罪

——刘一等盗掘古墓葬、倒卖文物案

【要点提示】

倒卖文物罪；构成要件。

【基本案情】

2013 年 10 月中旬的一天，被告人张某、周某经事先预谋后伙同被告人巨某携带铁锹、铲子等作案工具，在某县新阳乡周张村北边土壕内对一古墓葬实施盗掘（注：该村的周一、周二也参与盗掘，其二人均已批捕，上网追逃），从中盗出陶罐（现场挖碎）、陶马、陶牛、陶猪、陶狗、铜钱各一个及两个鸠手杖。后将所盗文物以 5000 元的价格卖给明知此文物是从古墓葬里盗掘来的被告人刘一。所得赃款分配后已挥霍。被告人刘一将其中的陶马、陶牛、陶狗、陶猪以 7200 元卖给明知此文物是地下文物的被告人靳某；将其中的两个"鸠手杖"以 2000 元卖给明知此文物是从墓里出土出来的被告人白某。后被告人靳某将所购的陶马、陶牛、陶猪以 10000 元卖给他人。被告人白某将所购的两个"鸠手杖"以 2200 元卖给他人。破案后被盗文物已追回。经某市文物旅游局司法文物鉴定组鉴定：被盗掘的古墓葬为汉代古墓葬，具有历史、艺术、科学价值；所盗的鸠手杖（其中完整的一个）为汉代三级文物，其余文物为一般文物。

2013 年 10 月下旬的一天晚上，被告人张某、周某预谋后又叫上被告人郑某伙同周二携带铁锹、铲子等作案工具，在某县新阳乡周张村北边的土壕内对另一古墓葬实施盗挖，从中盗出陶罐两个、碗一个。破案后被盗文物已追回。经某市文物旅游局司法文物鉴定组鉴定：被盗掘的古墓葬为汉代古墓葬，具有历史、艺术、科学价值；所盗文物为一般文物。

　　2013年11月中旬的一天，被告人张某、周某又预谋后伙同被告人刘二携带铁锨、铲子等作案工具，在某县城关镇南仁村东边土壕内对一古墓葬实施盗挖，被告人刘二在土壕上面望风看人，被告人张某、周某从古墓中盗出一个陶罐、牒带（部分），后三人回到某县城。次日晚，被告人张某、周某、刘二叫上被告人郑某，携带铁锨、铲子等作案工具来到某县城关镇南仁村东边的土壕内，被告人刘二、郑某在土壕上面望风看人，被告人张某、周某对一古墓葬实施盗掘，从中盗出一个陶罐、陶盖，又从前晚所挖的古墓葬中盗出牒带扣、陶罐底座及一枚"开元通宝"铜钱。后经被告人张某联系，被告人刘二伙同周某将所盗文物以500元的价格卖给被告人刘一。破案后所盗文物已追回。经某市文物旅游局司法文物鉴定组鉴定：以上被盗掘的两处古墓葬为唐代古墓葬，具有历史、艺术、科学价值；所盗得的牒带为唐代三级文物，其余为一般文物。

　　2013年11月底的一天晚上，被告人张某、周某又伙同郑某、"小魏"携带铁铲、铲子等作案工具，在某县城关镇秦家庄村东对一古墓葬实施盗掘，从中盗出砚台两块、瓷碗一只。后被告人张某和周某将所盗文物以500元的价格又卖给被告人刘一。破案后被盗文物已追回。经某市文物旅游局司法文物鉴定组鉴定：被盗掘的古墓葬为明清时期古墓葬，具有历史、艺术、科学价值；所盗得文物为一般文物。

　　受理此案的某区法院认为：被告人张某、周某、郑某、刘二、巨某盗掘具有历史、艺术、科学价值的古墓葬，其行为已触犯《中华人民共和国刑法》第三百二十八条之规定，应当以盗掘古墓葬罪追究其刑事责任。被告人刘一、白某、靳某以牟利为目的，倒卖国家禁止经营的文物，情节严重，其行为已触犯《中华人民共和国刑法》第三百二十六条之规定，应当以倒卖文物罪追究其刑事责任。依照《中华人民共和国刑法》第三百二十八条、第三百二十六条、第二十五条、第二十六条、第二十七条、第六十七条、第六十八条、第六十五条、第五十二条、第五十三条、第七十二条、第七十三条之规定，以被告人张某犯盗掘古墓葬罪，判处有期徒刑八年六个月，并处罚金人民币10000元；以被告人周某犯盗掘古墓葬罪，判处有期徒刑八年，并处罚金人民币10000元；以被告人郑某犯盗掘古墓葬罪，判处有期徒刑六年，并处罚金人民币8000元；以被告人刘二犯盗掘古墓葬罪，判处有期徒刑一年，缓刑一年，并处罚金人民币3000元；以被告人巨某犯盗掘古墓葬罪，判处有期徒刑一年，缓刑二年，并处罚金人民币 3000 元；以被告人刘一犯倒卖文物罪，判处有期徒刑三年，并处罚金人民币 6000 元；以被告人白某犯倒卖文物罪，判处有期徒刑一年，缓刑二年，并处罚金人民币 3000 元；以被告人靳某犯倒卖文物罪，判处有期徒刑一年，缓刑二年，并处罚金人民币 3000 元。

被告人刘一上诉提出，原判量刑过重。

被告人刘二辩护人提出的辩护意见与被告人刘一的上诉理由一致。

市中级人民法院经审理后认为：原判认定事实清楚，定性准确，审判程序合法，唯对上诉人刘一量刑不当，应予纠正。依照《中华人民共和国刑法》第三百二十六条第一款、第五十二条、第六十五条第一款、第六十七条第三款及《中华人民共和国刑事诉讼法》第二百二十五条第一款（一）、（二）项之规定，判决如下：

一、维持某县人民法院（2014）某刑初字第 00038 号刑事判决第一条、第二条、第三条、第四条、第五条、第七条、第八条，即被告人张某犯盗掘古墓葬罪，判处有期徒刑八年六个月，并处罚金人民币 10000 元；被告人周某犯盗掘古墓葬罪，判处有期徒刑八年，并处罚金人民币 10000 元；被告人郑某犯盗掘古墓葬罪，判处有期徒刑六年，并处罚金人民币 8000 元；被告人刘一犯盗掘古墓葬罪，判处有期徒刑一年，缓刑一年，并处罚金人民币 3000 元；被告人巨某犯盗掘古墓葬罪，判处有期徒刑一年，缓刑二年，并处罚金人民币 3000 元；被告人白某犯倒卖文物罪，判处有期徒刑一年，缓刑二年，并处罚金人民币 3000 元；被告人靳某犯倒卖文物罪，判处有期徒刑一年，缓刑二年，并处罚金人民币 3000 元。

二、撤销某县人民法院（2014）某刑初字第 00038 号刑事判决第六条，即被告人刘一犯倒卖文物罪，判处有期徒刑三年，并处罚金人民币 6000 元。

三、被告人刘一犯倒卖文物罪，判处有期徒刑一年，并处罚金人民币 6000 元（已缴纳）。

【裁判解析】

本案的焦点问题是倒卖文物罪的认定问题。

倒卖文物罪，是指以牟利为目的，倒卖国家禁止经营的文物，情节严重的行为。倒卖文物罪的构成要件包括：

一、本罪的客体（刑法所保护的社会关系）。本罪侵犯的一般客体是国家对文物的管理制度。国家对文物的管理制度包括文物的所有权制度、文物保护制度、文物处置制度、文物流通管制制度、禁止流通管制制度、文物出口管制制度等。本罪侵犯的具体客体为国家对文物的流通管制制度。《中华人民共和国文物保护法》规定了国家禁止买卖的文物、限制买卖的文物、允许公民收藏的文物等，对文物实行流通管制，并规定国家禁止经营的文物任何人不得倒卖。因此本案中倒卖文物罪侵犯的是对"国家禁止经营的文物"的流通管制制度。

二、本罪的客观方面表现为行为人实施了倒卖国家禁止经营的文物，情节严重的行为。本罪首先表现为行为人实施了倒卖国家禁止经营的文物的行为。所谓倒卖，是一种买进又卖出的行为，其目的是为了赚取买进和卖出的差价，非法营利的行为。对于倒卖，应从整体上理解，泛指非法收购、贩运、出售等一系列行为，只要是以牟利为目的，无论在哪个环节被抓获，均构成倒卖文物罪。本罪侵犯的对象是国家禁止经营的文物。《中华人民共和国文物保护法》第六十四条第五项规定："以牟利为目的倒卖国家禁止经营的文物，构成犯罪的，依法追究刑事责任。"《中华人民共和国刑法》第三百二十六条规定："倒卖文物罪，是指以牟利为目的，倒卖国家禁止经营的文物，情节严重的行为。"对于国家禁止经营的文物的范围，《中华人民共和国文物保护法》第五十一条规定："公民、法人和其他组织不得买卖下列文物（一）国有文物，但是国家允许的除外；（二）非国有馆藏珍贵文物；（三）国有不可移动文物中的壁画、雕塑、建筑构件等，但是依法拆除的国有不可移动的壁画、雕塑、建筑构建等不属于《中华人民共和国文物保护法》第二十条第四款规定的应由文物收藏单位收藏的除外；（四）来源不符合《中华人民共和国文物保护法》第五十条规定的文物。"本罪属于情节犯、构成本罪，必须达到情节严重的程度，否则不构成本罪。

三、本罪的主体为一般主体，包括自然人和单位。

四、本罪的主观方面只能是故意，过失不构成本罪。倒卖文物罪主观上具有牟利的目的。此处的牟利应指非法牟利，如果行为人将自己收藏的文物卖给他人，虽然也取得了相应的价款，但这是文物本身的价值，谈不上非法牟利，所以对于这种行为，也不能认定为牟利的目的。

本案中刘一明知张某、周某、巨某手中的文物为其盗掘而得，却仍购买，随后将其中的文物分别以高价卖给靳某和白某。靳某、白某又以高于购买价的价格卖给他人，足以证明刘一、靳某、白某以牟利为目的倒卖文物。其倒卖的文物经鉴定有的为汉代三级文物，有的为一般文物。此外，刘一还从刘二、张某、周某的手中购买其他文物以供其再次倒卖。综上，刘一、白某、靳某以牟利为目的，倒卖国家禁止经营的文物，情节严重，其行为均已构成倒卖文物罪。

盗掘古文化遗址、古墓葬罪既遂

——杨某等盗掘古文化遗址、古墓葬、倒卖文物案

【要点提示】

盗掘古文化遗址、古墓葬罪既遂与未遂。

【基本案情】

一、盗掘古墓葬

1. 2013 年 5、6 月份的一天，由被告人朱一驾驶车辆，与被告人杨某、应某、占某一起，在某市柯桥区湖塘街道古城村岭下水库黄茶坞山坡，对位于该地的二处古墓葬进行盗掘，由被告人杨某、应某、朱一、占某轮流进行挖掘，挖得陶罐 2 个、盘 1 个、碗 1 个，后销赃得款 8500 元，被告人杨某、应某、占某各分得 2000 元，被告人朱一分得 2500 元。经鉴定，该二处墓坑分别系明代双穴砖室墓、明代砖室墓，均具有一定历史、科学和艺术价值。

2. 2013 年 10 月份的一天，被告人朱一、占某、王某经事先商量，在某市柯桥区湖塘街道古城村岭下水库附近毛竹山上，对位于该地的一处古墓葬进行盗掘，挖得铜镜 1 面，后销赃得款 18000 元，被告人朱一、占某、王某各分得 6000 元。经鉴定，该处墓坑系宋代砖室墓，具有一定历史、科学和艺术价值。

3. 2013 年 11 月份的一天，被告人朱一、王某伙同陈某（另案处理）经事先商量，在某市柯桥区湖塘街道古城村岭下水库附近毛竹山，对位于该地的一处古墓葬进行盗掘，挖得陶罐 1 个，后被告人朱一销赃得款 800 元。经鉴定，该处墓坑系六朝时期砖室墓，具有一定历史、科学和艺术价值。

4. 2014 年 5 月份的一天，被告人杨某、应某、张某经事先商量，由被告人张某驾驶车辆，在某市越城区鉴湖镇坡塘龙虎山上移动基站附近，对位于

该地的一处古墓葬进行盗掘，但没有挖到东西，以为不是古墓，就停止了盗掘。经现场勘察后，鉴定为盗洞长1.20米、宽0.70米、深1.46米；根据盗洞土质土色考证，该处墓坑属汉代土坑墓，具有一定历史、艺术、科学价值。

5. 2014年6月期间，被告人张某、朱二、李某伙同高某（另案处理）等人经事先商量，由被告人李某驾驶车辆接送，被告人张某望风，被告人朱二等人在某市柯桥区福全镇容山村王家山北坡，先后三次对位于该地的三处古墓葬进行盗掘。经鉴定，该三个墓坑分别系六朝时期砖室墓、汉代土坑墓、六朝时期砖室墓，均具有一定历史、科学和艺术价值。

6. 2014年6月份的一天上午，被告人朱二伙同他人经事先商量，在某市柯桥区福全镇龙尾山村南周自然村旁竹园南山坡，对位于该地的一处古墓葬进行盗掘。经鉴定，该处墓坑属六朝时期砖室墓，具有一定历史、艺术、科学价值。

7. 2014年7月初的一天上午，被告人杨某、应某、郦某伙同朱三（已判刑）、过某（另案处理）经事先商量，在某市越城区鉴湖镇坡塘村应家坞南面山坡处，对位于该地的一处古墓葬进行盗掘，其中被告人杨某、应某、郦某均对古墓葬实施了挖掘，挖得"夜壶"、"水钟"、花瓶、罐子各一件，后销售给被告人沈某，得款15000元，被告人杨某、应某、郦某各分得3000元。经鉴定，该处墓坑系六朝时期砖室墓，具有一定历史、科学和艺术价值。

案发后，被告人王某主动向某市柯桥区公安局投案，并如实供述自己的涉案事实。

另查明，公安机关在抓获被告人杨某时，从被告人杨某处扣押了探棒12根、探棒探头8个、探棒柄2根、扳手2个、柴刀1把、电筒1个、铁铲1个、探棒槌3个、珠子若干、玉戒指1个、玉玦1块、双耳花瓶1个、双耳鬶2个、木棍1根。

二、倒卖文物

2012年，被告人沈某在明知对方出售的是出土文物的情况下，仍以6万元的价钱从他人处购得堆塑罐1件欲倒卖牟利。经鉴定，涉案堆塑罐为二级珍贵文物。案发后，涉案堆塑罐已被公安机关扣押。

2013年四五月份，被告人沈某在明知对方出售的是出土文物的情况下，仍以17000元的价钱从他人处购得鸡首壶2件欲倒卖牟利。经鉴定，涉案2件鸡首壶分别为三级珍贵文物及一般文物。

另查明，公安机关在抓获被告人沈某时，从被告人沈某处扣押了堆塑罐1件、鸡首壶2件，被告人沈某归案后，如实供述了其明知上述物品系出土文物而予以收购并欲倒卖牟利的事实。

受理此案的某区人民法院根据上述事实和相关法律规定，作出如下判决：

一、被告人杨某犯盗掘古墓葬罪，判处有期徒刑十年六个月，剥夺政治权利一年，并处罚金人民币十万元；

二、被告人应某犯盗掘古墓葬罪，判处有期徒刑十年六个月，剥夺政治权利一年，并处罚金人民币十万元；

三、被告人朱一犯盗掘古墓葬罪，判处有期徒刑十年六个月，剥夺政治权利一年，并处罚金人民币十万元；

四、被告人张某犯盗掘古墓葬罪，判处有期徒刑十年六个月，剥夺政治权利一年，并处罚金人民币十万元；

五、被告人朱二犯盗掘古墓葬罪，判处有期徒刑十年六个月，剥夺政治权利一年，并处罚金人民币十万元；

六、被告人李某犯盗掘古墓葬罪，判处有期徒刑五年，并处罚金人民币五万元；

七、被告人占某犯盗掘古墓葬罪，判处有期徒刑十年，剥夺政治权利一年，并处罚金人民币十万元；

八、被告人王某犯盗掘古墓葬罪，判处有期徒刑三年六个月，并处罚金人民币三万元；

九、被告人郦某犯盗掘古墓葬罪，判处有期徒刑三年，并处罚金人民币三万元；

十、被告人沈某犯倒卖文物罪，判处有期徒刑五年，并处罚金人民币五万元；

十一、暂存于某市柯桥区公安局的探棒十二根、探棒探头八个、探棒柄二根、扳手二个、柴刀一把、电筒一个、铁铲一个、探棒槌三个、珠子若干、玉戒指一个、玉玦一块、木棍一根、堆塑罐一件、鸡首壶二件予以没收，由某市柯桥区公安局负责处理；双耳花瓶一个、双耳罍二个发还给被告人杨某；

十二、被告人杨某的违法所得人民币五千元、被告人应某的违法所得人民币五千元、被告人占某的违法所得人民币八千元、被告人朱一的违法所得人民币九千三百元、被告人王某的违法所得人民币六千元、被告人郦某的违法所得人民币三千元，予以追缴。

一审判决后，上诉人杨某提出：一、本案盗掘古墓葬第 4 项事实中，其与同案犯一起挖坑的行为只是探墓，是犯罪预备，不能认定为既遂。二、本案盗掘古墓葬第 1 项事实应认定为盗掘一次，不应认定为二次。三、其在本案盗掘古墓葬第 1、2、7 项事实中的共同犯罪中起次要、辅助作用，应认定为从犯。四、原审量刑过重，请求二审法院从轻或减轻处罚。

上诉人朱一提出：一、本案盗掘古墓葬第 3 项事实中，其没有主动参与，而是在同伙再三要求下去帮忙开车，并没有进行挖掘。在盗掘古墓葬第 1、2 两项事实中，其也并非主动要求参加，而是同伙再三要求下去的，到达后也仅是挖掘了几下，故在犯罪过程中应认定为从犯。二、根据刑法第六十七条第二款之规定，其在本案中应认定为"特别自首"，并向公安机关提供了相关信息供办案机关对相关人员进行抓捕。三、原审量刑过重，请求二审法院依法改判。

上诉人李某提出：其在本案中没有参与盗掘，只是开车，系从犯，原审量刑过重，请求二审从轻处罚。

上诉人占某提出：一、本案盗掘古墓葬第 1 项事实中，其与同伙在同一时间、同一地方参与盗掘，应认定为盗掘一次，不应认定为两次。二、综合本案盗掘古墓葬的第 2 项事实，认为其参与盗掘总共为两次，不应认定为三次。其在归案后如实供述自己的罪行，认为原审量刑过重，请求二审从轻处罚。

市中级人民法院经审理认为：原审判决定罪及适用法律正确，量刑适当。原审被告人杨某、朱一、李某、占某提出改判的上诉请求，理由不足，该院不予支持。原审被告人沈某申请撤回上诉的请求，符合法律规定，应予准许。依照《中华人民共和国刑事诉讼法》第二百二十五条第一款第（一）项以及《最高人民法院关于适用〈中华人民共和国刑事诉讼法〉的解释》第三百零五条第一款之规定，裁定：一、准许上诉人沈某撤回上诉；二、驳回上诉人杨某、朱一、李某、占某的上诉，维持原判。

【裁判解析】

本案的焦点问题是盗掘古文化遗址、古墓罪的既遂（完成犯罪）与未遂（未完成犯罪）标准问题。

盗窃古文化遗址、古墓罪的既遂与未遂问题，在理论界存在以下四种不同的观点：

一是窃得文物说，认为只有实施了挖掘行为并窃得藏品才为既遂。

二是破坏古文化遗址、古墓葬说，认为行为人之盗掘行为致使古文化遗址、古墓葬受到破坏为既遂，反之为未遂。也有观点认为，构成本罪的既遂必须是整个古文化遗址、古墓葬受到了严重破坏，否则，在已实施了盗掘行为的前提下即是未遂。

三是盗掘行为说，认为根据立法精神和法律保护古文化遗址、古墓葬这种对象本身所具有的不可再生性，只要行为人实施了盗掘古文化遗址、古墓葬行为即应定位既遂。

四是分别说，认为对于古墓葬而言，只要行为人挖开了古墓葬即应定为既遂；对于古文化遗址而言，只要挖到了古文化遗址中具有历史、艺术、科学、考古价值的部分即为既遂。

第一种观点是不科学的。原因在于：一是从犯罪既遂的理论看。犯罪既遂，是指某种行为已经符合刑法分则规定的犯罪构成的全部要件的情形，而不是依据犯罪的主观目的是否达到。二是从立法者的目的看。立法者规定本罪正是为了加强对古文化遗址、古墓葬的保护，只有保护好古文化遗址、古墓葬，才能充分保护好古文化遗址、古墓葬中的文物。从法律条文看，并没有将盗掘古文化遗址、古墓葬中的文物或者对古文化遗址、古墓葬造成严重损害作为本罪客观方面的基本条件。从有利于保护古文化遗址、古墓葬的角度看，也应当将本罪理解为只要有以非法获得为目的的挖掘行为即构成犯罪。只有严厉打击私自挖掘古文化遗址、古墓葬的行为，才能遏制盗掘古文化遗址、古墓葬行为的猖獗势头，不轻纵犯罪分子。所以第一种观点窃得文物说不妥。

第二种观点也是不科学的。原因在于：一是在司法实践中难以操作。所谓破坏，其本意是毁坏或损坏，但在认定具体的盗掘古文化遗址、古墓葬案件中，这种本来明确的含义却可能变得含糊不清、难以把握。二是不利于对古文化遗址、古墓葬的保护，不足以震撼犯罪分子。

第三种观点也是不科学的。对于古墓葬而言，只要行为人挖开了古墓葬即应定为既遂；对于古文化遗址而言，只要挖掘到了古文化遗址中具有历史、艺术、科学价值的部分即为既遂。因为本罪客观方面的特征表现为，只要实施了非法挖掘的行为即构成犯罪，而不包括"盗"与"掘"两个行为，而非法挖掘的行为也有一个程度问题，并非只要一实施，行为就告完成。在本罪中，盗掘古文化遗址、古墓葬的行为应理解为一个过程，只有这样，犯罪分子实施犯罪行为的客观社会危害性才能与其应承担的刑事责任相适应。而按照第三种观点，行为人只要对古文化遗址、古墓葬进行了挖、刨等行为，哪怕只有一锹土，都应当以犯罪既遂处理，而不管其具体对古文化遗址、古墓葬造成何种程度的损坏的观点，则由于本罪的基本刑为 3 年以上 10 年以下有期徒刑，显然会导致量刑过重。

因此，笔者赞同第四种观点，即分别说。对于古墓葬而言，只要行为人挖开了古墓葬即应定为既遂；对于古文化遗址而言，只要挖到了古文化遗址中具有历史、艺术、科学、考古价值的部分即应定为既遂。

盗掘古文化遗址、古墓葬罪的罪数形态

——杨某等盗掘古墓葬、倒卖文物案

【要点提示】

盗掘古文化遗址、古墓葬罪与故意损毁名胜古迹罪的界限；盗掘古文化遗址、古墓葬罪的罪数形态认定。

【基本案情】

2014 年 3 月上旬的一天，被告人杨某与被告人张一在某区某镇太晖村五组 43 号张一家中预谋盗掘古墓葬，商议由被告人杨某负责探点，被告人张一负责联系挖墓人员。同年 3 月 14 日晚，被告人杨某按预谋分工伙同被告人胡一及罗某（刑拘在逃）、邓某四人步行至某区某镇太晖村五组村民吕某菜田内，由被告人杨某拿探钎探点后确定了墓址。2014 年 3 月 15 日晚，被告人杨某、胡一以及邓某、罗某携带盗墓工具再次来到前述地点对古墓葬实施盗掘，盗得铜剑一把、铜矛一支、铜鼎、铜壶、木剑盒、木剑鞘各一个、铜箭镞若干，四人回填盗洞离开现场后将上述文物放置于张一家中。2014 年 3 月 16 日，被告人张一邀约被告人胡某到家商量如何处理出土文物，后二人商定由被告人杨某联系买主。9 时许，被告人杨某电话联系买主王某，约定在新生加油站附近交易盗得的文物，并告知了被告人张一、胡某交易的时间和地点。尔后，被告人张一、胡某驾驶一辆号牌为 D×××××的黑色现代轿车携带出土文物来到新生加油站，与先行赶到在此等候的被告人杨某及王某会合后，四人都坐到胡某驾驶的车上，王某看了铜鼎、铜壶、铜剑三件文物后表示愿意购买，最后双方以 35000 元的价格成交。事后，被告人张一分得 10000 元、杨某分得 7000 元，胡一、罗某、邓某各分得 5000 元，胡某分得 3000 元。经鉴定：被盗古墓葬属于东周时期；被盗古墓葬属县级文物保护单位——拍马山墓群保护范围；盗墓既遂，对古墓葬造成严重的破坏；该墓葬出土文物中铜剑为战国时期三级文物，铜鼎为战国时期二级文物，铜壶为战国时期二级文物，木剑盒为战国时期一般文物，木剑鞘为战国时期一般文物，铜矛为战国时期二级文物。破案后，上述文物均已被公安机关追回，现保存在某市博物馆。同时查明，被告人杨某因犯盗掘古墓葬罪于 2014 年 1 月 23 日被某区人民法院判处有期徒刑三年，缓刑四年，并处罚金 10000 元（已缴纳），期间被羁押 134 天。

受理此案的某区人民法院认为，被告人杨某、张一以非法占有古墓葬中的文物为目的，违反国家文物保护法规，盗掘具有历史、艺术、科学价值的县级文物保护单位范围内的古墓葬，并盗得珍贵文物，且对古墓葬造成严重的破坏，被告人胡一受邀约参与盗掘古墓葬，三被告人的行为均已构成盗掘古墓葬罪；被告人胡某以牟利为目的，参与倒卖国家禁止经营的出土文物，其行为已构成倒卖文物罪。被告人杨某在缓刑考验期限内犯新罪，应当撤销缓刑，对本罪作出判决后与前罪所判刑罚实行并罚。被告人杨某、张一在共同犯罪中起主要作用，是主犯；被告人胡一在共同犯罪中起次要作用，是从犯，对其可减轻处罚。被告人杨某、张一、胡一、胡某归案后能如实供述自己的罪行，对其可从轻处罚。依照《中华人民共和国刑法》第三百二十八条第一款第（四）项、第三百二十六条第一款、第七十七条第一款、第六十九条、第二十五条第一款、第二十六条第一款、第二十七条、第六十七条第三款、第六十四条的规定，判决如下：一、撤销本院（2014）某区刑初字第00018 号刑事判决书中对被告人杨某所宣告的缓刑；二、被告人杨某犯盗掘古墓葬罪，判处有期徒刑十年六个月，并处罚金 20000 元，与原判有期徒刑三年实行并罚，决定执行有期徒刑十二年，罚金 20000 元；三、被告人张一犯盗掘古墓葬罪，判处有期徒刑十年六个月，并处罚金 20000 元；四、被告人胡一犯盗掘古墓葬罪，判处有期徒刑六年，并处罚金 10000 元；五、被告人胡某犯倒卖文物罪，判处有期徒刑三年，并处罚金 10000 元；六、责令被告人杨某、张一、胡一、胡某分别退赔违法所得 7000 元、10000 元、5000 元、3000 元。

宣判后，杨某、张一、胡一、胡某均不服，提起上诉，杨某、胡某上诉均提出：本案鉴定意见不能作为定案依据；张一、胡一、胡某上诉均提出：一审量刑过重。

市中级人民法院经审查认为：一审认定事实清楚，适用法律正确，量刑适当，裁定：驳回上诉，维持原判。

【裁判解析】

本案的焦点问题是盗掘古文化遗址、古墓葬罪与故意损毁名胜古迹罪的界限以及盗掘古文化遗址、古墓葬罪的罪数（行为人的行为属于一罪还是多罪）形态认定问题。

故意损毁名胜古迹罪是在 1979 年《中华人民共和国刑法》第一百七十四条规定的破坏珍贵文物、名胜古迹罪的基础上完善而来的。在 1997 年以前的司法实践中，对于盗掘古文化遗址、古墓葬的，以破坏珍贵文物罪论处。因此，盗掘古文化遗址、古墓葬罪与故意损毁名胜古迹罪很容易混淆。但二者的区别也是明显的，主要表现在以下几个方面：一是犯罪对象不同。两者的犯罪对象有重合之处，但名胜古迹的范围要比具有历史、艺术、科学价值的古文化遗址、古墓葬广。二是行为方式不同。要构成盗掘古文化遗址、古墓葬罪须采取私自挖掘行为，其对古文化遗址、古墓葬的破坏是由掘取行为引起的；而故意损毁名胜古迹罪的行为方式直接表现为对名胜古迹的毁损行为。三是主观方面不同。盗据古文化遗址、古墓葬罪的行为人在主观方面是直接故意，且多数具有非法占有名胜古迹的目的；而故意损毁名胜古迹罪不仅包括直接故意，也包含间接故意。在本案中杨某等人在盗掘古墓葬时对古墓葬造成严重破坏，由于其并非主观上直接追求损毁古墓葬的结果而是在盗掘过程中附带造成的损毁，因此其行为构成盗掘古墓葬罪而非故意损毁名胜古迹罪。

在盗掘古文化遗址、古墓葬犯罪的活动中，行为人可能触犯其他犯罪行为，如行为人在盗掘古文化遗址、古墓葬的过程中，造成古文化遗址、古墓葬中的珍贵文物等损坏；在盗掘古文化遗址、古墓葬后，故意毁坏古文化遗址、古墓葬中珍贵文物或者名胜古迹；盗掘古文化遗址、古墓葬后，将其中的文物非法据为己有等等。这就涉及了刑法中的罪数问题。

一是在盗掘古文化遗址、古墓葬的过程中，造成古文化遗址、古墓葬中珍贵文物等损坏的，形成法条竞合（同一行为触犯多个法条罪名），行为人的犯罪故意和行为只有一个，属于单纯的一罪，应当从一重罪处罚。

二是盗掘古文化遗址、古墓葬后，故意毁坏古文化遗址、古墓葬中珍贵文物或者名胜古迹的，则应实行数罪并罚。盗掘古文化遗址、古墓葬后，将其中的文物非法据为己有的，仍以盗掘古文化遗址、古墓葬罪论处。

三是行为人在盗掘古文化遗址、古墓葬后，又将从中窃得的文物出售或者私自赠与外国人的，如果行为人事先已经商定出售牟利或赠与事宜，将盗掘的所得文物倒卖给他人牟利或者赠送给外国人的，因盗掘古文化遗址、古墓葬行为与事后的出售或赠送行为之间存在手段和目的的牵连关系，应当按照牵连犯的关系，以盗掘古文化遗址、古墓葬一罪从重处罚。否则，就应对上述情况按照所触犯的罪名予以数罪并罚。

【特别提示】

本案中被告人杨某因犯盗掘古墓葬罪于 2014 年 1 月 23 日被某区人民法院判处有期徒刑三年，缓刑四年，并处罚金 10000 元（已缴纳），期间被羁押 134 天。2014 年 5 月 1 日以涉嫌犯盗掘古墓葬罪、倒卖文物罪被依法逮捕。经某区人民法院和某市中级人民法院两审后确定杨某犯盗掘古墓葬罪。根据《中华人民共和国刑法》第七十七条第一款规定："被宣告缓刑的犯罪分子，在缓刑考验期限内犯新罪或者发现判决宣告以前还有其他罪没有判决的，应当撤销缓刑，对新犯的罪或者新发现的罪作出判决，把前罪和后罪所判处的刑罚，依照本法第六十九条的规定，决定执行的刑罚。"被告人杨某在缓刑考验期限内犯新罪，应当撤销缓刑，对本罪作出判决后与前罪所判刑罚实行并罚。据此，被告人杨某犯盗掘古墓葬罪，判处有期徒刑十年六个月，并处罚金 20000 元，与原判有期徒刑三年实行并罚，决定执行有期徒刑十二年，罚金 20000 元。

盗掘古文化遗址、古墓葬罪，倒卖文物罪

——董某等盗掘古墓葬、倒卖文物案

【要点提示】

盗掘古墓葬罪；盗窃罪。

【基本案情】

2011 年 10 月份，被告人董某在某市大华金商都建筑工地 18 号楼承建打桩工程时，听施工人员牛某说苏某打桩打到古墓打出了青铜器，便花 3 万元通过牛某找到苏某收购了打出的一件青铜器。

之后，被告人董某电话通知被告人王某到工地上查看打桩处发现的古墓葬。董某与王某二人踩点预谋后，由被告人王某纠集另外三人，和董某一起于同年 10 月份的一天晚上，采用秘密的方法对该古墓葬进行盗掘。当晚其从古墓中盗掘出两个铜鼎、一个玉棕、一件铜铃、一个铜凿、一个铜铲等共 14 件文物，由被告人董某藏到自己的住处。然后，被告人董某通过被告人吕某介绍，在某市光辉路太行宾馆家属院吕某的家中，将盗掘文物中的 12 件以 700 多万元的价格卖给郑州的毛某业（另案处理）等人。被告人董某又将剩余的 3 件文物送给了朋友赵某。董某分得赃款 500 余万元，王某分得赃款 100.25 万元，被告人吕某分得赃款 15 万元。

案发后，某市公安局将被告人董某送给赵某的文物 3 件追回，铜铲、铜凿、铜铃各一件。经某省文物鉴定委员会鉴定，铜铲、铜凿为国家三级文物，铜铃为一般文物。某市公安局又追回被告人董某卖出的 12 件文物中的 3 件：青铜器方鼎两件、玉琮一件，经某大学司法鉴定中心鉴定：铜鼎、玉棕均为国家二级文物，被盗掘的这批文物出土于殷墟遗址边缘地带的商代晚期墓葬，具有很高的历史、艺术和科学价值。其余 9 件文物至今未被追回。

另查明：2012 年 10 月 31 日，被告人吕某到某市某区人民检察院投案。某市某区人民检察院扣押被告人董某赃款 145 万元和用 36 万余元赃款购买的车牌照为 EF811 白色途观汽车一辆；扣押被告人王某用 13 万元赃款购买的车牌照为 EN3992 灰色海马汽车一辆；扣押被告人吕某赃款 15 万元；扣押牛某、苏某非法所得共 3 万元。

受理此案的某区人民法院认为，被告人董某、王某盗掘具有历史、艺术、科学价值的古墓葬，并盗窃珍贵文物，其行为均已构成盗掘古墓葬罪。被告人吕某以牟利为目的，倒卖国家禁止经营的珍贵文物，情节特别严重，其行为已构成倒卖文物罪。依据《中华人民共和国刑法》第三百二十八条第（四）项、第三百二十六条第一款、第二十五条第一款、第二十六条第一、四款、第五十二条、第五十三条、第六十四条、第六十七条第一款之规定，判决如下：一、被告人董某犯盗掘古墓葬罪，判处有期徒刑十五年，并处罚金人民币 20 万元；二、被告人王某犯盗掘古墓葬罪，判处有期徒刑十四年，并处罚金人民币 20 万元；三、被告人吕某犯倒卖文物罪，判处有期徒刑五年，并处罚金人民币 10 万元；四、扣押的被告人董某赃款 145 万元，车牌照为 EF811 白色途观汽车一辆；扣押的被告人王某牌照为 EN3992 灰色海马汽车一辆；扣押的被告人吕某赃款 15 万元；扣押的苏某、牛某的非法所得 3 万元，予以没收，上缴国库；五、涉案文物青铜方鼎两件、玉琮一件、青铜铲币一件、青铜凿一件、青铜铃一件，予以没收，上缴国家文物管理部门；六、责令被告人董某退出其余赃款 319 万元，责令被告人王某退出其余赃款 87.25 万元。

上诉人董某及辩护人认为，董某系初犯、偶犯，认罪、悔罪，退还部分赃款，原判量刑重。

上诉人王某及辩护人认为，王某系初犯、偶犯，在犯罪中所起作用较小，所得赃款数额较少，认罪、悔罪，原判量刑重。

上诉人吕某及辩护人认为，吕某在倒卖文物犯罪中系从犯，且有自首、立功、积极退赃等情节，原判量刑重。

市中级人民法院经审查认为：一审判决事实清楚、证据确实充分，量刑适当，裁定：驳回上诉，维持原判。

【裁判解析】

本案的焦点问题是盗掘古墓葬罪与盗窃罪的区别。

《中华人民共和国刑法》第二百六十四条规定："盗窃公私财物，数额较大，或者多次盗窃、入户盗窃、携带凶器盗窃、扒窃的，处三年以下有期徒刑、拘役或者管制，并处或者单处罚金；数额巨大或者有其他严重情节，处三年以上十年以下有期徒刑，并处罚金；数额特别巨大或者有其他特别严重情节的，处十年以上有期徒刑或者无期徒刑，并处罚金或者没收财产。"理论上通说认为，盗窃罪是指以非法占有为目的，窃取数额较大的公私财物或者多次盗窃、入户盗窃、携带凶器盗窃、扒窃公私财物的行为。它与盗掘古墓葬罪之间有着一种非常密切的联系。这种联系表现在两个方面：

一是在 1991 年 6 月 29 日全国人大常委会《关于惩治盗掘古文化遗址、古墓葬犯罪的补充规定》颁布实施之前，盗掘古文化遗址、古墓葬的行为，一般都是按盗窃罪处理的。这主要是根据当时未经修改的《中华人民共和国文物保护法》第三十一条中关于"私自挖掘古文化遗址、古墓葬的，以盗窃论处"的规定。有关司法解释也为如何"以盗窃论处"提供了具体、明确的标准。

二是司法实践中的盗掘古文化遗址、古墓葬犯罪案件，犯罪分子盗掘的目的就在于从其掘开的古文化遗址或古墓葬中获取文物藏品，而且，大多数情况下是采取秘密挖掘古文化遗址或古墓葬的方式来窃得文物，这在主观目的和客观行为表现上与具备非法占有目的和秘密窃取公私财物行为特征的盗窃罪十分相似。

因此，尽管立法已专门设立了盗掘古墓葬罪，但它与盗窃罪之间的界限仍容易发生混淆。在认定盗掘古墓葬犯罪时，一定要注意将之与盗窃罪区分开来。两者的区别主要有：

一、侵犯的客体（社会关系）和对象不同。盗掘古墓葬罪侵犯的客体是复杂客体（多重社会关系），即国家对古墓葬的管理秩序和国家对古墓葬的所有权，其犯罪对象是具有历史、艺术、科学价值的古墓葬，是一种具有特殊价值的财物，属于不可再生物，一旦遭到破坏，损失无法挽回。而盗窃罪侵犯的客体是单一客体，即公私财物所有权，其犯罪对象是一般的公私财物，其中包括一些可以移动的文物。

二、客观表现不同。盗掘古墓葬罪表现为违反国家文物保护法规，未经国家文物主管部门批准，私自挖掘古墓的行为，故其行为可以是秘密的，也可以是公开的，而且，无论是否实施了盗取文物的行为，只要有对古墓葬盗掘的行为，即构成本罪；而盗窃罪一般表现为秘密窃取公私财物的行为，而且，如果没有窃取财物，只能构成未遂。据此，对于未对古墓葬进行挖掘，而只是从古墓葬处窃取存放的文物的情形，不能认定为本罪，而只能以盗窃罪论处。

另外对于盗掘具有历史、艺术、科学价值的古墓葬以外的其他墓葬，也不能认定为本罪，可以分别不同情况进行处理。

本案中董某、王某二人踩点预谋后，采用秘密方法对该古墓葬进行挖掘。从古墓葬中盗掘出两个铜鼎、一个玉棕、一件铜铃、一个铜凿、一个铜铲等共14件文物。经某大学司法鉴定中心鉴定：铜鼎、玉棕均为国家二级文物，被盗掘的这批文物出土于殷墟遗址边缘地带的商代晚期墓葬，具有很高的历史文化和科学价值。由于董某、王某二人盗掘具有历史、艺术、科学价值的古墓葬，并盗窃珍贵文物，故其行为均已构成盗掘古墓葬罪。

盗掘古文化遗址、古墓
葬罪，倒卖文物罪、转移赃物罪
（掩饰、隐瞒犯罪所得、犯罪所得收益罪）

——刘某等盗掘古文化遗址、倒卖文物、转移赃物案

【要点提示】

倒卖文物罪；掩饰、隐瞒犯罪所得、犯罪所得收益罪。

【基本案情】

2004 年底，被告人刘某为牟取非法利益，产生盗掘某市某县白塔寺地宫内文物之念，并于同年 12 月在白塔寺西墙外承租了某县城关镇西南隅村赵某家带小院的平房。

2005 年 6、7 月间，刘某将盗掘白塔寺地宫内文物的想法告知被告人赵一、赵二，赵一、赵二表示同意，而后联系了被告人曹某，共同密谋犯罪方案，商定由刘某、赵二出资购置作案工具，曹某负责技术指导、组织人员，赵一提供汽车及白塔寺的相关资料。之后，曹某纠集了被告人元某、王某等数名盗掘人员，赵二纠集被告人韩某并伙同刘某一起购置了水泵、鼓风机、铁锹、照明灯等作案工具。随后，元某、王某伙同其他盗掘人员，在刘某事先租赁的平房院内先挖竖井，再挖掘由此通向白塔寺地宫的水平地道。挖掘期间，刘某在现场进行指挥，曹某提供技术指导，赵二、韩某负责送饭并望风，被告人曹二则多次单独或伙同赵二到白塔寺附近探听能否听到挖洞的声音。同年 8 月上旬，上述被告人从白塔寺地宫内盗出辽代石雕涅槃像、金属舍利塔、佛坐像、白釉瓷立狮、青铜法器、瓷器及水晶玉石、珠子等大量文物，并在刘某的指挥下，使用赵一提供的车辆将所盗文物运送到刘某的亲属家藏匿。为便于变卖，曹某提出购买数码相机对上述文物进行拍照。之后，曹某使用赵二购买的数码相机对上述文物进行拍摄。

2005 年 8、9 月间，被告人刘某为销赃联系到被告人申某、周某，并经两人介绍将大部分文物卖给一陈姓男子（现在逃），获赃款 220 万元。各被告人在刘某主持下进行分赃，刘某得赃款 60 余万元，被告人曹某得赃款 22 万元，被告人赵二得赃款 31 万元，被告人赵一得赃款 23 万元，被告人元某得赃款 12 万元，被告人韩某得赃款 16 万元，被告人申某、周某得赃款 10 万元，剩余赃款分给其他盗掘人员。分赃后，刘某将尚未卖出的小件文物藏匿于自己家中。案发后，公安机关将上列被告人抓获归案。周某归案后，协助公安机关将申某抓捕归案。

2006 年 1 月 4 日下午，被告人刘某被公安机关抓获后，其妻张某明知家中藏有刘某盗掘所得文物，仍指使被告人邵某将文物转移。次日凌晨，公安机关将张某、邵某抓获归案。

受理此案的中级人民法院认为，被告人刘某、曹某、赵二、赵一、元某、韩某、曹二、王某为牟取非法利益，违反国家文物保护法规，盗掘列入省级文物保护单位的古文化遗址，并盗窃遗址内珍贵文物，其行为均已构成盗掘古文化遗址罪，且情节严重；被告人张某、邵某为掩盖刘某的犯罪行为，明知是刘某犯罪所得赃物而予以转移，其行为均已构成转移赃物罪。

被告人申某、周某明知涉案文物系赃物而帮助销售，其行为符合销售赃物罪的主要特征。但鉴于涉案物品系国家禁止买卖的文物，故对于申某、周某的行为，应当根据刑法第三百二十六条的规定，以倒卖文物罪定罪处罚。

中级人民法院依据刑法第三百二十八条第（一）项，第三百二十六条第一款，第三百一十二条，第五十七条第一款，第五十六条第一款，第五十五条第一款，第二十五条，第二十六条第一款、第四款，第二十七条，第七十二条，第七十七条第一款，第六十九条，第六十八条，第六十四条和最高人民法院《关于处理自首和立功具体应用法律若干问题的解释》第五条的规定，于 2007 年 7 月 25 日判决：

一、被告人刘某犯盗掘古文化遗址罪，判处无期徒刑，剥夺政治权利终身，并处罚金人民币 60000 元；被告人曹某犯盗掘古文化遗址罪，判处有期徒刑十三年，剥夺政治权利二年，并处罚金人民币 30000 元；被告人赵二犯盗掘古文化遗址罪，判处有期徒刑十二年，剥夺政治权利二年，并处罚金人民币 30000 元；被告人赵一犯盗掘古文化遗址罪，判处有期徒刑十年，剥夺政治权利二年，并处罚金人民币 30000 元；被告人元某犯盗掘古文化遗址罪，判处有期徒刑九年，并处罚金人民币 10000 元；被告人韩某犯盗掘古文化遗址罪，判处有期徒刑五年，并处罚金人民币 8000 元；被告人曹二犯盗掘古文化遗址罪，判处有期徒刑三年，并处罚金人民币 2000 元；被告人王某犯盗掘古文化遗址罪，判处有期徒刑三年，并处罚金人民币 2000 元；被告人申某犯倒卖文物罪，判处有期徒刑三年，并处罚金人民币 5000 元；被告人周某犯倒卖文物罪，判处有期徒刑二年六个月，并处罚金人民币 5000 元，连同前罪所判处的刑罚有期徒刑三年，决定执行有期徒刑五年，并处罚金人民币 5000 元；被告人张某犯转移赃物罪，判处有期徒刑二年，缓刑二年，并处罚金人民币 1000 元；被告人邵某犯转移赃物罪，判处有期徒刑一年，缓刑一年，并处罚金人民币 1000 元。

二、犯罪工具对讲机四部、洛阳铲头二个、洛阳铲杆五节、电脑硬盘一个、照明灯一个、鼓风机三个、潜水泵一台、铁铲一把等物品依法没收。

三、被告人刘某、赵二分别用赃款购买的桑塔纳、江某某汽车各一辆发还某市某县文物局。

四、查获赃物发还某市某县文物局。

曹某、赵一、曹二、周某、申某不服一审判决，向某市高级人民法院提起上诉。

曹某的上诉理由是：一审判决认定的主要犯罪事实证据不足，本人没有参与预谋，没有提供技术指导和现场指挥，也没有分得赃款，一审判决量刑过重，且审判程序违法，要求改判或者撤销一审判决发回重审。曹某的辩护人认为曹某在共同犯罪中的作用小于赵二、赵一，一审判决量刑过重，请求从轻处罚。赵一及其辩护人认为，赵一系被纠集参与犯罪，是从犯，且认罪态度较好，一审判决量刑过重，请求从轻处罚。曹二认为自己无罪，其辩护人认为，曹二在共同犯罪中起辅助作用，主观恶性小，一审判决量刑过重，请求从轻处罚。周某认为，一审判决量刑过重。申某认为，本人归案后，协助公安机关抓捕同案犯王某，有立功情节，一审判决量刑过重，请求从轻处罚。

某市高级人民法院经审查认为：一审判决认定事实清楚，证据确实、充分，适用法律正确，定罪量刑适当，审判程序合法，应予维持。据此，裁定：驳回上诉，维持原判。

【裁判解析】

本案的焦点问题是倒卖文物罪和掩饰、隐瞒犯罪所得罪的认定问题。

根据刑法第三百二十六条的规定，倒卖文物罪是指以牟利为目的，倒卖国家禁止经营的文物，情节严重的行为。本罪侵犯的客体是国家的文物管理制度。国家的文物管理制度，主要是以《中华人民共和国文物保护法》为核心的一系列有关文物保护的法律规范。根据法律、法规的规定，中华人民共和国境内地下、内水和领海中遗存的一切文物，属于国家所有。古文化遗址、古墓葬、石窟寺属于国家所有。文物只能由文化文物行政主管部门指定的单位收购，其他任何单位或者个人不得经营文物收购业务。本罪的对象是国家禁止经营的文物，根据有关司法解释的规定，是指未经许可不得经营的一、二、三级珍贵文物以及其他受国家保护的具有重大历史、艺术、科学价值的文物。本罪在客观方面表现为倒卖国家禁止买卖的文物，情节严重的行为。构成本罪不仅必须具有倒卖文物的行为，而且必须达到情节严重的程度。情节严重，一般是指数额较大，手段恶劣，后果严重。本罪在主观方面表现为故意，且以牟利为目的。本案中，申某、周某的行为，虽符合销售赃物罪的主要特征，但是二被告人销售的不是普通赃物，而是国家禁止买卖的文物，对于非法销售文物的行为，刑法有特别规定。根据特别规定优于一般规定的原则，二被告人的行为构成倒卖文物罪。综上，申某、周某以牟利为目的，积极联系买主，促成非法文物交易，且非法获利数额较大，其行为构成倒卖文物罪。

掩饰、隐瞒犯罪所得罪，是指明知是犯罪所得及其产生的收益而予以窝藏、转移、收购、代为销售或者以其他方法掩饰、隐瞒的行为。

本罪的犯罪对象是他人"犯罪所得及其产生的收益"。所谓犯罪所得，是指通过犯罪行为直接获取的财物及财产性利益，其中包括：一是通过实施盗窃、诈骗、抢夺、抢劫、敲诈勒索、侵占等侵犯财产的犯罪获得的财物，即狭义的赃物。二是通过实施其他犯罪获得的不法财产。所谓犯罪所得产生的收益，是指犯罪所得产生的孳息以及通过利用犯罪投资、经营获得的财产和财产性利益。本罪的主体包括个人和单位。本罪的行为包括以下五种：一窝藏，二转移，三收购，四代为销售，五以其他方式掩饰、隐瞒犯罪所得及其产生的收益。本罪的"掩饰"，是指行为人主动设法遮盖犯罪所得及其产生的收益；本罪的"隐瞒"，是指当司法机关调查有关财产及其性质和来源时，行为人尽管知情却有意掩盖犯罪所得及其产生的收益。行为人具有窝藏、转移、收购、转移、代为销售行为之一，或者具有以其他方法掩饰、隐瞒犯罪所得及其产生的收益的行为，即认为具有本罪行为。本罪主观方面是故意，即明知实施犯罪所得及其产生的收益而予以窝藏、转移、收购、代为销售或者以其他方法掩饰、隐瞒。可以在行为前明知，也可以在行为过程中明知。认定明知，不能仅凭行为人口供，应根据案件的客观事实予以分析。只要证明行为人知道或者应当知道是犯罪所得及其产生的收益，就可以认定。如果行为人确实不知道是犯罪所得及其产生的收益，就不具有本罪的故意。

本案中，被告人张某在其夫被告人刘某被抓获后，明知家中藏有刘某盗掘所得文物，却有意掩盖犯罪所得，指使被告人邵某将文物转移。被告人张某和邵某是共犯，二人的行为构成掩饰、隐瞒犯罪所得罪。

【特别提示】

本案中涉及的刑法第三百一十二条"转移赃物罪"经过两次修订后修改为"掩饰、隐瞒犯罪所得、犯罪所得收益罪"。

《中华人民共和国刑法修正案（六）》第十九条修订了第一款，将1997年《中华人民共和国刑法》原第一款条文："明知是犯罪所得的赃物而予以窝藏、转移、收购或者代为销售的，处三年以下有期徒刑、拘役、或者管制，并处或者单处罚金"修改为"明知是犯罪所得及其产生的收益而予以窝藏、转移、收购、代为销售或者以其他方法掩饰、隐瞒的，处三年以下有期徒刑、拘役或者管制，并处或者单处罚金；情节严重的，处三年以上七年以下有期徒刑，并处罚金。"

2009年2月28日全国人大常委会《中华人民共和国刑法修正案（七）》第十条增设了第二款："单位犯前款罪的，对单位判处罚金，并对其直接负责的主管人员和其他直接责任人员，依照前款的规定处罚。"

盗掘古文化遗址、古墓葬罪，非法持有枪支罪，倒卖文物罪，故意伤害罪，包庇罪

——刘某等盗掘古文化遗址、古墓葬、非法持有枪支、倒卖文物、故意伤害、包庇案

【要点提示】

盗掘古文化遗址、古墓葬罪。

【基本案情】

一、盗掘古文化遗址、古墓葬

1. 2013 年 7 月 1 日晚，被告人刘某组织被告人原某、张某、尉某及董某、田某、田二某、曹某（四人均另案处理）在某县广胜寺镇南秦村村民崔某承包的耕地里盗掘古文化遗址。张某、尉某负责望风。

2013 年 7 月 4 日，被告人刘某让丁某（另案处理）帮忙联系盗掘古墓的人员，丁某遂在某山联系了"小亮"、"小勇"（二人具体身份不详），并让被告人郭某再联系一名盗掘古墓的人员，郭某遂联系了被告人陕某。7 月 5 日晚，被告人郭某驾车将陕某、"小亮"、"小勇"送到刘某家中。

7 月 5 日至 7 月 8 日夜间，被告人刘某、原某、张某、尉某、陕某伙同董某、"小亮"、"小勇"连续在崔某家的耕地里盗掘古文化遗址。其间，被告人张某、尉某负责望风。7 月 6 日、7 日晚，被告人刘某又勾结其连襟被告人李某共同参与盗掘。7 月 8 日凌晨，刘某等人继续盗掘时，被路经此地的李二某（另案处理）等人赶跑。经某县文物旅游局现场勘查，该盗掘地点位于某市人民政府于 2004 年 5 月 20 日确定的第一批市级文物保护单位"南秦遗址"范围内。

案发后，被告人张某、尉某、陕某分别于 2013 年 7 月 14 日、7 月 15 日、

8月23日，主动到市公安局刑侦支队投案，均如实供述了各自的犯罪事实。

被告人郭某因犯盗掘古文化遗址罪于2008年1月16日被某县人民法院判处有期徒刑六个月零十五天，并处罚金人民币五千元；因犯倒卖文物罪于2010年11月被某县人民法院判处有期徒刑一年零六个月，并处罚金人民币二万元。2011年8月13日刑满释放。

2. 2013年3月4日晚，被告人张某伙同张三某、解某、马某（三人均已判刑）等人在某县蔡村乡段家堡村南北路西侧路边盗掘一处古墓。经某省文物鉴定委员会认定，被盗墓葬为西汉早期大型墓群，具有一定的历史、艺术及科学价值。2013年7月14日，被告人张某主动到某市公安局刑侦支队投案，如实供述了该起犯罪事实。

二、故意伤害

2013年7月8日，被告人刘某在"南秦遗址"盗掘时被李二某等人赶跑后，遂联系丁某、胡某（另案处理）携带一支五连发猎枪、一支双管猎枪来到刘某家。当晚，被告人原某驾车将刘某、丁某、胡某送至广胜寺镇南秦村。三人携带枪支行至崔某家耕地附近时，发现有人正在盗掘，刘某、丁某遂向正在盗掘的人员开了几枪，将李二某、乔二某、张五某打伤。刘某、丁某、胡某持枪逃离现场时，发现后方有人追赶，又向后方开了几枪，将某县公安局协勤民警樊某打伤。之后，刘某、丁某、胡某乘坐原某驾驶的车辆逃走。经某市公安司法鉴定中心鉴定，李二某的损伤程度为轻微伤，乔二某、张五某的损伤程度为轻伤，樊某的损伤程度为重伤。

案发后，被告人刘某、原某就本案民事赔偿部分与被害人樊某达成了赔偿协议，被告人刘某一次性赔偿樊某经济损失人民币34000元，被告人原某一次性赔偿樊某经济损失人民币23000元。被害人樊某对被告人刘某、原某表示谅解。李二某、乔二某、张五某放弃了要求民事赔偿的权利。

三、包庇

2013年7月8日晚，被告人刘某伙同丁某、胡某持枪致伤樊某等人后，将作案使用的二支枪支交给被告人李某藏匿，并给其妻被告人卫某打电话，让卫某给李某提供装枪支的袋子。被告人李某将两支猎枪装入袋内，埋入自家的耕地里。案发后两支猎枪被缴获。

受理此案的某区人民法院认为：被告人刘某、原某未经国家文化文物主管部门批准，私自盗掘古文化遗址，其行为均已构成盗掘古文化遗址罪，二被告人故意非法损害他人身体健康，致一人重伤、二人轻伤、一人轻微伤，二被告人的行为又构成故意伤害罪，依法应当数罪并罚；被告人尉某、郭某、陕某未经国家文化文物主管部门批准，私自盗掘古文化遗址，其行为均已构成盗掘古文化遗址罪；被告人张某未经国家文化文物主管部门批准，私自盗掘古文化遗址、古墓葬，其行为已构成盗掘古文化遗址、古墓葬罪；被告人李某未经国家文化文物主管部门批准，私自盗掘古文化遗址，其行为已构成盗掘古文化遗址罪，且明知被告人刘某系犯罪的人而隐藏证据，对刘某进行包庇，其行为又构成包庇罪，依法应当数罪并罚；被告人卫某明知被告人刘某系犯罪的人而隐藏证据，对刘某进行包庇，其行为已构成包庇罪。

依照《刑法》第三百二十八条第一款、第二百三十四条第二款、第三百一十条第一款、第六十九条、第二十五条第一款、第二十六条第一款、第四款、第二十七条、第六十七条第一款、第三款、第六十五条第一款、第六十四条、第六十一条、最高人民法院《关于适用〈中华人民共和国刑事诉讼法〉的解释》第二百四十一条第一款第（二）项之规定，判决：

一、被告人刘某犯盗掘古文化遗址罪，判处有期徒刑四年，并处罚金人民币二千元；犯故意伤害罪，判处有期徒刑四年；数罪并罚，决定执行有期徒刑七年，并处罚金人民币二千元。

被告人原某犯盗掘古文化遗址罪，判处有期徒刑四年，并处罚金人民币二千元；犯故意伤害罪，判处有期徒刑一年一个月；数罪并罚，决定执行有期徒刑四年六个月，并处罚金人民币二千元。

被告人陕某犯盗掘古文化遗址罪，判处有期徒刑二年六个月，并处罚金人民币二千元。

被告人郭某犯盗掘古文化遗址罪，判处有期徒刑三年，并处罚金人民币二千元。

被告人张某犯盗掘古文化遗址、古墓葬罪，判处有期徒刑三年，并处罚金人民币二千元。

被告人尉某犯盗掘古文化遗址罪，判处有期徒刑二年，并处罚金人民币二千元。

被告人李某犯盗掘古文化遗址罪，判处有期徒刑二年，并处罚金人民币二千元；犯包庇罪，判处有期徒刑一年，数罪并罚，决定执行有期徒刑二年六个月，并处罚金人民币二千元。

被告人卫某犯包庇罪，判处有期徒刑一年。

二、被告人刘某犯罪使用的五连发猎枪一支、双管猎枪一支予以没收。

一审判决后，刘某提出上诉称：其盗掘中未挖到古墓，属犯罪未遂，又能积极交代罪行，且系初犯，请求从轻处罚。上诉人陕某提出的上诉理由为：其投案自首，系初犯，愿意接受罚金处罚，请求从轻判处。上诉人郭某提出的上诉理由为：其只是将陕某送到洪洞，未参与盗掘，系帮助犯，应在三年以下量刑。上诉人张某提出的上诉理由及辩护人提出的辩护意见为：一、在第一起盗掘古文化遗址犯罪中上诉人张某只负责望风，系从犯；在第二起盗掘古墓中只参与了事前的准备工作，未实施具体盗掘行为，属犯罪中止。二、与某县盗掘古墓案的主犯张三某判一年，与本案尉某的量刑相比，上诉人张某量刑较重。

市中级人民法院认为：原判认定事实清楚，证据确实、充分，定罪准确，量刑适当，审判程序合法，适用法律正确，裁定：驳回上诉，维持原判。

【裁判解析】

本案的焦点问题是盗掘古文化遗址、古墓葬罪的认定问题。

盗掘古文化遗址、古墓葬罪，是指以非法占有为目的，盗掘具有历史、艺术、科学价值的古文化遗址、古墓葬的行为。盗掘古文化遗址、古墓葬罪的构成要件包括：

本罪的客体（刑法所保护的社会关系）是复杂客体。侵犯的是国家对古文化遗址、古墓葬的管理活动以及国家对古文化遗址、古墓葬的所有权。古文化遗址、古墓葬具有珍贵的历史、艺术、科学价值，因此，国家制定专门的法律对其予以保护。盗掘古文化遗址、古墓葬行为不仅侵犯了国家对古文化遗址、古墓葬的保护管理制度，而且侵犯了国家对古文化遗址、古墓葬的所有权。

本罪的客观方面表现为盗掘具有历史、艺术、科学价值的古文化遗址、古墓葬的行为。古文化遗址、古墓葬，是指清代和清代以前的具有历史、艺术、科学价值的古文化遗址和古墓葬，以及辛亥革命以后与著名历史事件有关的遗址、名人古墓、纪念地。古文化遗址包括石窟、地下城、古建筑等，古墓葬包括皇帝陵墓、历史上著名人物的陵墓等。

所谓盗掘既不是单纯地盗窃，也不是单纯地损毁，而是指未经国家文物主管部门批准，私自挖掘埋藏于地下的古文化遗址、古墓葬；打捞被水掩埋的古文化遗址、古墓葬，而掘出埋藏于其他物体中的古文化遗址、古墓葬的，也应认定为"盗掘"。至于是秘密挖掘还是公开挖掘，是白天挖掘还是夜间挖掘，在所不问。

本罪是行为犯。法律规定，行为人只要实施了非法盗掘古文化遗址、古墓葬的行为，即可构成犯罪，不论是否挖掘到文物，也不论情节轻重，都必须依法追究刑事责任。是否盗窃文物，盗窃数量多少，只是量刑时应当考虑的情节。

本罪的主体为一般主体，即凡年满16周岁并具有辨认和控制自己行为能力的自然人，均可成为盗掘古文化遗址、古墓葬罪的主体。

本罪的主观方面表现为故意，并具有非法占有的目的。犯罪故意由认识要素和意志要素组成，其认识要素表现为对危害的"明知"，对本罪来说，最重要的是要求行为人明知自己盗掘的是具有历史、艺术、科学价值的古文化遗址、古墓葬。这里的"明知"是行为人对作为犯罪对象即具有历史、艺术、科学价值的古文化遗址、古墓葬的明确认识，属于主观方面的内容。刑法上的"明知"，只有通过这样或那样的证据才能被揭示出来，因此，它离不开证据学上的证明手段。近年来，随着文物保护意识和经济实力的增强，我国对县级或者县级以上的文物保护单位一般都划定保护范围，并附有标志说明。对这些文物保护单位内的古文化遗址、古墓葬进行盗掘，一般不难判定行为人是否明知。盗掘尚未核定公布为文物保护单位的古文化遗址、古墓葬的，只要证明行为人明确知道古文化遗址、古墓葬内有"值钱的东西"，就可以认定行为人明知自己盗掘的是具有历史、艺术、科学价值的古文化遗址、古墓葬。

本案中被告人刘某、原某、陕某、郭某、张某、尉某、李某的犯罪对象是某县广胜寺镇南秦村村民崔某承包的耕地里的古文化遗址。该盗掘地点位于某市人民政府于2004年5月20日确定的第一批市级文物保护单位"南秦遗址"范围内，是具有历史、艺术、科学价值的古文化遗址。被告人张某伙同张三某、解某、马某（三人均已判刑）等人在某县蔡村乡段家堡村南北路西侧路边盗掘一处古墓，经某省文物鉴定委员会认定，被盗墓葬为西汉早期大型墓群，具有一定的历史、艺术及科学价值。被告人刘某、原某、陕某、郭某、张某、尉某、李某出于贪利的动机，积极追求盗掘古文化遗址、古墓葬中文物的结果的发生，其犯罪的主观方面是故意。最后，被告人刘某等人挖掘古文化遗址、古墓葬的行为未经过国家文物主管部门的批准，由此可以认定刘某等人犯盗掘古文化遗址、古墓葬罪。

盗掘古文化遗址、盗掘古墓葬罪，倒卖文物罪

——周某等盗掘古文化遗址、古墓葬、倒卖文物案

【要点提示】

盗掘古文化遗址、古墓葬罪的刑事责任。

【基本案情】

2014 年 9 月底一天晚上，被告人周一、刘一伙同王某和毛某在某县麦田内，以挖洞的方式盗掘一古墓，盗得白色小瓷器两个、银簪子两个（经鉴定均为唐代一般文物）。后被盗文物以 3200 元的价格销赃于周二（行政处罚），四人各分得赃款 800 元。破案后四件被盗文物全部追回上缴某县博物馆。

2014 年 11 月中旬的一天晚上，被告人周一、刘一、周三、王一经事先探墓后，在位于全国文物保护单位保护区内的某县麦田内，挖掘一直径 50 公分，4 米多深的盗洞，因古墓已被盗掘，未盗得文物。

2014 年 12 月 8 日晚，被告人刘一、周三、王一在某县麦田内，以挖洞的方式盗掘一汉代古墓，盗得铜镜一个（经鉴定为汉代三级文物）和红釉罐一个（经鉴定为汉代一般文物）。后以 9000 元价格销赃予被告人刘二，刘二后又以 17000 元价格出售给曹某获利 8000 元。破案后两件被盗文物全部追回并上缴某县博物馆。2014 年 12 月 13 日，被告人王一向某县公安局投案自首。破案后，某县公安局依法从刘一、周三、王一处各扣押赃款 3000 元，从刘二处扣押赃款 17000 元。

受理此案的某区人民法院认为：被告人刘一、周一、周三、王一、王某、毛某以非法占有古文化遗址、古墓葬中的文物为目的，未经国家文化主管部门批准，私自发掘被确定为全国重点文物保护单位及具有历史、艺术、科学

价值的古文化遗址、古墓葬，其行为构成盗掘古文化遗址、古墓葬罪；其中被告人刘一属多次盗掘古文化遗址、古墓葬。被告人刘二以牟利为目的，倒卖国家禁止经营的文物，情节严重，其行为构成倒卖文物罪。依照《中华人民共和国刑法》第三百二十八条、第三百二十六条、第六十七条第一、三款、第七十二条第一款、第七十三条第二款、第六十四条、第五十二条、第五十三条、第四十七条之规定，判决：一、被告人刘一犯盗掘古文化遗址、古墓葬罪，判处有期徒刑十一年，并处罚金 14000 元；二、被告人周一犯盗掘古文化遗址、古墓葬罪，判处有期徒刑十年六个月，并处罚金 13000 元；三、被告人周三犯盗掘古文化遗址、古墓葬罪，判处有期徒刑十年，并处罚金 12000 元；四、被告人王一犯盗掘古文化遗址、古墓葬罪，判处有期徒刑八年六个月，并处罚金 9000 元；五、被告人王某犯盗掘古墓葬罪，判处有期徒刑三年，缓刑四年，并处罚金 7000 元；六、被告人毛某犯盗掘古墓葬罪，判处有期徒刑三年，缓刑四年，并处罚金 7000 元；七、被告人刘二犯倒卖文物罪，判处有期徒刑二年，缓刑三年，并处罚金 5000 元。八、对被告人刘一、周一、周三、王一、王某、毛某违法所得釉罐（弦纹赭釉陶锤）一个，铜镜一个，白瓷盂一个、白瓷盒一个、鎏金瑞兽纹银发钗二个予以没收，上缴文物主管部门；对被告人刘一违法所得 3800 元，被告人周一违法所得 800 元，被告人周三违法所得 3000 元，被告人王一违法所得 3000 元，被告人王某违法所得 800 元，被告人毛某违法所得 800 元，被告人刘二违法所得 8000 元予以追缴；对被告人刘一、周一、周三、王一、王某、毛某作案工具大铲一个、洛阳铲一个、铁接杆一个、短把铁锹一把、麻线吊包一个、白色编织袋一个、铁探杆二副予以没收。

一审判决后，周三上诉认为，原判认定上诉人周三在 2014 年 11 月中旬的一天晚上，在某县麦田内挖掘的古墓属全国重点文物保护单位保护区的事实不清，证据不足；上诉人在共同犯罪中属从犯，原判对此没有采纳，导致对上诉人的量刑过重。综上，请求二审人民法院依法撤销原判，予以改判。

王一上诉认为，原判认定上诉人王一在 2014 年 11 月中旬的一天晚上，在某县麦田内挖掘的古墓属全国重点文物保护单位保护区的地点不符；上诉人王一在共同犯罪中属从犯；在本案中有自首情节，并能自愿认罪，悔罪态度好且系初犯；上诉人家庭困难，结合上诉人的以上法定从轻或减轻情节及酌定从轻情节，原审法院量刑过重。综上，请求二审人民法院撤销原判，依法对上诉人从轻判处 6 年以下有期徒刑。

市中级人民法院经审查认为：一审判决认定事实清楚，证据确实充分，定罪准确，量刑适当，审判程序合法。裁定：驳回上诉，维持原判。

【裁判解析】

本案的焦点问题是盗掘古文化遗址、古墓葬罪的刑事责任问题。

根据《中华人民共和国刑法》第三百二十八条第一款之规定，犯本罪的，处三年以上十年以下有期徒刑，并处罚金；情节较轻的，处三年以下有期徒刑，拘役或者管制，并处罚金。有下列情形之一的，处十年以上有期徒刑、无期徒刑或者死刑，并处罚金或者没收财产：一、盗掘确定为全国重点文物保护单位和省级文物保护单位的古文化遗址、古墓葬；二、盗掘古文化遗址、古墓葬集团的首要分子；三、多次盗掘古文化遗址、古墓葬的；四、盗掘古文化遗址、古墓葬，并盗窃珍贵文物或者造成珍贵文物严重破坏的。

有学者认为，这一规定具有以下特点：一是刑罚种类较为齐全，二是量刑幅度较为合理，三是体现了从严打击的精神，四是打击重点明确具体。在适用本条规定处罚时，应当注意以下问题：

一是刑法对本罪规定了三个档次的量刑幅度，最低刑为管制，最高刑为死刑，应当注意区分不同情节，正确适用。

二是正确理解和把握可以判处 10 年以上有期徒刑、无期徒刑或者死刑的三种情形：

（一）盗掘确定为全国重点文物保护单位和省级文物保护单位的古文化遗址、古墓葬的，被盗掘窃取的文物等级及其历史、艺术、科学价值应请专家鉴定。其中，全国重点文物保护单位，是指国家文化行政管理部门从文物保护单位中选择出来的，具有重大历史、艺术、科学价值并报国务院核定的单位，以及国家文化行政管理部门在各级文物保护单位中直接指定并报国务院核定公布的单位；省级文物保护单位，是指由省、自治区、直辖市人民政府核定并报国务院备案的单位。

（二）盗掘古文化遗址、古墓葬集团的首要分子。盗掘古文化遗址、古墓葬集团的首要分子，是指在盗掘古文化遗址、古墓葬的犯罪集团中起组织、策划、指挥作用的犯罪分子。对于首要分子应作为打击重点，严厉惩处。

（三）多次盗掘古文化遗址、古墓葬的。何为"多次"？在司法实践中有两种意见。一种意见认为，多次，是指只要盗掘的次数超过三次，不管盗掘对象是同一的，还是不同的；另一种意见认为，对不同对象实施三次以上的才能认为是多次。笔者认为，第二种观点是正确的。古文化遗址、古墓葬特别是古墓葬的特殊性决定了盗掘一般是一个循序渐进的过程，很少能一蹴而就，这与盗窃、抢劫等作案方式有所区别。不少盗掘人为挖掘古墓用了很多次、很多天，对这种情况如果按第一种意见，就应该认定多次，显然这会导致量刑过重，也忽略了盗掘行为具有连续性的特点，因为多次的行为都基于相同的目的，实施的是相同犯罪行为，又是相同的行为对象，所反映的是盗掘的过程。因此，笔者认为，把盗掘古文化遗址、古墓葬罪看成是连续犯，而将连续行为的次数作为犯罪从重情节来规定是不科学的，也不符合罪责刑相适应原则。

本案中，周一、刘一均参与了 2014 年 9 月、2014 年 11 月中旬、2014 年 12 月 8 日晚盗掘古文化遗址、古墓葬的犯罪活动，符合《中华人民共和国刑法》第三百二十八条第一款中"判处 10 年以上有期徒刑"的第三种"多次盗窃古文化遗址、古墓葬的"情形，因此分别被判处"十一年有期徒刑"、"十年六个月有期徒刑"并无不当。

盗窃罪，倒卖文物罪

——章某等盗窃、倒卖文物案

【要点提示】

倒卖文物罪既遂、未遂形态。

【基本案情】

一、倒卖文物

被告人何一、杜二、章某、钱某、何二、沈一等人，在未取得国家许可情况下，经营国家禁止经营的文物，以牟利为目的，倒卖文物，具体行为如下：

1. 2013 年 3～4 月，被告人杜二将从他人处购入的一只青瓷四系盘口壶放在被告人何一店内让何一代为出售，后何一将以上文物交予被告人章某予以贩卖，章某将该文物抵押用于向朱某借款，并托人转交给何一人民币 2 万元。经鉴定，青瓷四系盘口壶系三级珍贵文物。案发后，涉案青瓷四系盘口壶一只已从朱某处追回并扣押在某市某区公安局。

2. 2014 年 2～3 月，被告人何一将从他人处购买的一只青瓷水盂、一只青釉水盂通过被告人胡某贩卖给他人，后因价格问题，未实际交易。经鉴定，青瓷水盂系三级珍贵文物，青釉水盂系一般文物。案发后，涉案青瓷水盂一只、青釉水盂一只已追回并扣押在某市某区公安局。

3. 2014 年 2～3 月，被告人胡某将从他人处购入的一只青瓷双系罐等物以 4000 元的价格贩卖给被告人何一，何一出于贩卖目的而买入。经鉴定，青瓷双系罐系三级珍贵文物。案发后，涉案青瓷双系罐一只已追回并扣押在某市某区公安局。

4. 2014 年 5～6 月，被告人沈一将从他人处购入的青瓷溲器、青瓷三足火盆、青瓷狗圈三件文物，委托被告人何一转手贩卖，何一又交予被告人章某予以贩卖，章某伙同被告人钱某将上述文物向他人倒卖，因价格问题，未实际交易。经某省文物鉴定委员会鉴定，青瓷溲器系国家三级珍贵文物，青瓷三足火盆、青瓷狗圈均系一般文物。案发后，涉案青瓷溲器一只、青瓷三足火盆一只、青瓷狗圈一只均已追回并扣押在某市某区公安局。

5. 2014 年 2～3 月，被告人杜二将从他人处购入的一只青瓷槅盘、一只青瓷四系壶、一只青瓷四系罐交予被告人何一予以贩卖，后以上文物均未进行交易。经某省文物鉴定委员会鉴定，青瓷槅盘系国家三级珍贵文物，青瓷四系壶系国家三级珍贵文物，青瓷四系罐系一般文物。案发后，涉案青瓷槅盘一只、青瓷四系壶一只、青瓷四系罐一只已追回并扣押在某市某区公安局。

6. 2014 年 2～3 月，被告人何二将从他人处购买的两只青瓷盘、一只青瓷莲瓣纹盘、一只青釉小碗、一只青瓷三足砚、一只青瓷小碗交予被告人何一予以贩卖，以上文物未实际进行交易。经某省文物鉴定委员会鉴定，两只青瓷盘系一般文物，青瓷莲瓣纹盘系国家三级珍贵文物，青釉小碗系一般文物，青瓷三足砚系一般文物，青瓷小碗系一般文物。案发后，涉案青瓷盘两只、青瓷莲瓣纹盘一只、青釉小碗一只、青瓷三足砚一只、青瓷小碗一只已追回并扣押在某市某区公安局。

二、盗掘古墓葬

1. 2013 年 12 月至 2014 年 1 月，被告人钱某伙同他人经事先商谋，准备作案工具，在某市某区道场乡孤城村上金禅寺后面山上，采用挖掘的手段，先后盗掘古墓葬二座，未挖得文物。经鉴定，其中一座古墓为唐宋时期砖室墓，另一座为东汉时期土坑墓，均具有一定的历史、艺术、科学价值。

2. 2014 年 5 月初的一天，被告人沈一、周某伙同他人经事先商谋，准备作案工具，在某市某区大槐街道石漱村南面一山上，采用挖掘的手段，先后盗掘古墓葬二座，未挖得文物。经鉴定，上述二座古墓均为汉六朝时期砖室墓，具有一定的历史、艺术和科学价值。

3. 2014 年 7 月份，被告人丁某伙同他人经事先商谋，准备作案工具，在某市某区湖塘街道的山上，采用挖掘的手段，盗掘古墓葬一座，未挖得文物。经鉴定，该古墓为春秋战国时期土坑墓，具有一定的历史、艺术和科学价值。

另查明，案发后，公安民警还从被告人何一处扣押用于倒卖的三级珍贵文物 7 件，一般文物 26 件。本案审理期间，被告人胡某家属帮助胡某向法院退缴赃款人民币 4000 元。

受理此案的某区人民法院认为：被告人何一、杜二、何二、章某、胡某、钱某、沈一以牟利为目的，倒卖国家禁止经营的文物，其行为均已构成倒卖文物罪。其中被告人何一情节特别严重，被告人杜二、何二、章某、胡某、钱某、沈一情节严重。被告人钱某、沈一、周某、丁某以非法占有为目的，侵犯国家对古墓葬的管理制度，相互结伙或结伙他人，盗掘具有历史、艺术、科学价值的古墓葬，其行为均已构成盗掘古墓葬罪，其中被告人丁某情节较轻。

依照《中华人民共和国刑法》第三百二十六条第一款、第三百二十八条第一款、第二十五条第一款、第六十九条、第六十四条之规定，判决：

一、被告人何一犯倒卖文物罪，判处有期徒刑五年三个月，并处罚金人民币五万元。

二、被告人杜二犯倒卖文物罪，判处有期徒刑二年二个月，并处罚金人民币二万元。

三、被告人何二犯倒卖文物罪，判处有期徒刑一年六个月，并处罚金人民币一万五千元。

四、被告人章某犯倒卖文物罪，判处有期徒刑二年，并处罚金人民币二万元。

五、被告人胡某犯倒卖文物罪，判处有期徒刑一年十个月，并处罚金人民币一万五千元。

六、被告人钱某犯倒卖文物罪，判处有期徒刑一年一个月，并处罚金人民币一万元；犯盗掘古墓葬罪，判处有期徒刑三年，并处罚金人民币七千元，决定执行有期徒刑三年六个月，并处罚金人民币一万七千元。

七、被告人沈一犯倒卖文物罪，判处有期徒刑一年二个月，并处罚金人民币一万元；犯盗掘古墓葬罪，判处有期徒刑三年，并处罚金人民币七千元，决定执行有期徒刑三年七个月，并处罚金人民币一万七千元。

八、被告人周某犯盗掘古墓葬罪，判处有期徒刑三年，并处罚金人民币七千元。

九、被告人丁某犯盗掘古墓葬罪，判处有期徒刑一年六个月，并处罚金人民币五千元。

十、现扣押在某市某区公安局的青瓷四系盘口壶一只、青瓷水盂一只、青釉水盂一只、青瓷双系罐一只、青瓷溲器一只、青瓷三足火盆一只、青瓷狗圈一只、青瓷槅盘一只、青瓷四系壶一只、青瓷四系罐一只、青瓷盘两只、青瓷莲瓣纹盘一只、青釉小碗一只、青瓷三足砚一只、青瓷小碗一只，予以没收。

其余扣押文物，由扣押单位依法处理。

作案工具：被告人胡某 VIVO 手机一只、被告人章某 OPPO 手机一只、被告人丁某三星手机一只、苹果 4 代山寨手机一只、洛阳铲一把、探针组合三套、锉刀二把、柴刀一把、竹签五根、锄头一把、铁耙一把、勾刀一把、铲子一把、起子一把、钢管三根、针身二根、探针一根，被告人周某铁杆八根、探头三个、套筒四个、扳手二把，予以没收。

现暂存在法院的被告人胡某违法所得人民币四千元，予以追缴，上缴国库；被告人何一违法所得人民币二万元，继续予以追缴。

一审判决后，原审被告人章某上诉，提出（倒卖文物）第 1 项中，由于意志以外的原因导致文物交易没有成功，属犯罪未遂，第 4 项应认定为犯罪中止，请求二审从轻处罚。原审被告人胡某上诉提出，在（倒卖文物）第 2 项中，最终并未实际交易，系未遂，请求二审法院从轻处罚。

市中级人民法院经审理认为：一审判决事实清楚、证据确实充分、量刑适当，裁定：驳回上诉，维持原判。

【裁判解析】

本案的焦点问题是倒卖文物罪犯罪既遂与未遂形态认定问题。

犯罪既遂（犯罪完成）是故意犯罪的完成形态。我国对于犯罪既遂的认定倾向于采取"构成要件说"。犯罪既遂，是指行为人所故意实施的行为已经具备了某种犯罪构成的全部要件。确认犯罪是否既遂，应以行为人所实施的行为是否具备了刑法分则规定的某一犯罪的全部构成要件为标准。

对于倒卖文物罪的认定，要求具有刑事责任能力的自然人或单位，主观上具有故意，并以牟利为目的；客观上实施了倒卖国家禁止经营的文物，情节严重的行为；处罚根据在于侵犯了刑法所保护的国家对文物的流通管制制度。

犯罪未遂（犯罪未完成），是指行为人已经着手实施犯罪，由于犯罪分子意志以外的原因而未得逞。《中华人民共和国刑法》第二十三条第二款明文规定了处罚未遂犯。犯罪未遂的基本特征表现为：一是已经着手实施犯罪；二是犯罪未得逞；三是犯罪未得逞是由于犯罪分子意志以外的原因。

对于倒卖文物罪未遂形态的认定，要求行为人已经着手实施倒卖文物的行为，由于意志以外的原因犯罪未得逞。所谓着手倒卖文物，是指已经开始从事文物非法收购活动，或者以出售为目的大量囤积文物。所谓犯罪未得逞，是指倒卖文物的过程最后没有完成。具体而言，"倒卖"的整个过程包括非法收购、囤积、转运、联系买主和出售等环节。只要最后没有卖出文物，那么无论处于哪个环节被抓获，均应构成倒卖文物罪的未遂。

对于倒卖文物罪的犯罪既遂与未遂的认定，是以倒卖行为是否完成为标志的。倒卖文物罪的犯罪既遂应以整个过程的完成为标志，倒卖行为不是一着手即告完成，倒卖行为的完成要有一个实施过程，达到法律规定的程度，才能视为行为完成。如果因犯罪嫌疑人意志以外的原因，未能完成倒卖文物的行为，就应认定未完成犯罪行为，即犯罪未遂。倒卖文物罪的既遂与未遂不是以是否达到犯罪目的为区分标准，如果犯罪行为已经完成，但由于意志以外的原因，行为人实施犯罪后并没有达到犯罪目的，也应认定为倒卖文物罪既遂，而非未遂。

盗窃罪

——陈某某等人盗窃珍贵文物案

【要点提示】

盗窃文物；罚金和没收财产。

【基本案情】

1998 年 3 月初被告人陈某与同案人刘一（在逃）纠集被告人刘二、王某伙同同案人刘三、刘四、刘五（均在逃）预谋盗窃坐落在车耳营村的国家一级文物"北魏太和造像"。3 月 18 日，陈某、王某受刘一指使到车耳营村查看地形和道路，后陈某、刘五到定市包租了一辆客货汽车。3 月 25 日凌晨 1 时许，陈某、刘一和刘三、刘四、刘五携带撬棍及木制手推车等作案工具窜至车耳营村，盗走"北魏太和造像" 1 尊，在撬搬时将该造像摔成 5 块。刘三把石佛殿内供奉箱撬开将捐款盗取。陈某、刘五、王某等人作案后，按预谋的约定，将该造像埋藏在刘五家院内。后 3 人被查获归案。所盗造像已起获，经某市文物鉴定委员会鉴定，被盗"北魏太和造像"在盗运过程中被毁成 5 块，部分边角缺损，毁坏程度十分严重，已造成无法弥补的损失。

1997 年 10 月 6 日 24 时许，被告人陈某同冯某某、贾某某、曹某某、芦某某、范某某、王某某（均另案处理）等 10 余人，携带撬棍、倒链、手推车等作案工具并乘一辆卡车，窜至某省某县羊头崖乡独堆村，撬门进入福海寺内，对在此居住的李维民、李永红等人进行捆绑与威胁，抢走该寺内的国家二级文物——明代弥陀造像石碑一通，并藏匿在曹某某家中。后被起获并发还。

受理此案的中级人民法院根据各被告人犯罪的事实，以及犯罪的性质、情节和对于社会的危害程度，依照《中华人民共和国刑法》第二百六十四条第（二）项、第二百六十三条第（四）项、第五十七条第一款、第五十六条第一款、第二十五条第一款、第六十一条、第六十九条的规定，于 1999 年 4 月 15 日判决如下：

一、被告人陈某犯盗窃罪，判处死刑，剥夺政治权利终身，并处没收个人全部财产；犯抢劫罪，判处有期徒刑十五年，剥夺政治权利三年，并处罚金人民币五千元；决定执行死刑，剥夺政治权利终身，并处没收个人全部财产。

二、被告人刘二犯盗窃罪，判处无期徒刑，剥夺政治权利终身，并处没收个人全部财产。

三、被告人王某犯盗窃罪，判处无期徒刑，剥夺政治权利终身，并处没收个人全部财产。

宣判后，三被告均不服，陈某、刘二以未参与预谋，原判量刑过重为由提出上诉；王某某则以原判量刑过重为由，亦提出上诉。

省高级人民法院认为：原审人民法院对陈某、刘二、王某的定罪量刑适当，审判程序合法，应予维持。据此，该院依照《中华人民共和国刑事诉讼法》第一百八十九条第（一）项的规定，于 1999 年 7 月 30 日作出裁定如下：驳回陈某、刘二、王某的上诉，维持原判。

【裁判解析】

本案的焦点问题是盗窃珍贵文物情节严重的认定问题。

根据《中华人民共和国刑法》第二百六十四条"盗窃金融机构，数额特别巨大或者盗窃珍贵文物，情节严重的处无期徒刑或者死刑，并处没收财产"的规定，对犯有盗窃罪的被告人是否应当处以死刑，关键是看是否属于盗窃金融机构、数额特别巨大，或者盗窃珍贵文物情节严重的犯罪，除此以外的盗窃罪犯一律不能适用死刑。本案被告人系盗窃珍贵文物的罪犯，是否可以适用死刑，则要看被告人的犯罪行为是否达到"情节严重"的程度。何为情节严重？《最高人民法院关于审理盗窃案件具体应用法律若干问题的解释》（以下简称司法解释）第九条第三款规定："盗窃珍贵文物，情节严重，主要是指盗窃国家一级文物后造成损毁、流失，无法追回；盗窃国家二级文物三件以上或者盗窃国家一级文物一件以上，并具有本解释第六条第三款第 1、3、4、8 目规定情形之一的行为。即：犯罪集团的首要分子或者共同犯罪中情节严重的主犯；流窜作案危害严重的；累犯；造成其他重大损失的等 4 种情形。"

本案被告人陈某纠集他人盗窃国家珍贵文物，作案前与他人到犯罪地探路和熟悉地形，并准备运输工具，是本案的组织者之一，属共同犯罪中情节严重的主犯；陈某又属流窜作案的危害严重的犯罪分子，且在盗运国家一级文物"北魏太和造像"的过程中使珍贵文物损毁严重，造成了无法弥补的损失，陈某的行为符合司法解释关于盗窃珍贵文物情节严重的规定。被告人刘二、王某流窜犯罪地，与他人共同盗窃国家一级文物，并造成被盗文物的严重损坏，亦符合司法解释关于"盗窃珍贵文物，情节严重"的规定，考虑到他们在共同犯罪中的作用相对较小，故一、二审法院以盗窃罪分别判处刘二、王某无期徒刑也是适当的。

此外，对于一人犯数罪依法应当同时并处罚金和没收财产两种附加刑如何决定执行的问题，法律和司法解释均未作出明确规定。但从刑罚原理来看，自由刑与财产刑是有所区别的，财产刑的功能不仅在于惩罚而且也在于使犯罪分子在经济上占不到便宜。因此，笔者认为，一人犯数罪，依法应当被并处罚金和没收财产两种附加刑，在一般情况下应当依照并科的原则合并执行；但是犯罪分子因数罪中有一罪被依法判处死刑，并处没收个人全部财产的，此时应判处的罚金已无条件执行，故合并决定执行时可不再执行。一、二审法院对本案被告人陈某以盗窃罪判处死刑，剥夺政治权利终身，并处没收个人全部财产；以抢劫罪判处有期徒刑十五年，剥夺政治权利三年，并处罚金五千元，在决定执行刑罚时未再判决执行罚金刑的做法是正确的。

【特别提示】

刑法第二百六十四条盗窃罪在 2011 年 2 月 25 日第十一届全国人民代表大会常务委员会第十九次会议通过的《中华人民共和国刑法修正案（八）》中增加了"入户盗窃、携带凶器盗窃、扒窃"成立盗窃罪的规定，并删除了1997 年《中华人民共和国刑法》原条文中"盗窃金融机构，数额特别巨大"或者"盗窃珍贵文物，情节严重"的"处无期徒刑或者死刑，并处没收财产"的规定，从而彻底废除了盗窃罪的死刑。

诈骗罪

——刘某倒卖假文物诈骗案

【要点提示】

民间经济纠纷；诈骗罪；倒卖文物罪。

【基本案情】

2010 年 7 月至 8 月底，被告人刘某用仿制的铜马车、铜马俑、铜怪兽、铜灯等工艺品冒充出土文物分四次卖给李某，并由李某公司的副总刘二（持有某市收藏家协会颁发的古玩鉴定证书）鉴定后认为刘某手中的铜马车等均系战国时期青铜器制品，李某于是分四次共花费 108 万元购买上述物品。其中，2010 年 7 月初用 15 万元购买铜马车一辆、铜俑一个；同年 7 月中旬用 30 万元购买一匹马拉的战车一架、两个铜俑、一个铜兽、一盏铜灯；同年 7 月下旬用 23 万元购买两匹马拉的战车；同年 8 月初用 40 万元购买两匹马拉的有车厢的马车，第四次购买后还预付了 19 万元订金，准备购买其他物品。后李某回广州，经专家鉴定发现所购文物均系仿制工艺品。同年 8 月 5 日，李某找到刘某，刘某仅主动退还给李某 19 万元订金，但拒不退还其余款项。公安机关将刘某传唤到案后，刘某辩称自己在交易过程中已经明确表示了铜马车、铜俑等物品系出土于本村砖窑，但真假不清楚，李某当时属于鉴定后自愿购买。李某、刘二亦证实了被告人刘某辩称的上述事实。公安机关侦查后发现，刘某所说的砖窑并不存在，而刘某第三次出售的文物系购自工艺品店。

受理此案的某区人民法院经审理认为：被告人刘某诈骗公私财物，数额特别巨大，其行为触犯了刑法第二百六十六条之规定，应以诈骗罪予以惩处。判决被告人刘某犯诈骗罪，判处有期徒刑 10 年，并处罚金人民币 120 万元。

被告人刘某在一审判决后以自己在交易过程中已经明确表示不知道文物

的真假、李某属于鉴定后自愿购买、其本身存在过错、应当承担责任、自己的行为不构成诈骗罪为由，向市中级人民法院提出上诉。

市中级人民法院经审查认为：一审判决事实清楚、证据确实充分，量刑适当，裁定：驳回上诉，维持原判。

【裁判解析】

本案的焦点问题是被告人刘某的行为是否是属于民间经济纠纷，不构成犯罪以及构成诈骗罪还是倒卖文物罪。

有观点认为，刘某在交易过程中进行过友情提示，明确表示自己不知道文物真假，买受人自愿购买，存在过错，该案不宜适用刑事法律处理。

无疑，民事欺诈行为与刑事诈骗犯罪，客观方面表现相似，是司法实践中的难点问题之一。但深入研究对比二者的构成要件，仍可看到存在下列明显区别。一是欺诈与诈骗行为人在主观方面的区别。欺诈行为人主观目的是通过瞒、哄、诱导的方法，使受害人产生错误认识，做出对其不利而对欺诈行为人有利的行为。通过履行义务的合法形式，谋取非法利益，其实质是不法获利。即欺诈行为人是通过合法形式而获取不法利益，主观故意是间接的。而诈骗行为则不同。行为人主观上有非法占有他人财物的故意，根本没有履行义务的动机，只企图虚构事实迷惑受害人上当受骗，交出财物，非法占有。因此，其主观故意是直接的，社会危害是严重的。二是欺诈与诈骗在内容方面的区别。欺诈行为人是基于一定事实基础上的夸张、扩大，属部分内容不真实，但有一定承担义务的能力和条件。即其所实施的行为中有合法的民事内容的部分。而诈骗行为人完全虚构事实、无中生有，根本不具备履行义务的能力和条件。三是欺诈与诈骗在后果方面的区别。从行为的严重程度上来区别，欺诈行为虽然也是违法的，但其严重程度仍然在民事违法的限度之内。对于民事欺诈行为，《中华人民共和国民法通则》第五十八条第三款规定："下列民事行为无效：（三）一方以欺诈胁迫的手段或乘人之危、使对方在违背真实意思的情况下所为的。"第六十一条第一款规定："民事行为被确认为无效或者被撤销后，当事人因该行为取得的财产，应当返还给受损失的一方。有过错的一方应当赔偿对方因此所受的损失，对方都有过错的，应当各自承担相应的责任。"诈骗行为人巧取豪夺，不择手段，诈骗所得公私财物数额较大，严重扰乱了我国的改革开放和市场经济秩序，社会危害严重，所以，对诈骗犯罪必须依刑法惩处。《中华人民共和国刑法》第二百六十六条规定："诈骗公私财物，数额较大，处三年以下有期徒刑、拘役或者管制，并处或单处罚金；数额巨大或者有其他严重情节的，处三年以上十年以下有期徒刑、并处罚金；数额特别巨大或者有其他特别严重情节的，处十年以上有期徒刑或者无期徒刑，并处罚金或者没收财产。"

本案中，刘某辩称自己并不知道文物是真是假，在交易过程中亦已告知李某，李某系基于对刘二的信任而自愿购买。从上述辩解可以看出刘某在交易过程中已明确告知李某上述物品系出土文物，但自己不能保证真假。而《中华人民共和国文物保护法》第五条规定："中华人民共和国境内地下、内水和领海中遗存的一切文物，属于国家所有。……下列可移动文物，属于国家所有：（一）中国境内出土的文物，国家另有规定的除外。"第五十一条第一款规定："公民、法人和其他组织不得买卖下列文物：（一）国有文物，但是国家允许的除外。"据此，刘某出售上述物品牟利具有非法占有他人财产的主观故意是显而易见的。同时刘某客观上采取虚构事实、隐瞒真相的方法，告知李某自己不知道青铜器真假，却恰恰是利用了李某购买青铜文物的心理，而刘二系文物鉴定伪专家的事实，让对方陷入错误认识并自愿处分财产，而且刘某的"友情提示"行为，恰恰是诈骗罪中一种欺骗性较强的骗术，已经严重侵犯了他人财产所有权，因此，刘某的行为形成一个完整的犯罪过程，应以诈骗罪追究其刑事责任。

还有观点认为，本案中刘某的行为构成倒卖文物罪。《中华人民共和国刑法》第三百二十六条规定："以牟利为目的，倒卖国家禁止经营的文物，情节严重的，处五年以下有期徒刑或者拘役，并处罚金；情节特别严重的，处五年以上十年以下有期徒刑，并处罚金。"据此，倒卖文物罪在客观方面表现为倒卖国家禁止经营的文物，情节严重的行为。所谓倒卖，是指非法收购、贩运、出售和转手倒卖等活动，包括无权从事文物经营活动的单位或个人倒卖上述文物以及经批准从事文物经营活动的单位超范围经营上述文物。行为人倒卖的对象只能是国家禁止经营的文物，如果倒卖的不是国家禁止经营的文物，就不构成本罪。构成本罪，还要求必须具备情节严重的要素。显然，本案中由于刘某倒卖的青铜器等系仿制工艺品，而非真文物，并未侵害文物管理制度，因此，刘某不构成倒卖文物罪，只构成诈骗罪。

故意损毁文物罪

——钱某故意损毁文物案

【要点提示】

故意损毁文物罪构成要件。

【基本案情】

被告人钱某在某市桥东区大经街民生路南三巷指使他人将省级文物保护单位——某市日本宪兵司令部旧址损毁约 6 米。自 2011 年 7 月 7 日某市文物局下达停止侵害通知书后，被告人仍继续损毁该建筑。经鉴定：日本宪兵司令部旧址南侧建筑已经严重损毁，院落格局及楼梯已不复存在。按补砌的文物现状共损失文物建筑面积约 280 平方米，后果严重。被告人钱某自愿认罪。

某区人民法院经审理认为，被告人钱某故意损毁省级文物保护单位，区人民检察院指控被告人钱某犯故意损毁文物罪，事实清楚，证据确实、充分，罪名成立。依照《中华人民共和国刑法》第三百二十四条第一款规定，判决被告人钱某犯故意损毁文物罪，判处罚金人民币四十万元（已缴纳）。

某区人民检察院抗诉提出原判量刑轻。

市中级人民法院经审理认为：原判事实清楚，证据确实、充分，定罪准确，量刑适当，审判程序合法。裁定：驳回抗诉，维持原判。

【裁判解析】

本案的焦点问题是故意损毁文物罪的认定问题。

故意损毁文物罪，是指明知是国家保护的珍贵文物或者被确定为全国重点文物保护单位、省级文物保护单位的文物而予以故意损毁的行为。

本罪的客体是复杂客体（刑法所保护的多重社会关系），主要客体是国家的文物管理秩序，次要客体是国家对国家所有的文物的所有权。所谓文物管理秩序，是指国家对文物依法进行管理的一种有序状态，它是由一系列文物管理保护、开发利用等法律、法规形成的制度来加以维护的。《中华人民共和国文物保护法》第五条规定了国家所有文物的范围。

本罪的客观方面表现为故意损毁国家保护的文物的行为，行为方式是损毁。所谓损毁，是指捣毁、拆除、焚烧、污损、刻划、炸毁、砸烂等行为。本罪的行为对象是文物。《中华人民共和国文物保护法》第三条第一款规定："古文化遗址、古墓葬、古建筑、石窟寺、石刻、壁画、近代现代重要史迹和代表性建筑等不可移动文物，根据它们的历史、艺术、科学价值，可以分别确定为全国重点文物保护单位，省级文物保护单位，市、县级文物保护单位。"第十三条第一款规定："国务院文物行政部门在省级、市、县级文物保护单位中，选择具有重大历史、艺术、科学价值的确定为全国重点文物保护单位，或者直接确定为全国重点文物保护单位，报国务院核定公布。"

本罪的主体是一般主体，即达到刑事责任年龄、具有刑事责任能力的自然人。本罪主体的刑事责任年龄是 16 周岁，14 ~ 16 周岁的未成年人实施本罪行为的，不构成犯罪。单位不能成为本罪的主体。为了本单位的利益并由本单位决定实施本罪行为的，可以按照自然人的共同犯罪处理。

本罪的主观方面是故意，包括直接故意和间接故意。即行为人明知自己的行为会发生使文物损毁的结果，并且希望或者放任这种结果发生。本罪故意中行为人认识的内容包括：一是对行为性质的认识，即行为人必须认识到自己行为的性质是在损毁文物。这是成立本罪故意的前提，没有对行为性质的认识，就不可能成立本罪的故意。二是对行为结果的认识，即认识到自己的行为可能产生使文物损毁的结果。如果仅仅认识到行为的性质，而没有认识到行为的结果，则不能构成本罪的故意。三是对犯罪对象的认识，即行为人必须认识到自己损毁的是国家保护的珍贵文物或者被确定为全国重点文物保护单位、省级文物保护单位的文物以及具有科学价值的古脊椎动物化石和古人类化石。如果行为人不知道自己损毁的是国家保护的珍贵文物或者被确定为全国重点文物保护单位、省级文物保护单位的文物以及具有科学价值的古脊椎动物化石和古人类化石，则不能构成本罪。

本案中，被告人钱某指使他人将省级文物保护单位——某市日本宪兵司令部旧址损毁约 6 米，经市文物局下达停止损毁通知书后，其仍继续损毁该建筑。很明显其主观目的是故意犯罪。经鉴定：日本宪兵司令部旧址南侧建筑已经严重损毁，院落格局及楼梯已不复存在。按补砌的文物现状共损失文物建筑面积约 280 平方米，后果严重，因此钱某的行为构成故意损毁文物罪。

过失损毁文物罪

——靳某过失损毁文物案

【要点提示】

过失损毁文物罪构成要件。

【基本案情】

2000年1月15日21时许，被告人靳某驾驶白色微型面包车，无视禁行标志，从故宫午门经端门，由北向南通过天安门城楼中心门洞欲驶向长安街。当该车行至金水桥主桥北侧桥头时，撞在主桥北端拦挡行人的防护绳上。由于该绳拴在东西侧的汉白玉栏杆上，致使桥北端东西两侧长度各约4米的汉白玉石柱、石栏板和抱柱石各1块全部倒塌损坏，断裂成数十块。靳某被执勤民警当场抓获。经市文物鉴定委员会现场勘察鉴定，被损毁的文物已无法修补继续使用。该委员会认为："此次事件的发生，建国后在北京尚属首次，对全国重点文物保护单位的文物建筑造成了不可弥补的损失。"归案后，被告人靳某能如实交代事实，认罪态度较好。

受理此案的某区人民法院经审理认为：被告人靳某应当预见自己的行为会发生损毁文物的危险，但因疏忽大意而没有预见，造成了全国重点文物保护单位的文物损毁，其行为已构成损毁文物罪，应予处罚。依照《中华人民共和国刑法》第三百二十四条第三款的规定，于2000年7月4日作出刑事判决：被告人靳某犯过失损毁文物罪，判处有期徒刑二年六个月。

宣判后，被告人靳某不服，提出上诉称：被其损毁的金水桥栏杆现已修复，并不是无法修复，且其有自首情节，原判量刑过重六个月。

市中级人民法院经二审审理后认为：原审判决事实清楚，证据确实、充分，定罪及适用法律正确，量刑适当。裁定：驳回上诉，维持原判。

【裁判解析】

本案的焦点问题是对过失损毁文物罪的认定问题。

过失损毁文物罪，是指过失损毁国家保护的珍贵文物或者被确定为全国重点文物保护单位、省级文物保护单位的文物，造成严重后果的行为。本罪是修订后的刑法新增设的罪名。

本罪侵犯的客体（刑法所保护的社会关系）是国家文物管理制度，犯罪对象是国家保护的珍贵文物或者被确定为全国重点文物保护单位、省级文物保护单位的文物。《中华人民共和国文物保护法》第二条规定："中华人民共和国境内，下列文物受国家保护：（1）具有历史、艺术、科学价值的古文化遗址、古墓葬、古建筑、石窟寺和石刻；（2）与重大历史事件、革命运动和著名人物有关的，具有重要纪念意义、教育意义和史料价值的建筑物、遗址、纪念物；（3）历史上各时代珍贵的艺术品、工艺美术品；（4）重要的革命文献资料以及具有历史、艺术、科学价值的手稿、古旧图书资料等；（5）反映历史上各时代、各民族社会制度、社会生产、社会生活的代表性实物。文物认定的标准和办法由国务院文物行政部门制定，并报国务院批准。具有科学价值的古脊椎动物化石和古人类化石同文物一样受国家的保护。"第三条规定："革命遗址、纪念建筑物、古文化遗址、古墓葬、古建筑、石窟寺、石刻等文物，又根据其历史、艺术、科学价值，分别被确定为全国重点文物保护单位，省、自治区、直辖市级文物保护单位和县、自治县、市级文物保护单位。纪念物、艺术品、工艺美术品、革命文献资料、手稿、古旧图书资料以及代表性实物等文物，分为珍贵文物和一般文物，珍贵文物分为一、二、三级。"可见，并不是所有的文物被损毁均构成本罪，只有国家保护的珍贵文物或者被确定为全国重点文物保护单位和省、自治区、直辖市级文物保护单位的文物，才可以成为本罪的犯罪对象。

本罪的客观方面表现为过失损毁国家保护的珍贵文物或者被确定为全国重点文物保护单位、省级文物保护单位的文物，造成严重后果的行为。所谓"损毁"，是指因过失行为致使文物受到毁坏、损坏，如在文物保护单位及其附近进行爆破、挖掘活动或者违法修建建筑物，导致文物受到破坏。过失损毁文物，必须是造成严重后果的才构成本罪。这里所说的"严重后果"，不包括可能发生的潜在的危险，而是指客观上已经实际发生的后果，如损毁的珍贵文物数量较大，给被损坏的珍贵文物或者文物保护单位的文物造成无法弥补的严重损失等等。如果损毁文物的行为尚未造成严重后果，或者经及时补救，使危害后果大大缩小甚至恢复了原状，则不构成犯罪。

本罪的主观方面为过失犯罪，犯罪主体为一般主体。

本案中，被告人靳某的行为符合过失损毁文物罪的构成要件，且经文物部门鉴定，其行为已给全国重点文物保护单位的文物建筑造成了不可弥补的损失，严重后果，因此本案被告人的行为应认定为过失损毁文物罪。

走私国家禁止出口的物品罪

——朱某走私国家禁止出口的物品案

【要点提示】

走私古脊椎动物化石；行为定性。

【基本案情】

2008 年 7 月份，被告人朱某开始在某省某市做化石生意，并委托林某（另案处理）在某市接收其通过快递公司发来的化石，再由林某将化石托运到澳门交给买家。从 2008 年 9 月至 2009 年 7 月，被告人朱某和林某多次通过上述方式将化石走私到澳门。

2009 年 7 月初，一位香港买家找到被告人朱某欲购买一块鸟类化石，双方商定价格为 11000 元人民币。同年 7 月 14 日，被告人朱某以假名通过某市某快递公司将该块鸟类化石托运至某市。同年 7 月 16 日，林某依约在某市接收该件鸟类化石后，即前往某市夏湾南晖发装修材料经营部，以陈生的名义准备将化石用精品的名称托运到澳门，后被查获。同年 8 月 19 日，被告人朱某在某省某市被抓获。经鉴定，该件鸟类化石属于珍稀古生物化石。

某市中级人民法院认为：被告人朱某逃避海关监管，走私珍稀古生物化石出境，已触犯刑律，犯罪事实清楚，证据确实、充分，构成走私国家禁止出口的物品罪。公诉机关指控的罪名不当，应当予以纠正。依照《中华人民共和国刑法》第一百五十一条第三款、第六十四条的规定，判决：一、被告人朱某犯走私国家禁止出口的物品罪，判处有期徒刑三年，并处罚金人民币三万元；二、扣押在案的古生物化石拼块一件，予以没收。

宣判后，被告人朱某不服，提起上诉。

某省高级人民法院经审理认为：原审判决认定事实清楚，证据确实、充分，定罪准确，量刑适当，审判程序合法。裁定：驳回上诉，维持原判。

【裁判解析】

本案的焦点问题是对走私年代过于久远且与人类活动无关的古脊椎动物化石的行为如何定性。

一种意见认为，应当定性为走私文物罪；一种意见认为，应当定性为走私国家禁止出口的物品罪。后经评议、一审及二审法院最终认定为走私国家禁止出口的物品罪。

一、本案所涉的白垩纪古脊椎鸟类化石属于国家禁止出口的物品

根据《关于加强古生物化石保护的通知》（1999 年 4 月 9 日国土资源部发布）第一项规定："古生物化石是人类史前地质历史时期赋存于地层中的生物遗体和活动遗迹，包括植物、无脊椎动物、脊椎动物等化石及其遗迹化石。古生物化石是重要的地质遗迹，它有别于文物，是我国宝贵的、不可再生的自然遗产，具有极高的科学研究价值。凡是在中华人民共和国境内及管辖海域发现的古生物化石都属于国家所有，国土资源部对全国古生物化石实行统一监督管理。"第二项规定："为保护好古生物化石这一国家珍贵的自然遗产，未经许可，禁止任何单位和个人私自发掘、销售、出境重要古生物化石。确因科学研究等特殊情况，需要对重要古生物化石进行发掘和国际合作需要出境的，必须制定挖掘计划及出境名单和数量，送经国土资源部审核批准后方可出境。"以上相关规定，说明白垩纪古脊椎鸟类化石属于国家管制、禁止出口的物品。

二、本案所涉白垩纪古脊椎鸟类化石的法律适用问题

首先，全国人民代表大会常务委员会《关于〈中华人民共和国刑法〉有关文物的规定适用于具有科学价值的古脊椎动物化石、古人类化石的解释》（以下简称《解释》）中规定："刑法有关文物的规定，适用于具有科学价值的古脊椎动物化石、古人类化石。"这里对古脊椎动物化石没有具体分类。《中华人民共和国文物保护法》第二条第三款规定："具有科学价值的古脊椎动物化石和古人类化石同文物一样受国家保护。"而根据文物保护法制定的《古人类和古脊椎动物化石保护管理办法》（以下简称《管理办法》）中第二条规定："本办法所称古人类化石和古脊椎动物化石，是指古猿化石、古人类化石及其与人类活动有关的第四纪古脊椎动物化石。"这里对古脊椎动物化石做了限缩性解释，并非指所有古脊椎动物化石。究其原因，是因为化石不是文物，只是为了对化石实施刑法保护而适用文物的相关刑法条款，实质是类推解释。《管理办法》根据文物的一般意义即与人类活动密切相关的基本属性进行解释，把作为文物保护的化石限定在古人类化石和古脊椎动物化石，相比更符合文义解释的一般原理。故从法律的协调角度和体系解释方法出发，应将《解释》中的古脊椎动物化石进行限缩性解释，即仅指与人类活动有关的第四纪古脊椎动物化石。对于时间过于久远而与人类活动无关的古脊椎动物化石，不适用国家有关文物管理保护的规定。与人类活动有关的第四纪约开始于248万年前，而本案所涉化石是距今6700万~2.3亿年前期间的白垩纪鸟类化石，显然距离第四纪时期过于久远，与人类活动无关。所以，本案所涉化石不属于刑法规定的文物，不适用以走私文物罪相关条款定罪处罚。

其次，刑法修正案（七）中将第一百五十一条第三款修改为："走私珍稀植物及其制品等国家禁止进出口的其他货物、物品的，处五年以下有期徒刑或者拘役，并处或者单处罚金；情节严重的，处五年以上有期徒刑，并处罚金。"在没有对走私化石具体罪名予以规定的情况下，本案所涉化石经鉴定为珍稀古生物化石，为国家禁止出口的物品。故本案应适用刑法修正案的该条款对被告人朱某定罪处罚。

综上，被告人朱某走私白垩纪古脊椎鸟类化石的行为应当定性为走私国家禁止出口的物品罪。

走私文物罪

——蘘某走私文物案

【要点提示】

外国人；走私文物罪"情节特别严重"的认定问题。

【基本案情】

2004年11月16日7时30分许，蘘某（外国人）未经申报，携带分装在两个行李箱中的一批古生物化石，准备从某机场海关出境。海关关员当场将蘘某查获。经文物局鉴定，蘘某涉嫌走私的古生物化石共计149件，其中：澄江生物群化石111件（6件视同1级文物，71件视同2级文物，10件视同3级文物），脊椎动物化石26件（1件视同二级文物，1件视同三级文物），无脊椎动物化石12件（3件视同1级文物、4件视同2级文物）。

检察机关以蘘某犯走私文物罪情节特别严重向法院提起公诉。

人民法院经审理认为，蘘某在中华人民共和国领域内，违反中华人民共和国海关法规和中华人民共和国文物保护法律法规，逃避海关监管，携带视同文物的古脊椎动物化石出境，其行为已构成走私文物罪。依照《中华人民共和国刑法》第六条第一款、第三款、第一百五十一条第二款、第五十二条、第五十三条、第三十五条、第六十一条、第六十四条之规定，判决：蘘某犯走私文物罪，判处有期徒刑5年，并处罚金人民币7万元，附加驱逐出境。在案扣押的古生物化石予以没收。在案扣押的人民币21850元和日元72万元并入罚金项执行。在案扣押的佳能2.1MEGAPIXELS型数码相机一部、富士S602型数码相机一部发还被告人蘘某。

【裁判解析】

本案的焦点问题是对走私文物罪以及走私文物罪"情节特别严重"的认定问题。

走私文物罪，是指违反海关法规，逃避海关监管，走私国家禁止出口的文物的行为。本罪的犯罪对象是国家禁止出口的文物。根据《中华人民共和国文物保护法》的规定，在我国境内，下列文物受国家保护：一是具有历史、艺术、科学价值的古文化遗址、古墓葬、古建筑、石窟寺和石刻、壁画；二是与重大历史事件、革命运动或者著名人物有关的以及具有重要纪念意义、教育意义或者史料价值的近代、现代重要史迹、实物、代表性建筑；三是历史上各时代珍贵的艺术品、工艺美术品；四是历史上各时代重要的文献资料以及具有历史、艺术、科学价值的手稿和图书资料等；五是反映历史上各时代、各民族社会制度、社会生产、社会生活的代表性实物；六是具有科学价值的古脊椎动物化石和古人类化石。但是，不是所有文物都是走私文物罪的对象，走私文物罪的对象还受到"国家禁止出口"的限制，主要指具有重要历史、艺术、科学价值的珍贵文物以及其他国家禁止出境的文物。

定罪标准为走私国家禁止出口的一、二、三级文物。

最高人民法院《关于审理走私刑事案件具体应用法律若干问题的解释》第八条规定："走私国家禁止出口的三级文物二件以下的，属于走私文物罪'情节较轻'，处五年以下有期徒刑，并处罚金。走私文物，具有下列情节之一的，处五年以上有期徒刑，并处罚金：（一）走私国家禁止出口的二级文物二件以下或者三级文物三件以上八件以下的；（二）走私国家禁止出口的文物达到本条第一款规定的数量标准，并具有造成该文物严重毁损或者无法追回等恶劣情节的。具有下列情节之一的，属于走私文物罪'情节特别严重'，处无期徒刑或者死刑，并处没收财产：（一）走私国家禁止出口的一级文物一件以上或者二级文物三件以上或者三级文物九件以上的；（二）走私国家禁止出口的文物达到本条第二款规定的数量标准，并造成该文物严重毁损或者无法追回的；（三）走私国家禁止出口的文物达到本条第二款规定的数量标准，并具有是犯罪集团的首要分子或者使用特种车进行走私等严重情节的。"

本罪基本犯的数量：一是走私国家禁止出口的二级文物 2 件以下或者三级文物 3 件以上 8 件以下的；二是走私国家禁止出口的文物达到规定的数量

标准，并具有造成该文物严重损毁或者无法追回等恶劣情节的（减轻犯："情节较轻"是指走私国家禁止出口的三级文物2件以下的。）。

加重犯："情节特别严重"，是指：一是走私国家禁止出口的一级文物1件以上或者二级文物2件以上或者三级文物3件以上8件以下的；二是走私国家禁止出口的文物达到基本犯规定的数量标准，并造成该文物严重毁损或者无法追回；三是走私国家禁止出口的文物达到基本犯规定的数量标准，并具有是犯罪集团的首要分子或者使用特种车进行走私等严重情节。

本案中，被告人蓑某在中华人民共和国领域内，违反中华人民共和国海关法规和中华人民共和国文物保护法律法规，逃避海关监管，携带视同文物的古脊椎动物化石出境。经文物局鉴定，蓑某涉嫌走私的古生物化石共计149件，其中：澄江生物群化石111件（6件视同1级文物，71件视同2级文物，10件视同3级文物），脊椎动物化石26件（1件视同二级文物，1件视同三级文物），无脊椎动物化石12件（3件视同1级文物、4件视同2级文物）。蓑某的行为已构成走私文物罪，并且属于走私文物罪中"情节特别严重"的犯罪。

行政诉讼篇

具有不良影响的标志不得作为商标使用

——某公司与商标评审委员会、第三人
某博物馆商标异议复审行政纠纷案

【要点提示】

具有不良影响的标志；商标注册。

【基本案情】

某公司于 2006 年 12 月 19 日向国家工商行政管理总局商标局（以下简称商标局）提出注册申请，指定第 5795282 号图形商标使用的服务为国际分类第 43 类的备办宴席、咖啡馆、自助餐厅、酒吧、住所（旅馆、供膳寄宿处）、茶馆、会议室出租、养老院、流动饮食供应、假日野营服务（住宿）。

在法定异议期内，某博物馆以被异议商标损害其在先著作权以及被异议商标的注册会造成不良社会影响为由，向商标局提出异议。

2011 年 12 月 12 日，商标局作出 ［2011］商标异字第 50701 号《"图形"商标异议裁定书》（以下简称第 50701 号裁定），认为某博物馆所提异议理由证据不足，裁定：被异议商标予以核准注册。

某博物馆不服上述异议裁定，于 2012 年 1 月 21 日以被异议商标损害了某博物馆的在先著作权为由向国家工商行政管理总局商标评审委员会（以下简称商标评审委员会）提出复审申请，《异议复审理由书》第 7 页，载有如下内容："五、被申请商标一旦核准注册，且用于商业目的，将严重影响文物的严肃性和历史价值，将会给申请人及整个社会带来极大的负面影响。"为证明其主张，某博物馆向商标评审委员会提交了其事业单位法人证复印件、省文物局关于"长信宫灯"注册商标问题的函等证据。

2013 年 12 月 2 日，商标评审委员会作出商评字 ［2013］第 121020 号

《关于第 5795282 号图形商标异议复审裁定书》（以下简称第 121020 号裁定）。该裁定认为：被异议商标描述的事物为"长信宫灯"，在案证据可以证明"长信宫灯"为国家级文物，被异议商标的注册和使用易产生不良影响，已构成 2001 年 12 月 1 日施行的《中华人民共和国商标法》（以下简称 2001 年《商标法》）第十条第一款第（八）项规定的情形。另外，某博物馆未提供其享有著作权及商标使用的证据，被异议商标的注册申请未违反 2001 年《商标法》第三十一条的规定。综上所述，商标评审委员会根据 2001 年《商标法》第十条第一款第（八）项、第三十三条、第三十四条的规定，裁定：被异议商标不予核准注册。

　　某公司不服第 121020 号裁定，向法院提起行政诉讼。本案第三人某博物馆在庭审中补充提交了长信宫灯资料、长信宫灯照片授权委托书等证据用于证明其对于长信宫灯享有著作权。

　　一审法院认为：2013 年 8 月 30 日修改的《中华人民共和国商标法》（以下简称 2014 年《商标法》）已于 2014 年 5 月 1 日起施行，因此本案审理涉及 2001 年《商标法》与 2014 年《商标法》之间的选择适用问题。《中华人民共和国立法法》第八十四条规定："法律、行政法规、地方性法规、自治条例和单行条例、规章不溯及既往。"鉴于本案第 121020 号裁定系商标评审委员会于 2014 年 5 月 1 日之前所作，故本案应适用 2001 年《商标法》。

　　某公司主张，某博物馆的复审理由仅为被异议商标损害了其在先著作权，并未提出被异议商标违反 2001 年《商标法》第十条第一款第（八）项规定的主张。参照《商标评审规则》（2005 年）第二十八条的规定，商标评审委员会审理不服商标局异议裁定的复审案件，应当针对当事人复审申请和答辩的事实、理由及请求进行评审。某博物馆在《异议复审理由书》中虽然并未明确将 2001 年《商标法》第十条第一款第（八）项规定的内容明确列出，但是该理由书第 7 页第五部分载有"被申请商标一旦核准注册，且用于商业目的，将严重影响文物的严肃性和历史价值，将会给申请人及整个社会带来极大的负面影响"的内容，商标评审委员会据此认定某博物馆提出了被异议商标的注册违反了 2001 年《商标法》第十条第一款第（八）项的复审理由并无不妥。商标评审委员会在本案中的评审并未超出某博物馆复审理由的范围。某公司的该项主张，缺乏事实与法律依据。

　　2001 年《商标法》第十条第一款第（八）项规定："有害于社会主义道

德风尚或者有其他不良影响的标志，不得作为商标使用"。本案中，被异议商标描述的事物为"长信宫灯"，在案证据可以证明"长信宫灯"为国家级文物，将国家文物的图形作为商标用于商业用途，将会对文物的公益性、严肃性以及历史、艺术和科学价值造成损害，易对我国的社会公共利益和社会秩序产生消极、负面影响。故被异议商标的注册已经违反了 2001 年《商标法》第十条第一款第（八）项的规定，商标评审委员会对此认定正确，应予维持。

综上，一审法院依照《中华人民共和国行政诉讼法》第五十四条第（一）项之规定，判决：维持商标评审委员会作出的第 121020 号裁定。

某公司不服一审判决，提起上诉，请求撤销原审判决和商标评审委员会第 121020 号裁定。其主要上诉理由是：一、某博物馆虽然在《异议复审理由书》中提及被异议商标一旦核准注册，将会带来"极大的负面影响"的理由，但是没有提出 2001 年《商标法》上的明确法律依据，也没有提供会引起负面影响的证据支持。商标评审委员会适用 2001 年《商标法》第十条第一款第（八）项不良影响的规定作出裁定超出了复审请求的范围。二、"长信宫灯"形象已经被大量作为商标注册并使用的事实表明将其作为商标并不具有 2001 年《商标法》第十条第一款第（八）项规定的不良影响。

商标评审委员会和某博物馆服从一审判决。

二审法院经审理认为：一审法院查明事实属实，且有被异议商标档案、商标局第 50701 号裁定、《异议复审理由书》、商标评审委员会第 121020 号裁定、各方当事人在商标评审程序中提交的证据以及当事人陈述等证据予以佐证，该院对此予以确认。依照《中华人民共和国行政诉讼法》第六十一条第（一）项之规定，判决：驳回上诉，维持原判。

【裁判解析】

本案的争议焦点有以下两点：

一、商标评审委员会的评审是否超出复审请求范围

《商标评审规则》（2005 年）第二十八条规定："商标评审委员会审理不服商标局异议裁定的复审案件，应当针对当事人复审申请和答辩的事实、理由及请求进行评审。"某博物馆在《异议复审理由书》中提出了"被申请商标一旦核准注册，且用于商业目的，将严重影响文物的严肃性和历史价值，将会给申请人及整个社会带来极大的负面影响"的理由，商标评审委员会据此将该理由归纳为被异议商标的注册是否违反 2001 年《商标法》第十条第一款第（八）项的规定并进行审理的做法并无不妥。因此，商标评审委员会在本案中的评审并未超出某博物馆复审理由的范围，某公司所提相应上诉理由于法无据。

二、被异议商标的注册是否违反 2001 年《商标法》第十条第一款第（八）项的规定

2001 年《商标法》第十条第一款第（八）项规定：“有害于社会主义道德风尚或者有其他不良影响的标志，不得作为商标使用”。判断有关标志是否构成具有其他不良影响的情形时，应当考虑该标志或者其构成要素是否可能对我国政治、经济、文化、宗教、民族等社会公共利益和公共秩序产生消极、负面影响。

被异议商标系表现“长信宫灯”形象的图形，而“长信宫灯”实物是由某博物馆所收藏的国家级文物，将表现国家文物的图形作为商标申请注册在咖啡馆、自助餐厅、酒吧等商业服务上，将有损文物的公益性、严肃性，易对我国涉及文化方面的社会公共利益和社会秩序产生消极、负面影响。故商标评审委员会和一审、二审法院对此认定正确。

【特别提示】

2017 年 3 月 1 日起施行的《最高人民法院关于审理商标授权确权行政案件若干问题的规定》第五条规定：“商标标志或者其构成要素可能对我国社会公共利益和公共秩序产生消极、负面影响，人民法院可以认定其属于商标法第十条第一款第（八）项规定的‘其他不良影响’。将政治、经济、文化、宗教、民族等领域公众人物姓名等申请注册为商标，属于前款所指的‘其他不良影响。’”

文物行政诉讼的受案范围

——杨某等与某市文物局因文物其他行政行为纠纷案

【要点提示】

行政诉讼的受案范围；文物行政管理部门其他行政行为可诉性的判断标准。

【基本案情】

陈甲、陈乙是抗日烈士陈某的亲孙女，杨某是陈某的儿媳妇，也是陈甲、陈乙的母亲。2001 年某县将陈某"衣冠冢"、"烈士祠"公布为文物保护单位，2009 年某市人民政府将其公布为市级文物保护单位。杨某、陈甲、陈乙三位当事人针对违法嫌疑人陈丙在文物保护范围内建造违法建筑，公然破坏文物的行为，于 2014 年 5 月 19 日和 6 月 23 日，两次书面向某市文物局提出申请，请求该局履行法定职责。某市文物局于 2015 年 1 月 31 日针对杨某、陈甲、陈乙提出的查处违法行为的申请，做出《某市文物局关于对陈甲女士送来的〈查处违法申请书〉的答复》，该答复对申请人申请事项所做调查处理工作进行了说明并提出建议。

杨某、陈甲、陈乙三人认为该答复并未实际解决其申请内容，遂于同年 5 月 21 日向一审法院提起诉讼，请求"撤销被告某市文物局 2015 年 1 月 31 日做出的行政处理行为，也即撤销《某市文物局关于对陈甲女士送来的〈查处违法申请书〉的答复》，判令被告某市文物局重新做出行政处理行为"。

一审法院认为：原告杨某、陈甲、陈乙诉请撤销被告某市文物局于 2015 年 1 月 31 日做出的《某市文物局关于对陈甲女士送来的〈查处违法申请书〉的答复》，是仅对原告杨某、陈甲、陈乙的《查处违法行为申请书》做出的建议性的答复，对其合法权益明显不产生实际影响。根据《最高人民法院关于适用〈中华人民共和国行政诉讼法〉若干问题的解释》（2015 年 5 月 1 日施行）第三条第一款第（八）项规定："有下列情形之一，已经立案的，应当裁定驳回起诉：行政行为对其合法权益明显不产生实际影响的"，裁定：驳回原告杨某、陈甲、陈乙的起诉。

　　杨某、陈甲、陈乙遂上诉称：根据《中华人民共和国文物保护法》第十七条和第六十六条的规定，文物保护范围内不得进行其他工程建设，违者当纠正和给予处罚。针对违法嫌疑人陈丙在文物保护范围内建造违法建筑，公然破坏文物的行为，某市文物局以答复代替履行职责的结果显然错误，不符合法定的履责要求，应当予以撤销并重新作出处理决定。

　　被上诉人某市文物局辩称：一、上诉人的诉讼请求没有法律依据，《中华人民共和国行政诉讼法》第十二条规定了十二种公民、法人和其他组织可以提起行政诉讼的具体情形，但是上诉人所提起的行政诉讼不符合其中任何一种情形。二、针对上诉人所提出的查处违法申请书中所列的事实及请求，被上诉人进行了相关调查取证，并依法进行了处理。三、陈丙修建的房屋位于某村，已建成有数十年，是否系违法建筑，被上诉人作为文物保护机构无权认定，也不具有相应的执法权。

　　二审法院经审理认为：三上诉人诉请撤销《某市文物局关于对陈甲女士送来的〈查处违法申请书〉的答复》，系被上诉人针对上诉人申请事项所做调查处理后向申请人做出的答复，该答复本身对上诉人合法权益并不产生实际影响。故原审法院以原告诉请撤销的答复系建议性答复，对起诉人合法权益明显不产生实际影响为由裁定驳回起诉并无不当。三上诉人的上诉理由不能成立，不予支持。据此，依照《中华人民共和国行政诉讼法》第八十九条第一款第（一）项的规定，裁定：驳回上诉，维持原裁定。

【裁判解析】

　　本案的争议焦点是行政机关的答复是否属于可诉的行政行为，即如何认定"该答复本身对上诉人合法权益不产生实际影响"。

　　有关行政机关的答复是否属于可诉的行政行为的争议，实际指向的是行政诉讼的受案范围问题。我国人民法院受理行政案件、裁判行政争议的范围，由《中华人民共和国行政诉讼法》第二条划定总体标准，该条规定："公民、法人或者其他组织认为行政机关和行政机关工作人员的行政行为侵犯其合法权益，有权依照本法向人民法院提起诉讼。"该法第二章作了具体规定，其中第十二条为受案范围的正面列举，第十三条则为反面排除。《最高人民法院关于执行〈中华人民共和国行政诉讼法〉若干问题的解释》（2000 年 3 月 10 日施行）第一条在行政诉讼法的基础上，以正面概括加反面排除的方法，实质性地扩张了《中华人民共和国行政诉讼法》第十二条的部分限制。该条第二款第（六）项规定："对公民、法人或者其他组织权利义务不产生实际影响的行为。不属于人民法院行政诉讼的受案范围。"其中，"对公民、法人或者其他组织权利义务不产生实际影响的行为"的规定从表面上看，条文表述并无歧义，适用范围也十分清楚。2015 年 5 月 1 日开始施行的《最高人民法院关于适用〈中华人民共和国行政诉讼法〉若干问题的解释》第三条第一款第（八）项规定："行政行为对其合法权益明显不产生实际影响的，已经立案的，应当裁定驳回起诉。"因此，适用该条解释所引发的问题就是对"实际影响"的理解。

最高人民法院行政审判庭编著的《关于执行〈云消雾散中华人民共和国行政诉讼法〉若干解释释义》一书对"实际影响"一项做出了如下说明："这里所说的对公民、法人或者其他组织的权利义务不产生实际影响的行为主要是指还没有成立的行政行为以及还在行政机关内部运作的行为等。将这类行为排除在行政诉讼的范围之外，是因为行政诉讼的一个重要的目的就是消除非法行政行为对行政管理相对人的权利义务的不利影响，如果某一行为没有对行政管理相对人的权利、义务产生实际影响，提起行政诉讼就没有实际意义。"这是目前有关"实际影响"的一个相对官方的解释，不过也引发了分歧，即应该从客观还是主观来认定"实际影响"。

在司法实践中，一般认为应当从客观角度对"实际影响"进行判断，原因在于"实际影响"规定的初衷在于排除未成立的行为与还在行政机关内部运作的行为进入司法程序，维护行政机关独立性的同时适当减轻法院负担。不过司法实践对"实际影响"的适用范围有扩宽的做法，但不改变其初衷。若从主观角度进行判断，大量行政争议顺利通过受案范围阶段的审查，"实际影响"过滤法院受理案件的功能将消失殆尽。同时，一般认为，"影响"是指对相对人法律上的权利义务产生影响，而不是指事实上有影响。

本案中，针对上诉人所提出的查处违法申请书中所列的事实及请求，被上诉人进行了相关调查取证，发现陈丙修建的房屋位于某村，已建成有数十年，是否系违法建筑，被上诉人作为文物保护机构无权认定，也不具有相应的执法权。于是被上诉人某市文物局做出的《某市文物局关于对陈甲女士送来的〈查处违法申请书〉的答复》中对被上诉人针对上诉人申请事项的调查过程进行了说明，同时建议上诉人向有执法权的主管部门反映情况。该答复本身对上诉人合法权益只具有建议性，该答复行为属于不具有强制力的行政指导行为，是一种告知行为，没有对上诉人法律上的权利义务造成影响，也未对上诉人的合法权益造成实质的损害。因此，该答复行为对上诉人的合法权益明显不产生实际影响，属于不可诉行政行为。根据《最高人民法院关于适用〈中华人民共和国行政诉讼法〉若干问题的解释》（2015 年 5 月 1 日施行）第三条第一款第八项规定："行政行为对其合法权益明显不产生实际影响的，已经立案的，应当裁定驳回起诉"，本案中故法院裁定驳回上诉人的上诉并无不当。

文物保护单位保护范围内违章建筑物的处理

——某宾馆与某文物管理局行政强制纠纷案

【要点提示】

行政强制；国家赔偿。

【基本案情】

1998 年 7 月 31 日，某商贸有限公司与某文物管理局达成了一项协议，由某商贸有限公司承包某文物所在地的宾馆。

1998 年 8 月 12 日，上诉人某宾馆因经营需要，向某文物管理局提出了《关于在某宾馆院内修建临时性设施的请示》，并承诺只搭建临时简易设备，不修建固定建筑物，不影响和破坏文物建筑外貌。

1998 年 8 月 28 日和 1998 年 10 月 22 日，某文物管理局分别作出《关于〈在某宾馆院内修建临时性设施的请示〉的批复》和《关于在某宾馆院内修建临时性设施方案的批复》，同意搭建临时简易设备。

1998 年 11 月 13 日，某宾馆在未取得建设用地规划许可证及有关批准文件的情况下，与某建筑装饰工程公司签订了在某宾馆院内修建临时性设施的建设工程施工合同。建成 228.36 平方米的商品房、221.32 平方米和 590 平方米的经济客房、140 平方米的餐厅、27.8 平方米的卫生间，并于 1998 年 12 月 28 日投入使用。

2000 年 3 月 29 日和 2000 年 10 月 20 日，某文物管理局以某宾馆在院内修建的所有临时性设施严重影响某文物的整体环境风貌，并在国、内外造成不良影响为由，作出了《关于限期拆除某宾馆院内新建临时性设施》的某文物字（2000）37 号和某文物字（2000）138 号通知。

某宾馆在接到某文物字（2000）138 号通知后不久，自行拆除了所有的新建建筑物。同时，以某文物管理局作出的拆除临时建筑物的具体行政行为违法为由，提起诉讼。

一审法院经审理认为：某文物管理局作出的某文物字（2000）37 号、某文物字（2000）138 号拆除通知明显超越职权，其作出的具体行政行为所适用的法规也属错误，故应确认违法。某宾馆在未取得某人民政府和国家文化行政管理部门同意的情况下，仅凭某文物管理局的批复进行施工，其行为亦属违法，所建建筑为违章建筑。同时某文物管理局在接到某宾馆《关于在某宾馆院内修建临时性设施的请示》后，理应告知其向相关部门申请，或只能批复审核意见，而某文物管理局批复"原则上同意修建临时建筑"。因此，其对违章建筑最终的损失也应承担相应的责任。据此判决：一、确认某文物字（2000）37 号、某文物字（2000）138 号拆除通知违法。二、某文物管理局赔偿某宾馆因拆除临时建筑的损失 182932.96 元。三、驳回某宾馆的其他诉讼请求。

一审判决后，原被告双方均提出上诉。

上诉人某宾馆称：一审法院确认某文物管理局行政行为违法是公正的，但一审法院在对某文物管理局违法行政行为给某宾馆造成的损失和责任认定上有误。请求二审法院将一审判决第二项内容改判为：由某文物管理局赔偿某宾馆因拆除临时性建筑所造成的各项损失 1090074 元。

某文物管理局上诉称：一审法院认定某宾馆因拆除商品房、经济房和餐厅等临时建筑共发生损失 365865.92 元，系事实不清，证据不足。某宾馆虽然持有某文物管理局的《关于〈在某宾馆院内修建临时性设施的请示〉的批复》和《关于在某宾馆院内修建临时性设施方案的批复》，但仅持批复是完全不能进行建设的，故批复与建筑物的形成没有直接的因果关系，对因拆除违章建筑物造成的损失，应由某宾馆自己承担。故请求二审法院撤销一审判决中的第二项判决，改判某文物管理局不承担赔偿责任。

二审法院经审理认为：依照《中华人民共和国国家赔偿法》第五条第一款第二项规定："属于下列情形之一的，国家不承担赔偿责任：因公民、法人和其他组织自己的行为致使损害发生的。"又根据《中华人民共和国行政诉讼法》第六十一条第一款第二项的规定："人民法院审理上诉案件，按照下列情形，分别处理：原判决认定事实清楚，但适用法律、法规错误的，依法改判。"据此判决：一、维持一审判决第一项和第三项，即确认某文物字（2000）37 号，某文物字（2000）138 号拆除通知违法和驳回原告的其他诉讼请求。二、撤销一审判决第二项，即某文物管理局赔偿原告因拆除临时建筑的损失 180932.96 元。3. 驳回上诉人某宾馆要求赔偿的诉讼请求。

【裁判解析】

本案的争议焦点有以下三点：

一、某文物局做出的限期拆除违法建筑的通知是否合法

《中华人民共和国城市规划法》第四十条规定："在城市规划区内，未取得建设工程规划许可证的，由城市规划行政主管部门作出责令停止建设或限期拆除的决定。"2008 年 1 月 1 日，《中华人民共和国城乡规划法》开始实施，《中华人民共和国城市规划法》废止。《中华人民共和国城乡规划法》第六十四条规定："未取得建设工程规划许可证或者未按照建设工程规划许可证的规定进行建设的，由县级以上地方人民政府城乡规划主管部门责令停止建设；尚可采取改正措施消除对规划实施的影响的，限期改正，处建设工程造价百分之五以上百分之十以下的罚款；无法采取改正措施消除影响的，限期拆除，不能拆除的，没收实物或者违法收入，可以并处建设工程造价百分之十以下的罚款。"上述内容是对一般违章建筑处理的法律规定。就文物保护单位保护范围内的违章建筑的处理问题，《全国人民代表大会常务委员会关于修改〈中华人民共和国文物保护法〉第三十条、第三十一条的决定》第一条第一款第（二）项规定："应由城乡规划部门或者城乡规划部门根据文化行政管理部门的意见作出责令停工或责令拆除违法修建的建筑物，构筑物的决定。"根据上述规定，上诉人某文物管理局可以向城乡规划部门提出意见，但是无权自行对上诉人某宾馆作出限期拆除违章建筑的具体行政行为。因此，上诉人某文物局关于限期拆除某宾馆院内新建临时性设施的某文物字（2000）37 号通知和某文物字（2000）138 号通知，明显超越职权范围，属于违法行为。

二、某宾馆未取得批准文件修建的建筑是否属于违法建筑

《中华人民共和国城乡规划法》第四十条第一款规定："在城市、镇规划区内进行建筑物、构筑物、道路、管线和其他工程建设的，建设单位或者个人应当向城市、县人民政府城乡规划主管部门或者省、自治区、直辖

市人民政府确定的镇人民政府申请办理建设工程规划许可证。"第四十四条
规定:"在城市、镇规划区内进行临时建设的,应当经城市、县人民政府城
乡规划主管部门批准。临时建设影响近期建设规划或者控制性详细规划的
实施以及交通、市容、安全等的,不得批准。"根据上述法律规定,无论是
修建固定建筑还是临时建筑,单位或个人都需要取得城乡规划部门的审批。
《中华人民共和国文物保护法》第十一条规定:"在全国重点文物保护单位
范围内进行其他建设工程,必须经省、自治区、直辖市人民政府和国家文
化行政管理部门同意。"因此,在文物保护单位的保护范围内进行工程建
设,不仅需经省、自治区、直辖市人民政府和国家文化行政管理部门的同
意,而且其设计方案须征得文化行政管理部门同意后,报城乡规划部门取
得建设工程规划许可证方可进行工程建设。而上诉人某宾馆仅凭被上诉人
某文物管理局的批复意见,进行工程建设,其所建建筑物、构筑物当属违
法建筑物。

三、某文物局是否需要承担某宾馆因拆除违章建筑物造成的损失

上诉人某文物管理局作出的《关于〈在某宾馆院内修建临时性设施的请
示〉的批复》和《关于在某宾馆院内修建临时性设施方案的批复》,虽不符
合有关法律的规定,但其批复意见与违法建筑的形成不具有直接的因果关系。
由前文的分析可知,本案中某宾馆修建的建筑比较特殊,因其处于某国内外
知名文物保护单位保护范围之内,故其不仅需要遵守一般建筑修建的法律规
定,还需要文物行政管理部门审批同意,两个条件缺一不可。上诉人某宾馆
虽然取得了文物部门的批复意见,但是其违反《中华人民共和国城乡规划法》
的规定,在未取得建设工程规划许可证及其他有关批准文件的情况下,擅自
开工修建,这是导致其建筑物被认定为违章建筑的直接原因,造成的相关损
失应该由某宾馆自行承担。因此,上诉人某文物管理局对某宾馆拆除违章建
筑造成的损失不应承担责任。《中华人民共和国行政诉讼法》第六十七条第一
款规定:"公民、法人或者其他组织的合法权益受到行政机关或者行政机关工
作人员作出的具体行政行为侵犯造成损害的,有权请求赔偿。"《中华人民共
和国国家赔偿法》第二条规定:"国家机关和国家机关工作人员违法行使职权
侵犯公民、法人和其他组织的合法权益造成损害的,受害人有依照本法取得
国家赔偿的权利。"依据上述法律规定,法律保护的是公民、法人或者其他组
织的合法权益,对行为人违法取得的利益法律不予保护。《中华人民共和国国

家赔偿法》第五条第一款第二项规定："属于下列情形之一的，国家不承担赔偿责任：因公民、法人和其他组织自己的行为致使损害发生的。"行为人自身的行为造成的后果应由行为人自己承担，故本案中上诉人某宾馆要求被上诉人某文物管理局承担违法建筑被拆造成损失之赔偿责任的上诉请求，不属于法律保护的范畴。

文物捐赠行为的认定

——王某等与甲市文物旅游局文物所有权纠纷案

【要点提示】

文物捐赠；行政诉讼受案范围。

【基本案情】

王某、王甲、王乙系兄弟，王丙、王丁系王戊子女（王戊已亡故），王戊是王戊远房侄子。

2000 年 4 月 20 日，甲市文物旅游局发出通知，将某寨村王家宅院和家庙公布为文物保护对象。

2003 年 2 月 24 日，王戊将祖传文物"圣旨一道、圣旨楼一座、清朝嘉庆二年挽幛 11 幅"交给甲市文物旅游局，王某将红色挽幛 11 幅交给甲市文物旅游局。当天甲市文物旅游局出具收条一份："今收到某寨王某、王甲、王乙红色挽幛十一幅，其中王某、王甲各四幅，王乙三幅"，甲市商城博物馆为王戊、王某出具藏品收藏证各一份。

2003 年 6 月 10 日，甲市文物旅游局将"捐献文物奖金"人民币 2000 元交给王戊，收据上加盖有某寨村村民委员会公章。2003 年 8 月 8 日，甲市文物旅游局将"文物奖金"人民币 1000 元交给王戊，收据上同样加盖有某寨村村民委员会公章。

2010 年 10 月，王戊到甲市商城博物馆索要 2003 年 2 月 24 日王戊、王某交给甲市文物旅游局的文物，理由是当时把物品交给甲市文物旅游局属于暂存，不是捐赠，要求取回。王戊认为拿到的 3000 元钱是文物部门拨付修缮文物的资金，甲市文物旅游局认为该 3000 元钱是王戊、王某捐献文物的奖金，纠纷由此发生。王某等人向信访部门反映，2010 年 12 月 24 日，甲市文物旅游局作出《关于某寨村村民王戊等人索要所捐献的清朝文物一案的调查处理报告》报市信访局。

2014年3月26日，王某、王甲、王乙、王丙、王丁向甲市人民法院提起行政诉讼，请求撤销甲市文物旅游局作出的《关于某寨村村民王戊等人索要所捐献的清朝文物一案的调查处理报告》中关于王戊、王某捐献文物的认定，依法判令甲市文物旅游局返还文物"红色挽幛二十二幅，清朝圣旨一道，圣旨楼一座"。

甲市人民法院受理后报请乙市中级人民法院指定管辖，乙市中级人民法院指定丙县人民法院审理该案，甲市和丙县属于乙地级市行政管辖范围。

一审法院经审理认为：王某等人将祖传文物捐赠给国家，符合法律规定，且当时文物部门为其办理了捐献手续，发放了奖金。甲市文物旅游局所作调查处理报告虽然是信访报告，但影响到王某等人的利益，应属行政诉讼范围。王某等人无证据证明其上交文物属于暂存，甲市文物旅游局所作调查处理报告事实清楚，程序合法，适用法律适当，并无不当。判决驳回原告王某等人的诉讼请求。

王某等5人不服一审判决，上诉称：原审认定事实不清，证据不足，应依法确认上诉人祖传文物仅是让甲市文物旅游局代为保管、维护，而非捐赠。原审法院未依法让甲市文物旅游局提供证据及作出行政行为的法规，属程序不当。为维护上诉人的合法权益，提出上诉，望乙市中级人民法院依法公正裁决。

被上诉人甲市文物旅游局辩称：上诉人王某等人所称捐赠物品是交由被上诉人代为保管不是捐赠没有事实依据和证据支持。被上诉人针对上诉人的信访，作出的信访答复意见是以文件形式作出的，不能作为提起行政诉讼的依据。上诉人捐赠的文物属于国家所有，上诉人以其他方式追要依法应予驳回。

乙市中级人民法院经审理认为：一审法院对于本案中"上交文物行为"到底属于"捐赠行为"还是"代为保管行为"认定事实不清，证据不足。同时被上诉人甲市文物旅游局作出的调查处理报告事实认定不清，证据不足，对王某等人的合法权益造成了实际影响，属于行政诉讼的范围，应该予以撤销。判决：一、撤销丙县人民法院作出的行政判决；二、撤销甲市文物旅游局作出的《关于某寨村村民王戊等人索要所捐献的清朝文物一案的调查处理报告》；三、驳回王某、王甲、王乙、王丙、王丁的其他诉讼请求；四、限甲市文物旅游局在判决生效后90日内针对王戊、王某的行为是捐赠行为还是代为保管行为重新作出认定。

【裁判解析】

本案的争议焦点有以下两点：

一、甲市文物旅游局的调查处理报告是否属于行政诉讼的受案范围

本案中，认定甲市文物旅游局《关于某寨村村民王戊等人索要所捐献的清朝文物一案的调查处理报告》的行为性质非常关键。可诉行政行为是指行政主体为实现行政管理目标和任务，依法所实施的对公民、法人或者其他组织的权利义务产生实际影响的行为。司法实践认为，判定一个行政行为是否为可诉行政行为，有四个参考因素：（一）有无法律法规授权；（二）有无单一特定对象；（三）能否直接影响相对人的利益；（四）有无反复适用的效力。从本案的情况看，甲市文物旅游局《关于某寨村村民王戊等人索要所捐献的清朝文物一案的调查处理报告》符合可诉行政行为的特征。

第一，该调查处理报告的作出有法律明确的授权。《中华人民共和国文物保护法》第八条规定："国务院文物行政部门主管全国文物保护工作。地方各级人民政府负责本行政区域内的文物保护工作。县级以上地方人民政府承担文物保护工作的部门对本行政区域内的文物保护实施监督管理。县级以上人民政府有关行政部门在各自的职责范围内，负责有关的文物保护工作。"根据上述法律规定，甲市文物旅游局是甲市辖区内对文物保护实施监督管理的机关，《关于某寨村村民王戊等人索要所捐献的清朝文物一案的调查处理报告》是其依法律授权作出的。

第二，该调查处理报告的对象特定单一。对象特定是指在行政职权的范围内，本次行政行为所指向和影响的对象只是作出该行政行为的主体所管理对象的一部分，或者从地域上来讲，本次行政行为发生作用的地域只是作出行政行为的行政主体所管理地域的一部分。本案中，很显然《关于某寨村村民王戊等人索要所捐献的清朝文物一案的调查处理报告》的对象是特定的，其指向就是某寨村村民王戊等人索要所"捐献"的清朝文物。

第三，该调查处理报告直接影响相对人的利益。所谓能否直接影响相对人的利益，是指行政行为作出以后，能否不借助其他具体行政行为而直接进入执行程序，能够直接进入执行程序的，即是可诉的行政行为。本案中，甲市文物旅游局《关于某寨村村民王戌等人索要所捐献的清朝文物一案的调查处理报告》认定了王戌等人上交给甲市文物旅游局的文物是捐赠行为，而不是由甲市文物旅游局代为保管，且文物已经由甲市文物旅游局实际控制，不需要其他具体行政行为的介入，就能直接影响王戌等人的财产权。因此，该行政行为直接影响了相对人王某等人的利益。

第四，该调查处理报告不能反复适用。一般认为行政行为不仅可以对能够确定的特殊对象适用，还可以对将来类似事件所涉及的对象产生效力，则该行为为抽象的行政行为，反之则为可诉的具体行政行为。本案中，甲市文物旅游局《关于某寨村村民王戌等人索要所捐献的清朝文物一案的调查处理报告》适用的对象明确，即只适用于王戌等人，言外之意，除了特指的对象外，该调查处理报告不能反复适用。

综上，甲市文物旅游局《关于某寨村村民王戌等人索要所捐献的清朝文物一案的调查处理报告》是可诉的具体行政行为，属于行政诉讼的受案范围，法院应当依法受理。

二、王某等人上交文物的行为是"文物捐赠"还是"代为保管"

何谓"文物捐赠"？《中华人民共和国公益事业捐赠法》第四条规定："捐赠应当是自愿和无偿的，禁止强行摊派或者变相摊派，不得以捐赠为名从事营利活动。"据此规定，捐赠的典型特征是自愿和无偿。文物捐赠是文物合法流动的重要方式，文物捐赠有别于一般的捐赠。《中华人民共和国公益事业捐赠法》第十六条规定："受赠人接受捐赠后，应当向捐赠人出具合法、有效的收据，将受赠财产登记造册，妥善保管。"据此规定，文物行政管理部门在接受文物捐赠以后应该出具统一的文物捐赠凭证。捐赠凭证既是捐赠人证明其捐赠行为及捐赠对象的有效凭证，同时也作为捐赠人对捐赠文物保护现状查询的有效凭证。本案中，从甲市文物旅游局出具收条的内容"今收到某寨王某、王甲、王乙红色挽幛十一幅，其中王某、王甲各四幅，王乙三幅"来看，难以认定王某等人的行为属于捐赠行为，且所谓的"文物奖金"3000元钱，也并未在文物上交时直接给王某等人，而是在文物上交4个月和6个月之后以村委会名义交给王戌的，"文物奖金"收据也没有写明是捐赠何种文物的奖金。因此，从现有的证据不能直接认定王某等人上交文物的行为属于"文物捐赠"行为。

何谓"代为保管"？从语义上理解，"代为保管"包含两个层面的内容："代为"和"保管"。"代为保管"不同于一般意义上的占有，受托人除占有他人财物外，还要管理他人财物，对他人财物负责。"代为保管"的基础在于双方是否存在高度的信赖关系。高度的信赖关系主要是基于长期工作、交往关系而形成的，双方基于这种信赖关系实施的行为，既可以是明示的，也可以是默示的。在默示情形下，双方基于长期工作、交往关系，自然而然地形成了代为保管的合意。本案中，甲市文物旅游局作为文物保护的监督管理机关，长期从事文物保护工作，从甲市文物旅游局提交的证据来看，我们不能排除"王某等人基于对甲市文物旅游局的高度信赖而将文物上交给甲市文物旅游局进行管理"的合理怀疑。

综上，甲市文物旅游局作出的《关于某寨村村民王戌等人索要所捐献的清朝文物一案的调查处理报告》认定事实不清，证据不足，依法应予撤销。

文物行政处罚相对人的确定

——谭某与某县文体局文物保护行政处罚纠纷案

【要点提示】

行政处罚"一事不再罚原则";行政处罚相对人。

【基本案情】

某古墓位于某县某牧场,由某县人民政府批准为县级重点文物保护单位。1997 年 7 月 12 日,原告谭某在承包修建该牧场羊圈的施工中,其所雇的民工蓝某把附近九座古墓损坏。事后某县某区派出所对有关人员及谭某进行了询问。州、县文体局工作人员亦对此事进行调查与核实,后对谭某处以人民币4500 元的罚款。由于谭某不接受处罚,1998 年 8 月 11 日,某县文体局又依据《某省文物保护管理若干规定》的规定,认为该案是谭某在古墓附近施工造成的,据此作出给予谭某罚款 9000 元的处罚,后经某州文体局复议维持了该处罚决定。

谭某遂向人民法院起诉。

一审法院经审理认为:被告某县文体局认定原告谭某在施工中造成某古墓被破坏,事实清楚,证据充分。被告某县文体局所作的具体行政行为程序合法,适用法律正确,判决维持某县文体局文物保护处罚裁决书的具体行政行为。

谭某不服一审判决,上诉称:一、被上诉人某县文体局认为上诉人破坏了某牧场的古墓是破坏文物的行为,但是该古墓并不是受保护的文物。因为某县人民政府的重点文物保护单位的文件中没有该古墓。二、上诉人未实施破坏某古墓的行为,修羊圈的承包人是上诉人,而上诉人与蓝某是买卖关系,何地采石完全由蓝某自己决定。三、被上诉人文体局处罚前未向上诉人告知权利，其处罚行为无效。四、被上诉人原来决定罚款 4500 元，因"拒绝处罚"而加罚至 9000 元，违反了《行政处罚法》的规定，为此，要求撤销处罚决定并赔偿上诉人的损失。

二审法院经审理认为：一、上诉人谭某已认可在修羊圈过程中把所用石料"承包"给了蓝某，且双方为雇佣关系。因此，上诉人谭某理应作为本案的行政相对人。上诉人认为其与蓝某是买卖关系不承担责任的理由不能成立。二、受损坏的九座古墓，属于某县重点文物保护范围。三、上诉人谭某是在建筑过程中由建筑行为造成的破坏。因此，被上诉人适用法律是正确的，但被上诉人原来决定对上诉人罚款 4500 元，后又在处罚决定中增罚至 9000 元，明显违反了《中华人民共和国行政处罚法》第三十二条第二款的规定，属显失公正。故原审认定事实清楚，但适用法律有误。综上，判决：将一审人民法院维持某县文体局文物保护处罚决定书中对谭某罚款人民币 9000 元的判决变更为对谭某罚款人民币 4500 元。

【裁判解析】

本案的争议焦点主要有以下两点：

一、在雇佣关系情况下，文物行政处罚相对人的确定

在我国，行政相对人是与行政主体相对应的一个概念，属于学理概念，而非法律概念。学理上认为，行政管理法律关系中与行政主体相对应的另一方当事人，即其权益受行政主体实施的行政行为影响的公民、法人或其他组织就是行政相对人。对行政法律关系中行政管理相对一方的确认与判定，应当以公民、法人或其他组织的权利和义务与行政主体的职权和职责行为之间是否形成了行政法上权利义务关系为标准。因为，行政相对人是行政主体和行政公务人员实施行政管理行为的对象，其以被管理者地位与作为管理者的行政主体之间形成行政法律关系，并成为相对方当事人。

在行政处罚法律关系中，《中华人民共和国行政处罚法》第三条规定："公民、法人或者其他组织违反行政管理秩序的行为，应当给予行政处罚的，依照本法由法律、法规或者规章规定，并由行政机关依照本法规定的程序实施。"第六条规定："公民、法人或者其他组织对行政机关所给予的行政处罚，享有陈述权、申辩权；对行政处罚不服的，有权依法申请行政复议或者提起行政诉讼。"第三十一条规定："行政机关在作出行政处罚决定之前，应当告知当事人作出行政处罚决定的事实、理由及依据，并告知当事人依法享有的权利。"第三十二条规定："当事人有权进行陈述和申辩。行政机关必须充分听取当事人的意见，对当事人提出的事实、理由和证据，应当进行复核；当事人提出的事实、理由或者证据成立的，行政机关应当采纳。行政机关不得因当事人申辩而加重处罚。"根据上述法律规定，我国法律明确了行政处罚相对人对行政机关作出的行政处罚行为享有陈述权、申辩权、申请复议权和提起诉讼的权利，同时行政机关负有告知相对人享有上述权利的义务。但是在文物行政执法实践中，尤其是在一些特殊情况下确定行政处罚相对人有时并不容易。在具有雇佣关系的情况下，被雇人按照雇主的要求所实施的行为一般取决于雇主，所以在这种情况下所产生的行政法律责任一般应由雇主承担，即将雇主认定为行政处罚相对人。但需要注意的是，被雇佣人所进行的雇佣关系以外的行为，应当认定为被雇佣人自己的行为，而不能认定为雇主的行为。

本案中，谭某是某牧场羊圈修建的承包人，雇佣工人蓝某施工，谭某与蓝某之间建立了雇佣关系，蓝某按照谭某的要求寻找石头修建羊圈。蓝某破坏某古墓的行为所产生的法律责任依法应该由谭某来承担，即应该认定谭某为文物行政处罚的行政相对人。

二、文物行政处罚中"一事不再罚原则"的理解与适用

"一事不再罚"被公认是现代法治社会的一个重要原则。《中华人民共和国行政处罚法》第二十四条规定："对当事人同一违法行为，不得给予两次以上罚款的行政处罚。"这一规定是"一事不再罚原则"在行政处罚法中的集中体现，它意味着法律对"一事不再罚"的含义作出了正式的、权威的界定。在文物行政处罚过程中，如何理解与适用"一事不再罚原则"显得十分重要。

"一事不再罚原则"在适用时应该注意以下四个方面的内容：第一，一行为不再理。行政主体对行为人的第一个处理尚未失去效力时，不能基于同一事实和理由给予第二次处理，除非第二个处理是对第一个处理的补充、更正或者补正。如果第一个处理违法不当，行政主体应当先撤销，再重新处理。如果第一个处理合法正确但未达行政目标，行政主体应充分考虑信赖保护原则，必须撤销的，应依法给受损失的相对人一定的补偿。一行为不再理原则与人民法院诉讼程序中的一事不再理之间存在理论上的内在关联性和法律规则上的共性。第二，一行为不再罚。除了法律有明确规定或者依基本法理和

法律规则合理推定，如合并处罚、一事多层罚、一事罚多人、一事多行为等情形以外，行政主体应严格遵循一个行为一次处罚的原则。第三，一行为不再同种罚。对于行为人的同一个违法行为，行政主体不能给予两个以上相同种类的处罚。这主要指一个违法行为触犯几个法律条文的情形，即法理上所称法条竞合或者规范竞合。第四，一行为不得两次以上罚款。对于行为人的同一个违法行为，无论触犯几个法律条文，构成几个处罚理由，以及由几个行政主体实施处罚，只能给予一次罚款。该规则的根本目的是为了防范因利益驱动而导致的滥罚款现象。

　　本案中，1997 年 7 月，某县文体局对谭某处以人民币 4500 元的罚款。1998 年 8 月 11 日，某县文体局又依据《某省文物保护管理若干规定》的规定，作出给予谭某罚款人民币 9000 元的处罚，后经某州文化局复议维持了该处罚决定。《中华人民共和国行政处罚法》第二十四条规定："对当事人同一违法行为，不得给予两次以上罚款的行政处罚。"该法第三十二条规定："当事人有权进行陈述和申辩。行政机关必须充分听取当事人的意见，对当事人提出的事实、理由和证据，应当进行复核；当事人提出的事实、理由或者证据成立的，行政机关应当采纳。行政机关不得因当事人申辩而加重处罚。"本案中，某县文体局的处罚行为明显违反了上述法律的规定，因此，该处罚决定依法应予撤销。

文物行政管理部门的文物保护鉴定职责

——姜甲等人与某市文化局不履行文物保护
鉴定职责行政纠纷案

【要点提示】

文物鉴定；行政不作为。

【基本案情】

姜甲、姜乙、姜丙系姐弟关系，坐落于某市某街 3 号的古建筑，是其祖遗房产，也是某市城区唯一保存的具有明代风格的古民居建筑。2002 年 6 月 6 日，姜甲、姜乙、姜丙向某市文化局提出申请，请求依据《中华人民共和国文物保护法》的规定对坐落于某市某街 3 号的祖遗房屋进行鉴定，并正式公布为文物保护单位。2002 年 8 月 5 日，某市文化局作出《关于答复姜甲等人有关申请的函》，认为"根据《中华人民共和国文物保护法》（1982 年 11 月 19 日实施）第七条规定：'县、自治县、市级文物保护单位，由县、自治县、市人民政府核定公布，并报省、自治区、直辖市人民政府备案'。对市区某街 3 号古建筑的鉴定工作，届时再组织市文物鉴定专家组鉴定。"后某市文化局迟迟没有组织专家进行鉴定。

为此，姜甲、姜乙、姜丙于 2002 年 8 月 8 日向某市某区人民法院提起行政诉讼，请求判令被告某市文化局依法履行职责，及时对市区某街 3 号"明代民居"作出正式鉴定，并报市政府公布为文物保护单位。

某区人民法院经审理认为：原告姜甲等人的古建筑既已被认定为"明代民居"，并确定为文物保护点，某市文化局作为文物管理行政部门，就应该积极保护管理文物。原告提出对"明代民居"进行鉴定的要求，被告虽已答复，但由于答复"届时组织市文物鉴定专家组鉴定"中"届时"

时间不明确，对文物保护不利，被告行为属不履行法定职责。原告要求被告及时对建筑物作出鉴定，理由正当，法院予以采纳，被告要求则理由不足，不予采纳。判决：一、撤销被告某市文化局 2002 年 8 月 5 日作出的《关于答复姜甲等人有关申请的函》；二、被告某市文化局在判决生效之日起 60 日内对原告作出时间明确的、组织市文物鉴定专家组对市区某街 3 号古建筑鉴定的复函。

某市文化局不服一审判决，上诉至某市中级人民法院。

某市中级人民法院经审理认为：某市文化局作为文物保护行政部门，具有保护管理文物的职责，但是不具有鉴定的法定职责。上诉人虽已作出"届时组织市文物鉴定专家组鉴定"的复函，但亦不属于不履行法定职责的范围。上诉人已经认定市区某街 3 号古建筑属"明代民居"，并确认文物保护点予以保护，且已向市政府申报为市级重点文物保护单位，其已履行了相应的保护职责。判决：一、撤销某区人民法院行政判决；二、驳回被上诉人姜甲、姜乙、姜丙要求判令上诉人某市文化局依法履行职责，及时对市区某街 3 号"明代民居"作出正式文物鉴定，并报市政府公布为文物保护单位的诉讼请求。

姜甲、姜乙、姜丙不服二审判决，向某省高级人民法院提出申诉。

某省高级人民法院经审理认为：《中华人民共和国文物保护法》第四条规定："文物工作贯彻保护为主、抢救第一、合理利用、加强管理的方针。"某市文化局作为主管文化、文物工作的行政部门，具有组织文物鉴定小组对涉案文物进行鉴定的职责。姜甲、姜乙、姜丙于 2002 年 6 月向某市文化局提出对某街 3 号古建筑进行鉴定的申请，某市文化局接受申请后一直未组织鉴定，却于 2002 年 8 月 5 日作出"届时再组织市文物鉴定专家组鉴定"的《关于答复姜甲等人有关申请的函》，属拖延履行法定职责。原一审法院认定事实清楚，但适用法律错误；原二审判决，认定事实不清，证据不足，依法均应予纠正。判决：一、撤销某市中级人民法院行政判决和某市某区人民法院行政判决；二、某市文化局于判决生效后 60 日内组织文物鉴定专家组对涉案文物进行鉴定。

【裁判解析】

本案的争议焦点有以下两点：

一、文物保护鉴定是否属于文物行政管理部门的法定职责

行政机关的法定职责与其法定职权是紧密相连的。按照法治的基本要求，任何机关、组织和个人，在行使权利的时候，必须同时履行相应的义务。没有无权利的义务，也没有无义务的权利，这不但适用于公民个人，同样也适用于行政机关，因而行政机关在行使行政职权的同时，还必须履行一定的义务。

行政职责就是行政主体在行使行政职权的过程中依照法律规定所必须承担的义务。与公民的义务不同的是，行政机关的法定职责和其法定职权是密不可分的，甚至可以说是一个问题的两个方面。职权即职责，法律规定行政机关具有一项职权，行政机关应当行使该项职权，而且必须行使，因为行政机关的职权不能像公民的权利一样，可以行使，也可以放弃。与行政职权的并存性，是行政职责的一个突出特征。

《中华人民共和国文物保护法》第八条规定："国务院文物行政部门主管全国文物保护工作。地方各级人民政府负责本行政区域内的文物保护工作。县级以上地方人民政府承担文物保护工作的部门对本行政区域内的文物保护实施监督管理。县级以上人民政府有关行政部门在各自的职责范围内，负责有关的文物保护工作。"该法第十三条规定："国务院文物行政部门在省级、市、县级文物保护单位中，选择具有重大历史、艺术、科学价值的确定为全国重点文物保护单位，或者直接确定为全国重点文物保护单位，报国务院核定公布。省级文物保护单位，由省、自治区、直辖市人民政府核定公布，并报国务院备案。市级和县级文物保护单位，分别由设区的市、自治州和县级人民政府核定公布，并报省、自治区、直辖市人民政府备案。尚未核定公布为文物保护单位的不可移动文物，由县级人民政府文物行政部门予以登记并公布。"《文物认定管理暂行办法》第三条规定："认定文物，由县级以上地方文物行政部门负责。认定文物发生争议的，由省级文物行政部门作出裁定。"第七条规定："公民、法人和其他组织书面要求认定不可移动文物的，应当向县级以上地方文物行政部门提供其姓名或者名称、住所、有效身份证件号码或者有效证照号码。县级以上地方文物行政部门应当通过听证会等形式听取公众意见并作出决定予以答复。"根据上述法律规定，文物行政管理部门负责其所在行政区域内文物保护的监督管理工作、重点文物保护单位的核定公布工作、文物的认定工作，即文物鉴定（认定）属于文物行政部门的法

定职责。因此，某市文化局对市区某街 3 号古建筑具有鉴定的法定职责，应该对某街 3 号古建筑进行鉴定。

二、某市文化局作出"届时再组织市文物鉴定专家组鉴定"的答复是否属于拖延履行法定职责

拖延履行是指行政机关不及时履行其法定职责，或在法定时限内没有对公民、法人或其他组织的申请作出答复。本案中，某市文化局对当事人姜甲等人提出的文物鉴定请求，作出"届时再组织市文物鉴定专家组鉴定"的答复，其中"届时"的含义为"到时候"，即行为的时间不确定，对相对人而言就是不确定的预期，这将会增加其合法权益受到侵害的风险。因此，应当认定某市文化局拖延履行法定职责，属于行政不作为。同时文物保护属于比较特殊的财产保护事项，根据《中华人民共和国文物保护法》第四条规定："文物工作贯彻保护为主、抢救第一、合理利用、加强管理的方针"，某市文化局作出的"届时再组织市文物鉴定专家组鉴定"答复也违反了上述文物保护方针。

综上，某市文化局接受申请后一直未组织鉴定，而作出"届时再组织市文物鉴定专家组鉴定"的答复属于拖延履行法定职责，同时也违反了文物保护工作方针。《中华人民共和国行政诉讼法》（1990 年 10 月 1 日施行）第五十四条第三项规定："人民法院经过审理，根据不同情况，分别作出以下判决：被告不履行或者拖延履行法定职责的，判决其在一定期限内履行。"因此，法院判决某市文化局于判决生效后 60 日内组织文物鉴定专家组对涉案文物进行鉴定并无不当。

文物行政管理部门文物认定行为的合法性

——戴甲等人与某市文物局文物管理行政确认纠纷案

【要点提示】

文物认定；合法性。

【基本案情】

戴甲与第三人戴乙、戴丙、戴丁、戴戊、戴己均为曾参加武昌起义的戴某将军的后人，位于某市某街 1 号的建筑系戴某将军旧居，该房屋为两层砖木结构房屋，1958 年社会主义私房改造过程中，将其中部分房屋改造后收归国有（后辗转划归某房产集团有限公司所有），其余部分作为留房仍由戴某将军居住使用。现主要由戴某将军后人原告戴甲居住使用。

因戴甲向相关部门反映，要求将该房屋认定为文物保护单位，某市某区文物管理所在经过调查了解后，于 2012 年 7 月 17 日作出了《关于某街 1 号情况初步调查》，认为某街 1 号建筑已不具文物价值。

戴甲于 2013 年 7 月，邀请陈某、刘某、柳某三位专家联名对戴某将军旧居的文物价值出具了鉴定意见。意见认为该建筑年代久远、建筑形式稀缺、建筑构造具有清末民初民居的特点，建筑附属物具有较高的艺术性。

2013 年 11 月 17 日，戴甲正式向被告某市文物局递交书面申请，要求将某街 1 号戴某将军旧居认定为不可移动文物。2013 年 12 月 21 日，某市文物局受理戴甲的申请后，从某市历史文化名城保护专家组名单中选取了梁某、蔡某、宋某、杨某、王某五位专家，到戴某将军旧居进行了实地勘察并召开专家论证会。2013 年 12 月 24 日，某市文物局依据《文物认定管理暂行办法》的相关规定并结合专家论证的结论，作出《戴某旧居文物认定决定告知书》，认定"戴某旧居不具备登录为不可移动文物的价值，不应被认定为不可移动文物"。

戴甲不服，于 2014 年 2 月 13 日向某省文物局申请行政复议，某省文物局于 2014 年 4 月 10 日作出《行政复议决定书》，维持了《戴某旧居文物认定决定告知书》，原告仍不服，遂诉至法院。

一审法院经审理认为：被告某市文物局作出《戴某旧居文物认定决定告知书》主体适格，程序合法，证据充分，事实清楚，适用法律正确。原告戴甲要求撤销该具体行政行为并责令被告依法认定某市某区某街 1 号建筑物为不可移动文物的诉讼请求，没有事实和法律依据，该院不予支持。依据 2000 年 3 月 10 日施行的《最高人民法院关于执行〈中华人民共和国行政诉讼法〉若干问题的解释》第五十六条第四项之规定："有下列情形之一的，人民法院应当判决驳回原告的诉讼请求：……（四）其他应当判决驳回诉讼请求的情形。"经该院审判委员会讨论决定，判决：驳回原告戴甲的全部诉讼请求。

戴甲不服一审判决，向某市中级人民法院提起上诉。

某市中级人民法院经审理认为：被上诉人某市文物局作出的《戴某旧居文物认定决定告知书》，认定主体职权合法，认定结论出自专家论证，认定程序符合法律规定，虽无相关笔录证据，但不足以否定其认定行为的合法性。原审判决认定事实清楚，适用法律正确，审判程序合法。依照 1990 年 10 月 1 日施行的《中华人民共和国行政诉讼法》第六十一条第一项的规定，判决：驳回上诉，维持原判。

【裁判解析】

本案的争议焦点是如何认定某市文物局进行文物认定行为的合法性。

行政行为，是行政主体依法行使行政职权，管理公共事务的行为。依照法理，行政行为一经做出，就具有法律效力。即推定或假定其合法有效，具有法律的公定力、确定力、拘束力、执行力。一个具体行政行为是否真正合法有效，要经过事后评判，依法审定。司法实践中，一般认为，行政行为合法性的要件主要包括以下几个方面：一是主体合格。行政主体是代表国家行使政事务管理权的组织。"合格"是指符合法律规定的资格和条件。我国法律将行政权赋予行政机关，并明确了职权范围，行政机关序列以外的机关或组织，除法律规定外，不享有行政权。二是权限合法。行政权是行政主体管理国家行政事务的权力。法律明确界定了每个行政主体的权限范围，不同的行政主体有不同的行政权限，不得越权行政。三是内容合法。行政法规以强制性规范，明确了人们的权利和义务，规定了人们可以做什么，不可以做什么，法无明文规定禁止的，则是许可的，不为违法。无论行政主体，还是行政相对人，都必须按行政法规的内容办事，否则即为违反行政法。四是程序合法。行政程序，是指行政主体实施行政行为时所应当遵循的方式、步骤、时限和顺序。在现代行政法中，行政程序的重要性日益突出，国际社会普遍关注行政程序法。正当合理的程序，有利于规范行政行为，维护行政尊严，提高行政效率，有利于行政相对人通过合理的程序，监督约束行政机关，保护自己的合法权益。从本案的情况看，某市文物局认定文物的行为具有以下特征：

一、主体合法。《中华人民共和国文物保护法》第八条规定："国务院文物行政部门主管全国文物保护工作。地方各级人民政府负责本行政区域内的文物保护工作。县级以上地方人民政府承担文物保护工作的部门对本行政区域内的文物保护实施监督管理。县级以上人民政府有关行政部门在各自的职责范围内，负责有关的文物保护工作。"《文物认定管理暂行办法》第三条规定："认定文物，由县级以上地方文物行政部门负责。"可见，某市文物局依法具有文物认定的法定职权，其作出《戴某旧居文物认定决定告知书》主体合法。

二、权限合法。《中华人民共和国文物保护法》第十三条规定："国务院文物行政部门在省级、市、县级文物保护单位中，选择具有重大历史、艺术、科学价值的确定为全国重点文物保护单位，或者直接确定为全国重点文物保护单位，报国务院核定公布。省级文物保护单位，由省、自治区、直辖市人民政府核定公布，并报国务院备案。市级和县级文物保护单位，分别由设区的市、自治州和县级人民政府核定公布，并报省、自治区、直辖市人民政府备案。尚未核定公布为文物保护单位的不可移动文物，由县级人民政府文物行政部门予以登记并公布。"可见，某市文物局对戴某旧居文物的历史、艺术价值的认定权限合法。

三、内容合法。《文物认定管理暂行办法》第一条第二款规定："本办法所称文物认定，是指文物行政部门将具有历史、艺术、科学价值的文化资源确认为文物的行政行为"。按照该条规定，是否认定为文物，要考虑其历史、艺术和科学价值。某市文物局在《戴某旧居文物认定决定告知书》中，根据专家论证会意见，得出如下结论：戴某旧居遭受多次拆改及添建，大量运用了现代工艺及材料进行结构性替换或补强，使其墙体、门窗、屋顶等原有建筑结构和形制发生了根本性改变，导致建筑的历史原真性和整体性遭到严重破坏，因而不具备登录为不可移动文物的价值，不应被认定为不可移动文物。该认定结论出自专家论证会，其权威性不容怀疑。国家文物局《关于贯彻实施〈文物认定管理暂行办法〉的指导意见》中"关于文物认定的机构和人员"规定："文物认定的决定由县级以上地方文物行政部门作出。县级以上地方文物行政部门可以直接进行文物认定，也可以设置专门机构或委托有条件的文物、博物馆事业单位开展认定工作，但是不得委托社会中介机构"。本案上诉人戴甲在向被上诉人某市文物局申请认定不可移动文物之前，自行聘请了3名专家，出具了《关于某街1号戴某公馆建筑物文物价值的鉴定》，认为戴某公馆建筑物本身具有建筑年代的久远性、建筑形式的稀缺性、建筑构造的时代性，以及建筑附属物的艺术性等特点。显然，被上诉人某市文物局作为法定的文物认定部门，其依据法定职权，按照法定程序组织专家认定的论证结论，其证明效力高于上诉人个人邀请专家得出的论证结论。所以，从证据效力角度而言，此鉴定意见的证明力明显弱于《文物认定专家论证会议纪要》的证明力，因此，某市文物局作出的文物认定决定内容合法。

四、程序合法。《文物认定管理暂行办法》第八条第一款规定："县级以上地方文物行政部门认定文物，应当开展调查研究，收集相关资料，充分听取专家意见，召集专门会议研究并作出书面决定"。本案被上诉人某市文物局在作出《戴某旧居文物认定决定告知书》前，制定了《文物认定专家论证会会议方案》，从某市历史文化名城保护专家组名单中邀请了5名文史、文物和建筑学专家，组织专家进行现场勘察，召开了专家论证会，形成了《文物认定专家论证会议纪要》，并听取了某市某区文管所的情况介绍，同时特邀了包括上诉人戴甲在内的戴某后人等2人参加会议。因此，某市文物局认定文物行为的程序合法。

综上，某市文物局进行文物认定的行为主体合法、权限合法、内容合法、程序合法，因此，一审、二审人民法院的判决符合法律的规定。

后　记

2016 年是我国七五普法的开局之年，《全国人大常委会关于开展第七个五年法治宣传教育的决议》指出："建立法官、检察官、行政执法人员、律师等以案释法制度，充分运用典型案例，结合社会热点，开展生动直观的法治宣传教育。"《中央宣传部、司法部关于在公民中开展法治宣传教育的第七个五年规划（2016 – 2020 年）》中进一步指出："在执法司法实践中广泛开展以案释法和警示教育，使案件审判、行政执法、纠纷调解和法律服务的过程成为向群众弘扬法治精神的过程。加强司法、行政执法案例整理编辑工作，推动相关部门面向社会公众建立司法、行政执法典型案例发布制度。"根据上述要求，结合文博工作实际，我们编写了本书。

本书案例的遴选写作历经一年半时间，在案例所涉法学理论以及文字表达方面均做了大量深入细致的工作，具有以下特点：

一、案例材料真实。在案例选择上，本书所选 71 个案例全部是最高人民法院及地方各级人民法院涉及文博诉讼的终审判决案例，特别选入了近年来最高人民法院发布的指导案例和各高级人民法院发布的典型案例，包括在文博领域乃至全社会具有重要影响的大案、要案以及反映新情况、新问题的经典案件，从而保证了案例的真实性、权威性和指导性。

二、覆盖三大诉讼领域。本书所选案例涵盖民事、刑事、行政诉讼领域，几乎涉及文博日常工作的各个方面。尤其需要说明的是，为贯彻落实《国务院办公厅转发文化部等部门关于推动文化文物单位文化创意产品开发若干意见的通知》（国办发［2016］36 号）文件的指示精神，本书专门遴选了近年来发生的涉及文博单位文创及经营的民事、行政诉讼案例并做了比较深入的解读，因而具有全面性、新颖性和独特性。

三、理论联系实际。本书根据文博工作理论与实践及法律结合的实际需求，以深入浅出为原则，设置了要点提示、基本案情和裁判解析三个板块，力求以简洁的语言提出问题、解析案例、说明法理，以期实现通过以案释法帮助读者了解法律规定、培养法律意识、提高自觉运用法律分析和解决问题能力的目标，因此具有专业性、实用性和可读性。

本书案例遴选和统稿由李袁婕完成，参与本书写作的作者有法官、公益律师、法律服务人员、从事法学研究的学者和文博单位的法务人员，包括李袁婕、晁震、何鑫、张涛、陈思桦。尽管各位作者均具有一定的司法实践经验和理论造诣，并以"为学习提供范例，为实践提供指导，为研究提供空间，为立法提供参考"作为写作宗旨，力图为文博系统广大同仁和高等学校文博专业学生提供一本参考书，但由于水平所限，疏漏和不足仍难免存在，恳请专家和读者批评指正。

文物出版社许海意博士对本书内容提出了宝贵的建议，为本书出版付出了大量心血，该社李缙云主任热心帮助联络，值此付梓之际，谨表谢忱！

李袁婕

2016 年 8 月 8 日